生态危机的哲学批判

Shengtai Weiji De Zhexue Pipan

余玉湖 ◎ 著

人 民 出 版 社

图书在版编目（CIP）数据

生态危机的哲学批判 / 余玉湖著 . —北京：人民出版社，2018.10
ISBN 978-7-01-019942-9

Ⅰ . ①生… Ⅱ . ①余… Ⅲ . ①马克思主义—生态学—研究 Ⅳ . ① A811.693

中国版本图书馆 CIP 数据核字（2018）第 236842 号

生态危机的哲学批判
SHENGTAI WEIJI DE ZHEXUE PIPAN

作　　者：余玉湖
责任编辑：辛春来
出　　版：人民出版社
发　　行：人民东方出版传媒有限公司
地　　址：北京市朝阳区西坝河北里 51 号
邮　　编：100007
印　　刷：北京楠萍印刷有限公司印制
版　　次：2018 年 10 月第 1 版
印　　次：2018 年 10 月第 1 次印刷
开　　本：710 毫米 × 1000 毫米　1/16
印　　张：15.75
字　　数：220 千字
书　　号：ISBN 978-7-01-019942-9
定　　价：59.80 元
发行电话：（010）85924663　　85924644　　85924641

目　录

绪　论

一、问题缘起及研究意义

日趋严重的生态危机不再是危言耸听的末世预言，它直接威胁到人类的生存发展，已经成为一个全球的共性问题。无论发达的资本主义国家还是发展中国家，都面临着生态危机的挑战。

为什么要基于马克思现代性思想去研究生态危机？对这个问题的理解，实际上也是在回答为什么要放在现代性范畴内去理解和批判生态危机，在生态危机批判中为什么要突出马克思现代性思想的意义和价值。

首先，我们今天所处的时代与马克思时代的性质和本质是一致的。当今社会仍属于现代性范畴，并没有超出马克思现代性思想的理论视阈，"马克思仍然是我们的同时代人"[①]。马克思那个时代的本质问题，以变化了的形式在当代延续着，体现出马克思现代性思想的当代性与未来指向性。"当有人说今天的世界正行驶在由革命的马克思在 150 年前为它所规定的航道上时，他无疑是正确的。这就是马克思思想的现代性的根源。它并不是我们凭着良好的愿望，甚至也不是我们按照某种思想的历史逻辑'发现'或者推导出来的。马克思现代性思想之所以还活生生地存在于我们现时代的社会意识中，是因为产生了它又为它所揭示的那种社会存在还完全活生

[①]　俞吾金：《实践诠释学——重新解读马克思哲学与一般哲学理论》，云南人民出版社 2001 年版，第 97 页。

生地存在着，马克思试图解决的问题是生存于现时代的我们需要继续加以解决的问题。"① 马克思现代性思想本身也根植于时代的发展，萨特认为马克思主义哲学"仍然是我们时代的哲学：它是不可超越的，因为产生它的情势还没被超越"②。马克思现代性思想的当代性体现在对当今重大问题的指导意义，而生态危机是当今全球必须面临、应对和解决重大的理论和现实问题。

其次，马克思现代性思想具有的批判精神为人们考察、剖析现代社会的历史发展提供了思想武器。因此，在重读马克思的过程中，在他的现代性思想中"看到了一种对资本主义制度的彻底的批判精神，透视出一种对人类生存异化状态的深切的关注之情，领悟到一种旨在实现无产阶级和人类解放、每个人全面而自由发展的强烈的使命意识"③。马克思现代性思想为我们提供了理论视阈，为我们考察当今社会现实，批判和消解生态危机，建构文明自觉发展的新形态提供思想武器。

最后，在当代，全球性的生态危机与现代性的发展密不可分。当代的生态危机与现代工业社会数百年的发展分不开，与现代性结下不解之缘。正是基于这样的时代背景和理论视阈，从人与自然的相互作用，从现代性整体视阈出发，从马克思、恩格斯生态哲学的高度，以人与自然关系为主题，以"生态危机"为主线，围绕人的生存和发展这一根本问题，运用马克思现代性思想来剖析生态危机形成的原因，对产生生态危机的根源进行批判。可以发现马克思现代性思想为我们探索消解生态危机、建设生态文明提供了重要的理论指导。

二、生态危机的马克思现代性思想问题域

1. 生态危机的理解

关于生态危机，在古代社会也存在着，那时的生态危机往往是短暂

---

① 刘文旋：《"重读马克思"（笔谈）马克思思想的当代性》，《哲学研究》2000 年第 4 期。
② 萨特：《辩证理性批判》上卷，林骧华等译，安徽文艺出版社 1998 年版，第 28 页。
③ 杨耕：《重读马克思—我的学术自述》，《社会科学战线》2005 年第 2 期。

的、局部性的；其形成的原因也包括自然本身的作用因素，因此不在本书的考察之列。如没有特别注明，本书理解的生态危机是指在现代社会中，由于人的活动或人作用于自然过程中，破坏了维系生态的平衡系统，使生态系统的功能受到破坏、环境质量下降、资源过度耗竭，从而危害到人的利益、威胁到人的生存和发展而引发的综合性危机。生态危机包括环境污染、资源短缺和生态破坏等方面。随着全球化的发展，生态危机已逐步威胁到人类的生存和发展，人类面临着生态危机的严峻挑战。生态危机的实质是人的生存危机、文化和文明的危机。所以，我们要追溯生态危机的形成原因，对影响和产生生态危机的根源和本质进行反思、批判。关于生态危机形成的原因，有学者认为生态危机是"人口增长""科技异化""消费异化""制度体制"等因素造成的，亦有学者将之归结为现代性、人性、思想文化、思维方式等方面的原因。这都说明，性生态危机与现代性结下了不解之缘。

2. 现代性的理解

现代性可以从不同专业、不同角度、不同层面作出解释和描述，学界众说纷纭，很难给出一个比较全面、统一的定义。现代性[①]（modernity）一词最早出现于 1627 年版的《牛津英语词典》。波德莱尔在 1859 年从美学现代性角度写过一篇文章，明确使用过"modernite"一词。现代性由"现代"一词引申而成，"现代"多属于时间概念，与"后现代"相对应；与"现代性"相对的"后现代性"，这一组词表示的是一种历史状态或社会的特征，是社会概念的一种表达；"现代化"与"后现代化"则是一种社会的性质的展开过程或表示社会的历史变迁过程。

从纵向看，现代性可以从现代社会发展的不同历史时段的分界框架来理解，即从现代性的历史分期来理解，现代性大致经历了早、中、

---

① 从现有的中英文专业词典（包括各国的大百科全书）中，没有找到对现代性确切的哲学定义，在美国的《读者文摘百科全书词典》中对"现代性"（modernity）一词有模糊的定义，modernity：1.The condition or quality of being modern.2.Something modern." ——《The Reader's Digest Great Encyclopedic Dictionary》.

晚期三个发展阶段：即早期现代性由文艺复兴、启蒙运动以降，开启了启蒙理性主义形而上学；中期历经"理性资本主义"文化理念的转变、依附和渗透于社会现实中；最后发展为具有功利性的工具理性现代性。

（1）在启蒙时代，现代性的雏形是伴随着个人主义、理性主义、科学主义、进步主义和世俗主义等现代西方文明的内在基本原则而得以形成的。康德喊出："Sapere aude！要有勇气运用你自己的理智，这就是启蒙运动的口号。"① 这一时期，现代性的核心是理性主义。黑格尔曾指出："现代世界的原则就是主体性的自由，……它自己是独立地从理性而来的，自我意识是真理的主要环节。……在这个新的时期，哲学的原则是从自身出发的思维，是内在性，这种内在性一般地表现在基督教里，是新教的原则。"② 通过"理性的启蒙"，把主体从蒙昧、宗教束缚中解放出来，从盲目的信仰中解脱出来，高举"科学"和"理性"旗帜，主张实现社会应在理性的支配下实现。理性主义和主体性，支撑了宗教改革、启蒙运动和法国大革命，确立了现代文化形态。"③

（2）19世纪中叶以来，现代性已由理性主义现代性发展成资本现代性。马克斯·韦伯在《新教伦理与资本主义精神》一书中，明确提出了"理性资本主义"的概念，指出这种"理性资本主义"不在于无节制地和非理性地去追求财富，而在于通过持续性的、理性的、资本主义方式的企业活动来获取再生性的利润，并认为中世纪的思想观念必然会对资本主义精神产生重大影响：一是"天职"或者"神照"观念；二是禁欲主义。④ 马克斯·韦伯提出了"世界的祛魅化"问题，认为"世界的祛魅化""就是世界的理性化和理智化，表现为意义的消解，是我们时代命运的最主要、最根本的特征。它是以一种价值中立的态度来消解各种价值倾向，然而又以一种责

① ［德］康德：《历史理性批判文集》，何兆武译，商务印书馆1990年版，第22页。
② ［德］黑格尔：《哲学史讲演录》第4卷，商务印书馆1978年版，第59-61页。
③ 贺来：《"主体性"观念的反思与意识形态批判》，《马克思主义与现实》（双月刊）2007年第3期。
④ ［德］马克斯·韦伯：《新教伦理与资本主义精神》，骑炎、陈婧译，北京大学出版社2014年版，第8页。

任伦理的态度来消解各种心志伦理"①。

（3）到了晚期，20 世纪中叶以来，现代性出现了分裂。一方面，现代性发展呈现出功利性、极权性特征，理性向工具性方向发展，甚至发展到极致，企图用理性去评价一切，"企图用理性来解释一切，它企图建立包罗万象的体系和一以贯之的逻辑；它以此去吞并一切，甚至吞并自己的对立面，将其纳入到一个完整严密的统一体内"②。另一方面，需要重建现代性，扬弃和超越工具理性，使理性重新回归合理性、规范性，发挥人的主体能动性，以逐步走出现代性的困境。

从横向看，现代性可以从历史层面、社会层面、文化层面、心理层面及精神层面来理解。

（1）**从历史层面来理解**，现代性就是一个特定历史时期，具有线性发展的时间意识构架。卡琳内斯库认为："只有在一种特定时间意识，即线性不可逆的、无法阻止地流逝的历史性时间意识的框架中，现代性这个概念才能被构想出来。在一个不需要时间连续性历史概念，并依据神话和重现模式来组织其时间范畴的社会中，现代性作为一个概念将是毫无意义的。"③ 这说明，现代性蕴含着历史的进步性和时间的不可逆性，从这个角度理解，现代性就是与古代的历史时期相区别的时间概念，表示的就是现在或当前性。

（2）**从社会层面理解**，现代性是一种社会模式、类型。吉登斯认为"现代性指社会生活或组织模式，大约 17 世纪出现在欧洲，并且在后来的岁月里，程度不同地在世界范围内产生着影响。"④ 吉登斯理解的现代性是现代社会或工业文明的缩略语，与启蒙运动时期的现代性不同在于，这种现

① ［德］马克斯·韦伯：《学术与政治》，钱永祥等译，广西师范大学出版社 2004 年版，第 98 页。
② 陈宝：《资本·现代性·人——马克思资本理论的哲学意蕴及其当代意义》，安徽人民出版社 2008 年版，第 130 页。
③ ［美］梅泰·卡琳内斯库：《现代性的五副面孔》，顾爱彬、李瑞华译，商务印书馆 2002 年版，第 25—26 页。
④ ［英］安东尼·吉登斯：《现代性的后果》，田禾译，译林出版社 2000 年版，第 1 页。

代性具有市民社会、工业化、科层民主制等特征，现代性就是现代社会，是现代化的展开过程。

（3）**从文化层面来理解**，现代性既蕴含着以理性为核心的价值理念，确立了人的主体性地位，具有启蒙、祛除蒙昧、张扬个性、科层民主等特点，承载着历史发展的进步性，但又走向了理性狂妄发展至极权主义，主体性过度凸显和张扬，产生现代性的分裂和悖论，使现代性陷入困境，产生现代性社会危机。卡林内斯库认为，现代性的深刻分裂在于："一个是理性主义的，另一个是强烈批评理性的；一个是富有信心和乐观主义的，另一个是深刻怀疑并致力于对信心和乐观主义进行非神秘化的；一个是世界主义的，一个是排他主义或民族主义的。"[1]

（4）**从心理层面来看**，现代性可以理解为是一种在特定的时间、空间和社会交往、关系、生活的体验。伯曼就认为"所谓现代性，就是发现我们自己身处一种环境之中，这种环境允许我们去历险，去获得权力、快乐和成长，去改变我们自己和世界，但与此同时它又威胁要摧毁我们拥有的一切，摧毁我们所知的一切，摧毁我们表现出来的一切。……它将我们所有的人都倒进了一个不断崩溃与更新、斗争与冲突、模棱两可与痛苦的大漩涡"[2]，"成为现代的人，就是将个人和社会的生活体验为一个大漩涡，在不断的崩解与重生、麻烦和痛苦、模棱两可和矛盾之中找到自己的世界和自我"[3]。伯曼把现代性作为人的心理体验的阶段和过程，并把现代性整个发展历程分成三个体验阶段：一是懵懂阶段（从 16 世纪初到 18 世纪末），二是矛盾和两分阶段（始于 18 世纪 90 年代的大革命浪潮），三是世界化和无根阶段（20 世纪至今）。

（5）**从精神层面看**，现代性是现代社会的一种精神气质或状态。在福

---

[1] ［美］马泰·卡林内斯库：《现代性的五副面孔》，顾爱彬、李瑞华译，商务印书馆 2002 年版，第 284 页。

[2] ［美］马歇尔·伯曼：《一切坚固的东西都烟消云散了》，徐大建、张辑译，商务印书馆 2003 年版，第 10 页。

[3] ［美］马歇尔·伯曼：《一切坚固的东西都烟消云散了》，徐大建、张辑译，商务印书馆 2003 年版，第 461 页。

柯看来，现代性"它可以被描述为对我们的历史时代的永恒的批判"①。现代性本身从启蒙开启，具有区别于传统的、内在否定、祛魅和批判等精神气质，"英格尔斯认为，现代性可以被认为是一种精神状态"②。

　　不同的学者对现代性的理解众说纷纭。**本书理解的现代性是指自中世纪以降，由启蒙运动开启，贯穿于工业文明并发展至今，以理性和主体性发展为核心理念，是一种现代社会的性质、状态、特征。**这种理解既突出了现代性的核心理念，也体现了现代性的性质、特征和内涵，避免了把现代性片面化看法；同时，也隐蕴着生态危机发生的社会机理、思维方式和思想根源。从哲学角度把"现代性与'现代'（启蒙时代）、'现代主义'（现代思想价值观念）、'现代化'（现代工业文明发展模式）包容起来，成为规范现代人类生存与统领现代社会发展的主导性理念"③。

　　当今的生态危机与现代社会工业化的数百年发展分不开，自现代性开启以来，工业化的发展带来现代社会的巨大进步，但也产生了"现代性问题"。"当今世界最重要的问题之一，是现代性问题。当代人最大的困惑之一，是如何对待现代性。"④针对现代性问题的研究，无非从两个径路进行：

　　一是理性现代性径路。理性现代性研究径路是"以黑格尔为代表，他集启蒙精神之大成，认为现代社会的进步本质上是理性的进步，是法律、道德、制度、文化、国家为代表的理性的进步。由于人的自由是以法律、道德、制度、文化、国家等理性的进步为前提的。因而理性的进步必然带来人的自由的进步。然而事实并非如此，理性形而上学并没有使人类摆脱苦难，相反出现了一系列危机和灾难：生态危机、两极分化、局部冲突频

---

① ［法］米歇尔·福柯：《什么是启蒙？》，汪晖译，载《文化与公共性》，三联书店1998 年版，第 436-437 页。

② 漆思：《现代性的命运——现代社会发展理念批判与创新》，中国社会科学出版社2005 年版，第 1 页。

③ 漆思：《现代性的命运——现代社会发展理念批判与创新》，中国社会科学出版社2005 年版，第 11 页。

④ 陈学明，王凤才：《西方马克思主义前沿问题二十讲》，复旦大学出版社 2008 年版，第 119 页。

发……此时，一场反叛和声讨理性形而上学的思潮在全球掀起，人们把造成今天现实的根源，尤其是**生态危机**的归罪于启蒙精神和理想形而上学"①。

二是资本现代性径路。马克思从资本现代性角度，形成对资本现代性批判的思想理论。在马克思看来，"现代性难题"根源于资本的无限增殖和扩张，"资本逻辑"正是产生生态危机的根源之所在。马克思通过对资本逻辑的批判，实现了对传统现代性的理性和主体性的扬弃，对资本现代性的超越，形成关于人、自然、社会协调发展的马克思现代性思想理论，为处理人与自然关系奠定思想基础，对如何消解生态危机，构建生态文明建设现实路径作出了旨向。

3. 马克思现代性思想

马克思指出，资本主义现代性实质是资本逻辑支配下的现代性。马克思所指涉"现代社会"，是资本主义社会。因为资本主义社会的出现，开启了一个新的时代。马克思在很多地方谈到"资本主义社会"时，往往在其前边冠以"现代"二字，称为"现代资本主义社会"，或者干脆称为"现代社会"。在马克思的视野里，现代性不是某一领域、某一方面的问题，而是一个具有整体性的社会问题②。马克思对现代性的批判就是对资本逻辑支配下的资本现代性的批判。马克思青少年时期是在启蒙现代性的思想氛围中成长的。在博士论文期间，马克思还是一个黑格尔理性主义的崇拜者和迷恋者，他肯定现代性的历史进步性，但并没有像他同时代的一些思想家一样被现代性的"美丽光环"所迷倒，而是清醒地认识到理性的片面性、单一性、绝对化的发展，主体的抽象性、孤立性、虚妄性的倾向。在资本主义私有制条件下，资本的人格化所进行的精神文化创造活动受到功利的侵蚀和冲击，偏离陶冶人的精神；而资本逻辑支配下的市场经济及其规则在塑造人们的独立、平等、法制意识的同时，也会给现代性状况下"人的世界"带来严重的摧残和贬值，造成物化和异化现象。马克思通过对资本

---

① 陈宝：《资本·现代性·人——马克思资本理论的哲学意蕴及其当代意义》，安徽人民出版社 2008 年版，第 136 页。
② 丰子义：《马克思现代性思想的当代解读》，《中国社会科学》2005 年第 4 期。

的剖析，从整体视阈对现代性进行了批判，但马克思对现代性的批判从来都不是泛泛的，而是辩证的和双维度的，既承认现代性的积极意义，同时也看到了现代性的消极性。"在我们这个时代，每一种事物都包含有自己的反面。……随着人类愈益控制自然，个人却似乎愈益成为别人的奴隶或自身的卑劣行为的奴隶。甚至科学的纯洁光辉仿佛也只能在愚昧无知的黑暗背景上闪耀。我们的一切发现和进步，似乎结果是使物质力量具有理智生命，而人的生命则化为愚钝的物质力量。"[①]资本主义生产方式不仅给工人阶级制造出贫困，而且给人的生命和文化价值带来双重毁灭。现代性在推动历史发展的同时，也造就了人类疯狂地掠夺自然资源、破坏环境、污染环境等问题，并产生了一系列社会和伦理问题，集中体现在商品拜物教、物化、自然异化和人的异化等方面。面对现代性的种种负面价值和消极后果，许多思想家从不同的立场和角度对现代性进行了批判和反思。其中，马克思对现代性的批判和反思发人深省，给现代性困境中的人们提供了理论指导。

自现代性开启以来，主体性和理性一直是贯穿于现代社会发展的核心理念，但在资本逻辑的支配下，理性逐步向片面性、虚无性、绝对化方向发展，使理性片面发展成为"工具理性"。近代以来，理性"万能论"更加强了理性的"工具化"的发展。资本逻辑支配下的理性"工具化"，造成了人与自然关系的紧张，产生人与自然的对抗性矛盾，是"自然异化"和"人的异化"的重要原因。马克思针对理性的"工具化"发展造成的人与自然的对抗性矛盾，依据"两个制约"，以实现"两个和解"：即依据自然史与人类史相互制约，以实现人与自然和解和人与社会和解，以实现"工具理性"向"生态理性"转向，来协调人与自然的关系。资本逻辑支配下的主体性，逐步向抽象性、孤立性、虚妄性的方向发展，造成人的自我分裂，使主体变成"异化主体"。针对资本逻辑支配下造成的"自然异化"和"人的异化"现象，马克思提出实现人的"两次提升"，使主体性实现

---

① 《马克思恩格斯选集》第 1 卷，人民出版社 1995 年版，第 775 页。

由"异化主体"向"全面自由人"转变，使人类的主体能动性转化为作用自然的现实力量，以实现人和自然矛盾的"真正解决"，实现由必然王国向自由王国的过渡。

青年时期的马克思，最早主张理性现代性，对"应有和现有""理想和现实"的矛盾进行反思，由此转向了人本学现代性。马克思通过对资本主义生产方式的异化的揭露，发现理性现代性和人本学现代性最后都有个归旨：以"资本"为本质的现代性。马克思通过对"异化劳动"的剖析和批判，实现了向"资本"现代性的批判范式的转变，正是这一转变，马克思现代性理论的研究推向新的层面，将现代性和人与自然关系领域结合起来，形成了具有生态旨向的现代性思想，为人们摆脱现代性困境提供了思想武器。

马克思现代性思想立足于"自然史"与"人类史"相互制约的观点，考察了人的自然性与社会性的辩证统一关系，揭示出人与自然的关系背后的人与人的利益关系，把"资本逻辑"批判原则与"类实践"原则相统一，实现人的两次"提升"，为人和自然矛盾的"真正解决"，为人类历史发展实现由必然王国向自由王国的过渡，为人类消解生态危机提供理论指导。

马克思通过对资本主义生产方式异化的揭露，剖析了现代资本主义及其私有财产的本质和发展规律，批判了资本逻辑支配下的理性和主体性，系统地阐释了现代性的生成、矛盾、超越与建构等问题。我们在理解马克思对现代性的批判理论时需要区分马克思现代性思想与马克思现代性的批判思想。马克思现代性思想是整体性思想，包含有对现代性的批判以及对未来生态的旨向性内容。现代性的批判思想是马克思现代性思想的重要内容。现代性的批判内容是马克思现代性思想所指向的批判对象，通过对其批判，寻找解决的方法和路径。而现在许多学者在研究马克思的现代性思想时，往往把马克思关于现代性的批判思想等同于马克思现代性思想。马克思关于现代性的批判思想是以资本现代性作为批判的对象，批判它的消极、负面作用为主旋律。马克思现代性的批判思想是马克思对现代性的历史批判过程中形成的理论。如果混淆这两者的关系，必然产生对马克思现代性思想的一种误解。

4. 马克思现代性思想的生态危机批判及当代价值

应对人类面临的全球生态环境恶化，学者们提出了许多有意义的思想理论，批判锋芒犀利，也提出了一些有益的见解，但似乎有待进一步探讨与完善。马克思现代性思想开启了对现代性困境的批判与建构，生态问题早已进入到马克思的理论视野之中。"在当今世界上有各种各样的生态理论，但无数的事实证明，它们都不足以承担起指导人类进行生态文明建设的重任，唯有马克思主义才能承担起这一重任。"① 法国学者乔治·拉比卡曾指出："马克思在《资本论》中第一次揭示了资本主义逻辑，从而为我们认识生态危机的实质、根源和解决出路奠定了基础。"② 马克思从资本运行的最基本原素——商品出发，一步步剖析和揭示产生生态危机的原因；通过揭示商品及商品交换背后隐藏的规律，指出资本逻辑支配下的生产资料所有制关系是造成社会分裂与利益矛盾的根源，是资本逻辑在人与自然关系上的映射和体现，是造成生态危机的深刻社会根源。马克思通过对生态危机产生的根源之所在——资本逻辑的批判，指出资本逻辑是现代性发展至资本主义阶段的产物。马克思对资本现代性的批判实质就是对资本主义社会的批判。马克思以批判资本现代性为目标，以关注人的生存和发展为主题，形成摆脱资本逻辑束缚下的主体性和理性，以实现人的解放和人的自由全面发展为生态旨向，最终实现人与自然和谐发展生态图景的现代性批判理论。马克思现代性思想指引摆脱资本逻辑支配下的理性困境，实现由"工具理性"向"生态理性"转向、实现"异化主体"向"人的自由全面发展"转变，是消解"生态危机"的重要思想指导。

马克思现代性思想中蕴含着丰富的生态思想：揭示了土壤肥力流失、自然力征服和城乡分离、自然异化和劳动异化等问题产生的资本主义根源，深刻剖析和批判了资本主义制度及其生产方式对于环境的破坏；论述了人类与自然进行物质变换、"新陈代谢"等活动；提出了消除城乡差别、

① 陈学明：《马克思主义与生态文明建设》，《文汇报》2010 年 2 月 22 日，第 010 版。
② 柳红霞：《当代西方生态社会主义评析》，《湖北社会科学》2004 年第 10 期。

联合生产者、超越自然主义和人道主义，实现共产主义等解决生态危机的重要思想。马克思强调，只有消除"新陈代谢断裂"、消除"自然异化"、消除城乡对立状态，才能实现人与自然的和解，实现世世代代的永续发展。

资本逻辑是导致当代生态危机的主要社会根源。资本逻辑内在于资本主义生产方式之中，对自然无限需求的目的论正是资本逻辑的内在要求和外在结果。因此，对资本逻辑的阐释和批判成为马克思现代性批判的理论基础，马克思现代性思想对生态危机的批判体现在马克思对目的论、各种思潮的批判和资本逻辑原则的批判中，从马克思现代性思想视阈对资本逻辑的批判正是对产生生态危机的根源进行批判。

马克思针对资本逻辑支配下的理性"工具化"发展造成的"自然异化"现象，依据"两个制约"，主张实现"工具理性"向"生态理性"转向，实现"两个和解"，以协调人与自然的关系；针对资本逻辑支配下造成的"人的异化"现象，马克思提出实现人的"两次提升"，使主体实现由"异化主体"向"全面自由人"转变，使人类的主体能动性转化为作用自然的现实力量，以实现人和自然矛盾的"真正解决"。

马克思在对既往文明中人与自然关系的反思与批判的基础上，探讨了私有制条件下人对人的剥削与人对自然的剥夺的相关性，提出了扬弃和超越资本逻辑、实现社会变革、建立能够适应社会发展客观要求的新的社会形态或体制。运用马克思现代性思想，对资本的扩张出现的"经济增长"和"消费异化"等现实问题进行考察和反思，对于我们今天探索摆脱生态危机，走文明自觉发展之路，实现人与自然和解的社会主义生态文明建设具有重要的理论和实践意义。中国进行社会主义生态文明建设需要处理好资本与市场经济的关系，保持资本逻辑与社会主义市场经济发展之间的张力，实现由"经济理性"向"生态理性"的转变；中国进行社会主义生态文明建设需要实现发展方式的转变，实现包容性增长。转变经济发展模式，走生态化科技创新之路，是实现社会主义生态文明的现实路径。

马克思现代性思想"是一种深刻的、系统的生态世界观"[①]。所谓"深刻的",就是抓住了事物的根本,从根本上回答和解决了当今人类所面临的生态问题;所谓"系统的",就是构成了一个完整的体系,是对生态问题的全面的论述[②]。它能成为解决生态危机的理论基础,也可以成为生态文明建设的指导思想。

5. 马克思现代性思想与马克思主义理论的关系

马克思现代性思想是马克思主义理论体系的重要内容,蕴涵着深刻的生态思想,具有重要的生态价值。

(1)马克思现代性思想与马克思主义的关系。马克思现代性思想是马克思主义的一个重要的内容。马克思现代性思想是建立于现代性视阈范畴,以资本现代性批判为核心,扬弃和超越工具理性,发挥人的主观能动性,协调人与自然关系,围绕人的生存和发展这一根本问题而形成的思想。马克思主义产生于19世纪40年代,是关于全世界无产阶级和全人类彻底解放的学说,是马克思、恩格斯在批判地继承和吸收自然科学、思维科学、社会科学优秀成果的基础上创立的,并在实践中不断地丰富、发展和完善的无产阶级思想的科学体系。从马克思主义发展的历程来看,从马克思青年时期开始,到马克思中年和晚年时期,直至今天的马克思思想与各国国情的结合,但人们往往忽视关于人与自然关系领域的生态思想研究,这也是导致马克思思想中蕴含的生态价值被遮蔽的重要原因。

(2)马克思现代性思想与马克思的自然观和历史观的关系。马克思现代性思想蕴含着重要的生态思想,具有重要的生态价值,体现在通过对造成人与自然关系对抗、产生生态危机的社会根源的批判,扬弃和超越资本逻辑支配下的理性,发挥人的主观能动性,协调人与自然关系,实现人与自然和解。马克思的自然观和历史观立足于时代的社会实践,立足于人,以人作为出发点,从历史发展过程中来考察人与自然的关系。马克思的自然观和历史观在实践运用中体现出相互结合、互相补充的特点,只要有人

[①]　J.B.Foster: *Marx's Ecology: Materialism and Nature*, Monthly Review Press.2000.p.VIII.

[②]　陈学明:《谁是罪魁祸首:追寻生态危机的根源》,人民出版社2012年版,第60页。

类的存在，自然史和人类史总是相互制约。

（3）马克思现代性思想与生态社会主义、生态马克思主义的关系。首先，马克思现代性思想是马克思、恩格斯基于现代性整体视阈，对现代性的批判和扬弃，超越资本逻辑支配下的现代性，实现对现代社会的建构，形成对未来社会发展具有生态旨向性意义的思想。生态社会主义、生态马克思主义是对马克思生态思想加以阐释和发展而形成的流派或思想，具有传承关系。他们认为只有在马克思主义指导下，消除生态危机的资本主义根源，建立生态社会主义，才能使人类走出生态危机，避免人类文明的毁灭。其次，马克思现代性思想是从现代性范畴，基于现代工业社会发展的历史条件，对资本逻辑支配下的"理性"和"主体性"进行批判和扬弃，实现人的解放和自然的解放，实现人与自然的真正和解，实现"人的自由全面发展"。而生态社会主义、生态马克思主义以全球化为时代背景，试图通过用他们所理解的马克思主义补充生态主义，以实现人与自然和解、人与社会和解为主题。他们继承和发展了马克思主义对资本主义的批判精神，揭示了资本主义从经济危机走向生态危机的必然性。最后，在当代，包括生态马克思主义、生态社会主义在内的诸多思想理论或流派，在促进文明自觉发展和转型中，都致力于用马克思的经典理论作为解决问题的法宝，尤其体现在当代生态危机的解决上。在现代社会，运用马克思现代性思想来探索协调人与自然关系，探索消解生态危机的路径，实现人与自然和解的社会形态建构成为更直接、更有效的思想武器。

三、国内外相关问题的研究概况

现代性和生态危机问题是当代学术界的研究热点，生态危机是人类社会发展至今需要共同面对的问题，也是关乎人类生存和发展的核心问题。随着全球化的发展，生态危机已经发生在世界每个角落，呈现出日趋严重的态势。马克思现代性思想视角对生态危机的研究概况，可以分为以下几个部分考察：

1. 关于马克思现代性思想研究的现状

国外关于马克思现代性思想的研究文献几乎查找不到，以 Marxist Modernity Theory 关键词搜索，查阅不到相关的研究文献，主要可能有这两个方面因素：一方面是国外关于"马克思现代性思想"的名称与国内不一样；另一方面是马克思现代性思想受到了戏剧性的解读，以致马克思在现代性问题上扮演着不同的角色，成了不同观点的化身，国外的研究者对马克思现代性思想的研究集中在其作为现代性的维护者和现代性的批判者的角度上，以及关注其哲学性质上是现代主义还是后现代主义的研究上。

国内对马克思现代性思想的研究起源于西方马克思主义及后现代主义思潮，他们是在西方现代性过渡的历史背景下借助马克思对资本主义的批判而开启这一话题的。当前，学术界有关马克思现代性思想的研究可以归纳如下几个方面：

第一，马克思是否有现代性思想。有部分学者断定马克思没有现代性思想。他们认为，翻遍马克思的著作找不到"现代性"这样的名词。他们不是从马克思现代性思想的总体视阈去理解，而只是从马克思的只言片语去判断。这种观点实质是"本本主义"的表现，从而也就根本谈不上对马克思现代性思想的真正理解。还有部分学者认定马克思是现代性的反叛者和对立者。他们仅仅从大量关于资本现代性批判的篇幅中列举出马克思对现代性的否定和批判，从中认为马克思没有现代性思想。其原因是研究者没有真正理解马克思对现代性批判的实质，没有把握住马克思对待现代性的态度从来都是辩证和双维度的，从而得出片面的结论。而多数学者认为马克思的思想中存在着大量的现代性思想。丰子义认为，"马克思尽管未曾使用过'现代性'概念，但是却有丰富的现代性思想"[1]。即马克思虽然没有明确提出"现代性"的概念，但还是具体阐发了有关现代性的思想。[2] 俞吾金指出，尽管马克思没有直接使用过"现代性"一词，但是他对以资本主义为特征的现代社会的深刻洞视，无不蕴含着对现代性的

---

[1]　胡刘：《马克思现代性思想的方法论》，《学术研究》2004 年第 11 期。

[2]　丰子义：《马克思现代性思想的当代解读》，《中国社会科学》2005 年第 4 期。

间接的诊断。指出许多当代的研究都认为马克思是对现代性现象进行批判性反思的真正先驱者。①

第二，马克思现代性思想的向度、维度。有学者提出了马克思现代性思想的"双向"、"二维"度和"三个维度"说。任平是从对以资本全球化为主体的现代性分析中提出了马克思现代性具有双重向度："一方面，马克思从历史观的高度对启蒙运动以来的一切现代性根基、特征和形态特别是自由主体化思想和理性批判精神做出积极肯定；另一方面，又在变革世界实践的否定辩证法基础上提出批判现代性的解构向度，从而为后现代思想家所推崇。随着新旧全球化时代大转换，马克思主义与现代性的关系随着历史关联的变化而变化。"② 漆思则从"对启蒙现代性意识形态的批判、政治经济学的制度批判、对现代与后现代两极对立思维的超越"三个维度探讨，他认为，马克思对资本主义的深刻批判正是对现代性问题辩证的历史的扬弃③。马克思的现代性思想正是马克思从不同维度批判而形成的。

第三，马克思现代性思想的价值和当代意义。这是马克思现代性思想与中国当代相结合的价值和意义的支撑点，也是我们研究马克思现代性思想的目的和用途之所在。贾英健指出，马克思的现代性体现了理性与价值的统一。"在对现代性的批判中，马克思将对现代性理性精神的分析与对人的生存的分析结合起来，一方面肯定了理性进步在人类发展中的意义，另一方面也指出了这种理性进步带来的人的异化现象，并从二者的统一中指出了扬弃人的异化、使理性与价值走向统一的道路。"④ 石敦国认为，马克思的现代性具有批判性价值和意义。"马克思的现代性话语是真正的现代性批判话语，因为它是真正的历史批判和实践批判。它不是局限于对意

---

① 俞吾金：《马克思对现代性的诊断及其启示》，《中国社会科学》2005 年第 1 期。

② 任平：《马克思的现代性视域与当代中国新现代性建构》，《江苏社会科学》2005 年第 1 期。

③ 漆思：《论马克思的现代性批判的三个基本维度》，《求是学刊》2005 第 1 期。

④ 贾英健：《马克思现代性批判的理论旨趣及其变革实质》，《哲学研究》2005 年第 9 期。

识现代性的批判，尤其是对哲学现代性的哲学批判，它通过经济学批判深入到人的存在方式和实践方式之中，深入到历史的本质性之中。"① 任平指出，马克思思想的出场既是对资本全球化历史语境的现实批判，又是对现代性视阈的一次大变革。从对工业生产方式造就的资本全球化体系的分析，到对资本世界的权力——国家形态，到物化意识形态的批判，马克思对"现代社会"即资本全球化社会形态的一切方面都做了深刻批判。"马克思对以资本全球化为表征的现代社会及其物化意识形态的批判，具有对现代性的超越意义。"② 邹广文认为："马克思的现代性视野，对我们分析中国的现代性问题提供了科学的方法论参照，应从理性与价值的双重观照出发，注意把握现代性问题的普遍性与特殊性，注意解决现代性展开过程中的矛盾和价值冲突，注重实践的人文关怀。"③ 马克思的现代性思想既体现了对人类价值理想的终极关切，又正视历史发展的现实过程，并特别强调在现代化实践上是理性与价值统一。马克思现代性思想具有当代任何思想家无法比拟的价值，对中国的现代化的进程和现代性的建设具有重要的指导意义。

2. 关于马克思现代性思想视角下生态危机的研究

（1）大多数学者是从对马克思现代性思想的研究中阐述马克思、恩格斯对生态环境问题的思想，涉及生态危机的研究。**在现代性视阈下**，从马克思脱离青年黑格尔派后这一阶段着手，从两个角度分析：一是从马克思现代性与黑格尔理性现代性角度对比，探讨马克思现代性思想的渊源关系及其形成，并与黑格尔理性现代性的关系；二是从资本角度切入，探讨马克思现代性的资本范畴、特征和发展趋势。两个角度可以概括出三种观点：

---

① 石敦国：《从哲学现代性批判到经济学现代性批判——马克思的现代性话语》，《学术研究》2003 年第 6 期。

② 任平：《马克思的现代性视域与当代中国新现代性建构》，《江苏社会科学》2005 年第 1 期。

③ 邹广文：《马克思的现代性视野及其当代启示》，《中国人民大学报》2004 年第 5 期。

其一，认为马克思现代性思想没有脱离黑格尔的理性现代性范畴，而是继承了黑格尔的衣钵，也主张"理性主义"，从整体性的立场上承认历史的进步与发展，并以此为基础形成"宏大叙事体系"。所以他们认为马克思的现代性思想就是黑格尔理性现代性的直接后裔。这种观点依然是戴着"黑格尔的有色眼镜"去看待和评价的，而且套用韦伯经典现代性理论观点的模板去看问题，没有看到马克思在实践基础上，扬弃了旧现代性、重建了以"资本"批判为范式的新现代性研究。

其二，认为马克思对资本主义现代性是完全批判的态度，以普列汉诺夫等的正统马克思主义为代表。他们认为马克思毕生研究资本和资本主义社会，认为马克思通过揭示"资本"在社会化大生产下与资本主义私人占有制之间的矛盾，其体制本身无法解决这一根本矛盾，指出资本主义必然会灭亡，这是历史发展的趋势。他们认为资本主义的灭亡就意味着现代性的终结和完成，这种看法的不足在于，泯灭和忽视了历史主体的积极、能动作用，认为人们可以坐享其成，等着坐直通车直接进入共产主义社会，从而陷入绝对主义历史观。

其三，认为马克思现代性思想是对传统现代性的继承、批判和超越，以西方马克思主义为代表。他们反对正统马克思主义者对马克思的教条解读，认为正统的解读遮蔽了马克思现代性思想，人为地割裂了马克思现代性思想与历史的联系，否认历史发展主体的能动性。代表人物有"正统西马"的卢卡奇、"重建现代性"的哈贝马斯、"反思现代性"的贝克、"盛期现代性"的吉登斯、"流动现代性"的鲍曼以及"后现代性"的德里达等。但是，"由于他们立足于人道主义的立场，所以对于现代性的批判只是现代性的极端补充形式，内在地镶嵌在意识哲学之中，并没有完全领会马克思通过实践开拓的新哲学的革命精神"[①]。

以上对马克思现代性思想的研究，虽然存在着不足，但他们提供的研究角度和方法值得我们借鉴。

---

① 张有奎：《现代性的哲学批判——从马克思生存论角度的分析》，社会科学文献出版社 2005 年版，第 19 页。

（2）在现代性视阈下，学界从马克思、恩格斯生态哲学视角研究生态环境问题，从中探寻蕴含的积极内涵。

在国外，较深入地研究和探讨马克思主义与生态危机的主要代表人物最早可以追溯至"西马"的代表人物马尔库塞，而可以划归为生态学马克思主义的主要代表人物有加拿大的本·阿格尔（Agger Ben）、威廉·莱易斯（William Leiss）、法国的安德瑞·高兹（Andre Gorz）、英国的戴维·佩珀（David Pepper）、美国的詹姆斯·奥康纳（James O·Connor）、J·B·福斯特（JhonBellmay Foster），还有德国的瑞尼尔·格伦德曼（Reiner G rundman）等。而"在众多的生态马克思主义理论家中，……福斯特是当今世界最活跃的生态马克思主义者，而且他的思想最系统、最有影响"[①]。国外这些思潮和流派，其"理论的基本特点是通过开启历史唯物主义理论的生态视阈，并以此为基础对当代资本主义展开生态批判，揭示资本主义制度以及资本的全球权力关系同当代生态危机之间的内在联系，强调解决生态危机的根本途径在于变革资本主义制度及其资本的全球权力关系，建立一个人和社会、人与自然和谐发展的生态社会主义社会"[②]。

在国内，20 世纪 80 年代以来也有一些学者开始涉入这一领域，到 20 世纪 90 年代，大量的国外生态学马克思主义代表作被相继翻译成中文。这期间可以分为两个阶段，一是国内开始从引介、评述、分析到大规模研究，翻译一些主要著作；二是国内一些学者出现关于生态哲学，生态环境问题研究的专著：如余谋昌的《生态哲学》，陈墀成的《全球生态环境问题的哲学反思》等。此后，生态学马克思主义的研究专著或博士论文不断增多，但大部分研究还是集中在马克思主义的自然观和生态马克思主义方面，如，解保军的著作《马克思自然观的生态哲学意蕴》，韩立新《环境视野中的马克思》、《马克思物质代谢概念和环境思想》等论文都属这一类。同时也出现了分门别类介绍、研究生态马克思主义的著作：最早的可以从

① 陈学明：《谁是罪魁祸首：追寻生态危机的根源》，人民出版社 2012 年版，第 42 页。

② 王雨辰：《生态批判与绿色乌托邦——生态学马克思主义理论研究》，人民出版社 2009 年版，第 1 页。

徐崇温 1982 年出版的《西方马克思主义》算起，后来比较有影响力的有俞吾金、陈学明的《国外马克思主义流派新编》，该书对生态社会主义和生态学马克思主义的主要代表人物和重要著作做了较系统的介绍，为后人研究生态社会主义提供了基础性的参考；周穗明的《现代化：历史、理论与反思》一书中也介绍和分析生态社会主义在环境方面的基本主张和策略，探讨几个代表人物的核心思想；王雨辰的《生态学马克思主义理论研究》较系统地介绍了生态学马克思主义的性质与理论定位，这对于研究生态社会主义、生态学马克思主义提供了参考和借鉴。此外，熊家学对生态社会主义产生的社会背景，刘光明对生态社会主义产生的科学文化背景等分别做了具体分析；王振亚对生态社会主义价值观进行了多维透视；刘保国从政治、经济、文化等多方面讨论了生态社会主义对建设有中国特色社会主义的启示；汤传信的博士论文《生态社会主义研究》，从经济学的角度指出资本主义生产关系、生产力和生产条件之间的矛盾，即资本主义社会生产与价值、剩余价值的实现之间的矛盾冲突，批判资本主义的经济制度，并据此对生态社会主义的政治、经济、环境等方面的主张进行了分析。学界上述的研究基本上有个共同点：试图从现代性视阈的积极内涵去探寻生态环境问题。

总体而言，学界对马克思主义关于生态环境问题的理论研究已经取得了一定的成绩，提出了许多宝贵的思想。我们认为，应当在现代性整体视域下完善关于生态危机的系统理论，以解决生态文明建设中的现实问题。首先，国内外对生态环境危机问题的研究主要集中在马克思主义与生态学关系问题上，对于围绕生态危机根源、本质的研究显得薄弱，即使在这方面有所论述，大多停留在一般性的介绍或者是对个别思想家的观点论述上。学界应该加强对生态危机的系统研究，对解决生态危机的方法和对策方面的做重点研究。其次，从现代性整体视阈去研究生态危机。从生态危机产生的根源来看，不仅有社会根源，还有经济根源、思想认识根源等；从生态危机产生的时间上看，也不局限于当今时代，如果不从现代性整体视阈去研究生态危机，很难把握生态危机产生的真正根源，从现代性整体视阈出发，从马克思现代性思想视角对生态危机进行批判，抓住了产生生态危机的根源所在。最后，把中国生态文明建设的研究与探索如何消解生态危机的研究结合起来。学界的研究虽较系统、完善地介绍和评析了各学派的生态思想，但缺乏把相关生态思想运用到中国的现代化建设之中，缺乏运用生态危机的思想理论与中国的生态危机建设的现实路径的结合，提出可实施的措施和解决的策略方案。

四、本书的研究方法

1. 整体有机论方法。整体有机论把事物和研究对象作为一个有机联系的整体，从整体性视阈去把握问题，不但使视野更广阔，更具指导性，而且不会导致以偏概全，仅仅局限于局部的分析。现代性本身是一种整体性视阈，生态危机也是诸多方面综合因素使然，如果仅从某个局部，肯定会得出比较片面的结论。因此，从现代性整体视阈研究生态环境问题需要运用整体有机论方法。

2. 历史唯物主义的方法。历史唯物主义既是世界观，又是方法论。从马克思现代性思想视角研究生态危机，运用历史唯物主义的方法来揭示造成生态危机的物质和社会历史条件（如生产方式、生产力水平、社会制度等），并进一步揭示生态危机物质条件背后的思想根源（如文化、人性、思想观念等），使历史与现实的相结合，物质层面与思想观念相统一，揭示生态危机的根源和本质。

3. 历史和逻辑相统一的方法。马克思现代性思想的发展过程，也是伴随着现代性的历史的发展过程，历史的研究方法正是通过对马克思现代性思想形成过程的描述，分析和再现生态环境问题产生的过程；而逻辑的东西乃是历史的东西的理论反映，逻辑的东西是与历史的东西具有一致性。资本逻辑是生产发展的历史阶段的产物，它作为一种历史发展过程的存在物，根源于资本逻辑的生态危机也会随着资本逻辑的消失而消解。因此，运用历史和逻辑相统一的方法，通过追溯生态危机产生的根源，探寻解决生态危机的方法和路径。

4.利益分析的方法。利益分析方法是从利益的角度，通过社会历史现象把握其本质和根源，透过各种社会主体的利益行为把握其动因的方法。马克思说："人们奋斗所争取的一切，都同他们的利益有关。"[①] 物质利益是由人类生存和发展的物质需要而产生的，在市场经济条件下，商品生产、交换、分配、消费的过程中必然涉及人与人的利益关系，产生错综复杂的利益链。这种利益关系反映在人与自然关系上就表现为对自然资源的占有、使用、支配和掠夺上。当代生态危机很大程度上正是根源于资本追逐利润的结果。运用利益分析的方法，剖析各利益主体及其性质、剖析生态危机的利益根源是本书具有新意的尝试。

五、本书的主要内容与结构

导论：主要阐明为什么基于马克思现代性思想视角去研究生态危机问题及其理论和现实的意义。通过对生态危机的内涵和本质的分析，揭示生态危机产生的根源，阐析生态危机的含义及对其进行批判意义。通过厘清现代性概念，阐述马克思与现代性的关系，梳理出马克思现代性思想的形成和发展过程，指出马克思现代性思想蕴含的生态思想及对生态危机的消解旨趣。通过国内外相关问题的现状研究，凸显马克思现代性思想对人类摆脱生态危机、构建文明新形态的旨向意义。

生态危机的形而上追问。本章是本书的逻辑起点，通过对生态危机进行形而上追问，对生态危机产生的原因和根源进行追问，对生态危机的内涵进行界定，对生态危机的本质进行揭示，指出产生生态危机的根源之所在，为寻找消解生态危机的思想理论奠定基础。

第二章，马克思现代性思想视阈的生态危机意蕴。本章通过梳理马克思现代性思想的历史形成，展现马克思现代性思想实现了由理性现代性

---

① 《马克思恩格斯全集》第1卷，人民出版社1956年版，第82页。

到资本现代性的范式转变过程，即独具特色的马克思现代性思想的形成过程，并阐述马克思现代性思想蕴含的消解生态危机的思想旨趣。马克思以资本现代性批判为核心，对资本逻辑支配下的资本主义生产方式所造成的工业污染和环境恶化等问题进行深入研究，对环境破坏的现象进行深刻反思，对环境破坏的警告、对破坏生态环境的生产方式进行剖析、对环境恶化现象的痛斥、对生态环境恶化威胁人类生存问题的预见、对造成生态环境问题的资本逻辑的根源进行批判，以及为解决生态环境问题的路径选择和建构。把环境问题和对资本主义的批判联系起来的理性思考，形成了马克思对"生态危机"批判的重要思想，为消解生态危机提供重要的思想武器。马克思在对自然异化和劳动异化、自然力征服和城乡分离、土壤肥力流失问题的揭示的基础上，在对资本主义制度及其生产方式对于环境的剥削的深刻剖析和批判的基础上，在论述了人类与自然进行物质变换、"新陈代谢"等的活动的基础上，提出了"联合和联合生产者，自然主义和人道主义就是共产主义"等解决生态危机的重要生态思想。

第三章，马克思现代性思想的生态危机批判。本章通过阐释马克思对资本逻辑的批判为核心的内容，围绕人与自然关系这个主题，对生态危机进行反思与批判。重点是马克思对资本逻辑原则的批判，资本逻辑是产生生态危机的根源所在。它内在于资本主义生产方式之中，对自然无限需求的目的论正是资本逻辑的内在要求和外在结果。因此，对资本逻辑的阐释和批判成为马克思现代性批判的理论基础。马克思现代性思想对生态危机的批判体现在马克思对目的论、各种思潮的批判和资本逻辑原则的批判中，从马克思现代性思想视阈对资本逻辑的批判正是对产生生态危机的根源进行批判。

第四章，马克思现代性思想的生态危机化解。本章通过分析马克思对生态危机如何进行批判和诊断。自现代性开启以来，主体性和理性原则一直是贯穿于现代社会发展的核心原则。但在资本逻辑的支配下，理性片面发展成为"工具理性"，理性的"工具化"发展，造成了人与自然关系的紧张，产生人与自然的对抗性矛盾，是"自然异化"和"人的异化"的重要原因。马克思针对资本逻辑支配下的理性"工具化"发展造成的"自然异化"现象，依据"两个制约"，主张实现"工具理性"向"生态理性"转向，实现"两个和解"，以协调人与自然的关系；针对资本逻辑支配下造成的"人的异化"现象，马克思提出实现人的"两次提升"，使主体性实现由"异化主体"向"全面自由人"转变，使人类的主体能动性转化为作用自然的现实力量，以实现人和自然矛盾的"真正解决"。

第五章，马克思现代性思想的当代价值。本章力图将理论应用于现实，通过运用马克思现代性思想对现实问题进行考察，对资本的扩张出现的"经济增长"和"消费异化"等现实问题进行考察和反思，探索摆脱生态危机，走文明自觉发展之路。中国进行社会主义生态文明建设需要处理好资本与市场经济的关系，保持资本逻辑与社会主义市场经济发展的张力，实现由"经济理性"向"生态理性"的转变，实现包容性增长，走生态化科技创新之路，实现社会主义生态文明。

第一章　生态危机的形而上追问

　　生态环境问题实质是人与自然的关系问题，人与自然关系背后体现的是人与人、人与社会的关系。由于人类作用于自然的实践活动造成了对自然环境的影响和破坏，形成了日益严峻的生态环境问题。生态环境问题越演越烈，发展到一定程度，成为威胁人的生存和发展的严重危机。反思人与自然关系及其背后的社会关系，只有对产生生态危机的根源和本质进行形而上追问，才能为探寻消解生态危机的路径奠定思想基础。

　　形而上学（metaphysics）起源于古希腊时期，这个词的概念产生于亚里士多德的哲学著作《物理学之后诸卷》（ta meta ta phusika），后人去掉了冠词，就成了metataphusika。在希腊语中，meta这个前缀不仅指"在……之后"的意思，也有"超越的""元（基础）等含义"，在汉译时，依《周易·系辞》中"形而上者谓之道，形而下者谓之器"译为"形而上学"这个词。"形而上学"概念有两种基本的理解：一是作为元概念的理解，具有超越性、基础性的含义，是从哲学层面思考宇宙宏观与微观、自然与人的关系及其本质性、普遍性、统一性等问题；二是作为学科意义上的理解。本书使用的"形而上"是对第一方面含义理解上的运用。在17世纪西方哲学中，形而上学问题相当于"本体论"（ontology）问题，即是，关于存在（to on）的理论或科学（logos）"，亦称为"存在论"问题。而生态危机威胁的正是人类的"存在"问题，人的生存方式、消费形式、发展模式等问题是生态危机的集中反映。

当代生态环境危机与现代性结下不解之缘。在现代社会的发展过程中，在资本逻辑的支配下产生了自然异化、人的异化、消费异化和社会发展的异化，形成了"现代性难题"。而对生态危机的形而上追问需要探究产生"生态危机"根源和本质。马克思通过对资本逻辑支配下"现代性"进行批判和超越，形成了具有生态旨向的现代性思想，为消解生态危机、实现人的解放和自然的解放提供理论指导。

第一节　生态危机的内涵理解

20 世纪末，随着全球性的生态环境问题日趋严重，"生态危机"一词越来越频繁地出现在人们的话语之中，已成为时代的热点和人们的关注点。工业文明的出现，使人与自然的平衡关系发生了颠覆性变化，形成全球性生态环境危机，产生全球性的影响。"在人类出现在地球上几百万年的绝大多数时间，我们只是局部性地给环境带来破坏性的影响。人类那时的这些活动对地球环境的影响，和形成这个星球的自然力量相比还是微不足道的。可是，现在的情况变了。在 20 世纪，人类和地球的关系进入了史无前例的新阶段。空前巨大的科学技术力量，迅速增长的人口已经把我们对环境的影响从局部和区域扩展到整个星球。在这个变化过程中，人类从根本上改变了整个地球的生命系统。"[1] 生态危机愈演愈烈，已成为威胁人类生存和发展的严重危机，"在今天，没有一个思考生态危机的人会否认其严峻性"[2]。甚至有学者把它列为诸多危机的第一位危机，如德国社

---

[1] ［美］西奥·科尔伯恩等：《我们被偷走的未来》，唐艳鸿译，湖南科学技术出版社2001 年版，第 142 页。

[2] ［德］汉斯·萨克塞：《生态哲学》，文韬、佩云译，东方出版社 1991 年版，第 2 页。

会学家乌尔利希·贝克认为，在"世界风险社会"中，"第一是生态危机，第二是全球金融危机，第三是跨国恐怖主义网络的恐怖危险"①。

一、生态危机的含义

生态危机表明人类生存和发展需要依赖外部的自然环境。马克思指出："人本身是自然界的产物，是在自己所处的环境中并且和这个环境一起发展起来的。"② 环境与人类关系密不可分，自然环境既是人类生存和发展的基础，又是人类生产实践活动的对象性存在物。人类通过社会实践活动作用于自然界，从自然生态环境中获得生存和发展的资源和空间，也不断地向自然界排放废弃物。自现代性以降，现代工业文明的发展使生态环境发生了重大的改变，产生了日趋严峻的生态危机，主要表现在：

（1）环境污染问题，由于人类生产和生活所引起的周围环境的改变，使原有的环境结构和状态发生变化，这种变化反过来产生影响人类生存和发展的系列问题。如大气污染、水污染等导致的温室效应和酸雨问题、化学品污染和废弃物对环境产生的污染等。

（2）生态破坏问题，由于人类对自然环境的过度开发和利用，盲目地开垦，过度地放牧和捕捞，滥砍滥伐，不恰当地兴建工程项目，加上工业污染，使环境恶化，土地沙化、酸碱化、盐渍化等，使生态系统失去平衡，生态环境遭到破坏。

（3）资源短缺问题，由于人类无节制地开采，导致矿产、石油、天然气等资源越来越稀少；由于环境的污染和对生态的破坏，导致水资源的严重不足、珍稀野生动植物和海洋生物资源濒临灭绝；土地的沙漠化、土壤肥力的丧失，以致可利用的土地资源越来越少；滥砍滥伐，导致森林资源锐减等。

生态危机愈演愈烈，严重威胁人类生存和发展。为了应对生态危机带来的挑战，学界从不同的角度对生态危机作出了不同的解释，并就如何消

---

① 季铸著：《世界经济导论》，人民出版社 2003 年版，第 1 页。
② 《马克思恩格斯选集》第 3 卷，人民出版社 1995 年版，第 374—375 页。

解生态危机提出了见解。

本书理解的"生态危机"，是指在现代社会中，由于人的活动或人作用于自然过程中，破坏了维系生态的平衡系统，使生态系统的功能受到破坏、环境质量下降、资源过度消耗，从而危害到人的利益、威胁到人的生存和发展而引发的综合性危机。

二、生态危机的不同理解

"生态危机"的挑战性已经成为当代社会人们所共识，但不同的学者、不同的学派对"生态危机"的理解不尽相同。早在 19 世纪，马克思和恩格斯就认为，资本主义经济危机引发社会危机，并衍生一系列生态环境问题，资本逻辑支配下的资本主义是产生危机的社会根源。20 世纪中叶以来，在新的历史发展条件下，各国学者或从生态、环境、技术中心主义的立场追问生态危机的根源，或基于马克思主义立场来阐释生态危机理论。

（一）马克思主义理论对"生态环境危机"的阐释

首先，经济危机根源于资本主义社会的基本矛盾。在资本主义条件下，生产的社会化同生产资料的私人占有制之间矛盾构成了资本主义社会的基本矛盾；当资本主义社会的基本矛盾发展到一定程度时，便爆发经济危机。经济危机表现为个别企业内部生产的有组织性与整个社会生产无政府状态之间的矛盾，形成资本与社会环境难以协调的矛盾。

其次，资本积累引发生态环境危机。资本主义积累引起生产"相对过剩"的危机，但经济危机根源于资本主义的基本矛盾运动，是资本积累的一般规律。马克思指出："在资本主义制度内部，一切提高社会生产力的方法都是靠牺牲工人个人来实现的……由此可见，不管工人的报酬如何，工人的状况必然随之资本的积累而恶化。最后，使相对过剩人口或产业后备军同积累的规模和能力始终保持平衡的规律把工人钉在资本上，……这一规律制约着同资本积累相适应的贫困积累。因此，在一极是财富的积累，同时在另一极，即在把自己的产品作为资本来生产的阶级方面，是贫困、劳动折磨、受奴役、无知、粗野和道德堕落的积累。"① 只要资本主义制度不改变，资本主义生产方式为了资本主义扩大再生产和资本积累，就会采取各种方式来榨取工人阶级的剩余价值和对自然环境资源的掠夺，由此而引发生态环境的综合性危机。

第三，资本逻辑支配下的资本主义生产方式，势必会造成环境的污染和破坏，产生生态环境危机。资本具有唯利是图的本性，资本为了追逐利润，不惜牺牲环境、污染环境、破坏环境来获取眼前的高额利润；为了进行资本积累，资产阶级需要大量原材料，需要对自然资源大肆掠夺，这势必会造成对生态环境的破坏。马克思指出："资本主义农业的任何进步，都不仅是掠夺劳动者技巧的进步，而且是掠夺土地技巧的进步。"②

最后，经济危机引发生态环境、社会的综合危机。当经济危机爆发，一方面产生大量"相对过剩"的商品，资本家把"相对过剩"商品进行大量倾倒、大量抛弃，造成大量资源被浪费，同时造成环境的污染和破坏；另一方面经济危机导致社会矛盾的激化，直接威胁到工人阶级的生存和发展，形成资本主义生产无限扩大的趋势同劳动人民有限支付能力相对缩小之间的矛盾。这些矛盾最终表现为无产阶级同资产阶级之间阶级对抗，"社会的生产和资本主义占有之间的矛盾表现为无产阶级和资产阶级的对立"。③ 这种对立、对抗引起社会矛盾激化，引起冲突和社会革命，引发社会综合性危机。

（二）不同学派对生态危机的理解

经过了数百年的发展，资本主义社会已经进入新的发展阶段，呈现出一些新特点。随着全球化的发展，当代的生态危机大大地扩展了其发生的领域和区域。在当代，面对生态危机已经没有哪一个国家能独善其身，每

---

① 马克思：《资本论》第 1 卷，人民出版社 2004 年版，第 734—744 页。
② 马克思：《资本论》第 1 卷，人民出版社 2004 年版，第 553 页。
③ 《马克思恩格斯选集》第 3 卷，人民出版社 1995 年版，第 622 页。

一个国家都不同程度深受其害。因此，不同学派和一些学者对生态危机都做出了相应的理解。

1. 基于生态主义、环境主义、技术中心主义、生态中心主义对生态危机的理解

（1）生态主义主张生态平等、生态价值一致的原则。首先，生态主义在自然价值观上主张非人自然的价值与人的价值是一样平等的，认为造成现在的不一致主要是因为人类中心主义及其评价尺度，这与生态中心主义的主张比较接近。其次，生态主义认为造成现代社会环境问题、形成日益严重的生态危机是根源于生产方式的"等级制度的权利关系"，这是引起环境退化、生态危机的根源。最后，生态主义主张将生态资源有偿化，实现环境成本社会化。这种主张大多数仅仅是美好的设想，现实的可操作性小：一方面是自然资源难以进入市场进行交换，如大气等；另一方面，从人类的道德领域去衡量也比较困难。社会上对自然资源的成本社会化"从道德领域刨去更多的活力，将之投入市场领域，从而进一步侵蚀那个所剩无几的、本可能成为生态社会基础的'和谐、道德世界'"[①] 还难以接受。因此，生态主义主张用非历史的等级概念来取代解决剥削的概念，生态主义在生态危机根源问题上回避资本主义制度，在对现代社会中环境退化和生态危机的批判，基本上不涉及私有制和资本主义的基本制度。

（2）环境主义认为生态危机的根源在于人口的过度发展和自然资源被无偿地使用。他们认为由于人口的过度发展，人类不断占有自然资源，对自然资源进行掠夺性开发、利用，造成人口的发展与自然资源的不可持续性。因此他们强调解决生态危机的途径在于控制人口数量，提高技术水平以及将环境和资源有价化，包括企业的生产成本也要计算生态环境成本。环境主义主张"一种对环境难题的管理性方法，确信它们可以在不需要根

---

① ［美］丹尼尔·A.科尔曼：《生态政治：建设一个绿色社会》，梅俊杰译，上海译文出版社 2002 年版，第 84—85 页。

本改变目前的价值或生产与生活方式的情况下得以解决"①。

把人口问题归结为生态危机的根源性问题，与马克思曾经批判的马尔萨斯的人口论在本质是一致的。事实上，全球性的生态问题并不是根源于人口问题，而且人口爆炸问题大多出现在发展中国家。这无疑等于把生态问题归于发展中国家造成的。我们知道发展中国家面临今天的生态环境问题是由发达资本主义国家所赐，而且在全球化发展的趋势下，生态危机不断地被转嫁到发展中国家，形成全球性生态危机。但环境主义力图在资本主义框架内解决生态危机，或许可以解决局部或某些领域的问题，但不可能从根本上解决生态危机。

（3）技术中心主义②认为技术可以改变人与自然关系，通过发展新技术可以解决生态危机，但"技术中心主义是一种资本主义形式的人类中心主义，它以追求利润的最大化为目标，造成了人与自然关系的恶化"③。因此，技术中心主义不可能从根本上解决生态危机，反而，"唯技术论"会造成生态危机的加剧和恶化。把生态危机的原因归结为技术进步的后果，没有真正把握到生态危机的本质和根源：技术是会产生生态环境问题，但这并不是技术本身出了问题，主要还是取决于技术的运用者和技术所属的社会制度性质。

（4）生态中心主义认为生态危机是由于人类中心主义的价值观造成的，正是由于把人类看作惟一具有内在价值的存在物，在地球上建立以人类的利益和价值规范为中心，并以此作为评判和衡量一切的价值标准，把人之外的存在物只赋予其为人需要的工具价值，必然导致自然界除人以外，一切都成为人的支配和奴役的对象，只要符合人类利益和价值规范，人类可以任意支配、使用。这势必造成人类对自然的掠夺性开发、利用，造成人

---

① ［英］安德鲁·多布森：《绿色政治思想》，郇庆治译，山东大学出版社 2005 年版，第 2 页。

② 注：技术中心主义是一种关于生态和环境保护的思想流派和解决问题的思路，与生态中心主义相对，都可以认为是生态社会主义、绿色政治的亚属。这里的技术是广义的，包括科学、经济、政治等人类文化成果。

③ 陈学明：《谁是罪魁祸首：追寻生态危机的根源》，人民出版社 2012 年版，第 509 页。

与自然关系对抗形成，最终导致生态危机的全面爆发。

生态中心主义认为"在人与非人之间本无固定的本体论划分"①，主张"从他是大地—社会的征服者，转变为他是其中的普通一员和公民。这意味着人类应当尊重他的生物同伴，而且也以同样的态度尊重大地社会"②。他们把"自然价值论"和"自然权利论"作为其哲学理论基础，认为只要切实做到以生态为中心，实施生态中心主义，就能实现环境的保护。因此，他们把生态危机的本质归结为，人们在观念上不把生态置于中心的位置而造成的恶果。

生态中心主义要求人类改变价值观、生活方式和态度，倡导人类应该尊重自然的价值和权利，使人类敬畏自然，认为人类应该"带着一种尊崇来面对一个其价值为自己所认同的共同体，从而再一次找到自己的家园"③，这对保护生态环境是积极有利的。但生态中心主义观对人类的行为缺乏有效的监督，没有把握住产生生态危机的根源和本质。因此，往好处说，他们"在政治上是天真的；往坏处说，是政治上的反动"④。在资本逻辑支配下的现代社会，在面包与空气之间，人们为了眼前生存的需求而选择了前者，当面临着经济利益和社会体制等阻碍面前，他们的主张和价值观注定是要失败的。

2. 基于马克思主义立场的生态危机理解

为什么说生态马克思主义、生态社会主义⑤是基于马克思主义的立场？当代生态危机随着全球化的进程日益演变为全球性的危机，在生态危机面

---

① ［美］戴斯·贾丁斯：《环境伦理学：环境哲学导论》，林官民、杨爱民译，北京大学出版社 2002 年版，第 253 页。

② Aldo Leopold, *A Sand County Almanac*, NY: Oxford University Press, Inc.1966.p.241.

③ ［美］霍尔姆斯·罗尔斯顿：《哲学走向荒野》，刘耳等译，吉林人民出版社 2000 年版，第 32—33 页。

④ Pepper D, Modern Environmentalism: An Introduction, New York: Routledge, 1996. p.29.

⑤ 生态社会主义（eco-socialism）也称生态马克思主义，试图把生态学同马克思主义结合在一起，以马克思主义理论解释当代环境危机，从而为克服人类生存困境寻找一条既能消除生态危机，又能实现社会主义的新道路。生态社会主义经历了"从红到绿"、"红绿交融"和"绿色红化"三个阶段。

前，许多自称是"马克思主义的理论"随着苏东社会主义的解体而逐渐销声匿迹，而生态马克思主义不但没有，反而在美国等西方发达国家中逐渐发展起来，成为应对当今资本主义社会发展与生态环境之间矛盾的一支不可忽视的力量。他们试图用自己所理解的马克思主义补充生态主义，在全球化的时代背景下，以实现人与自然和解、人与社会和解，同时继承和发展马克思对资本主义的批判精神，揭示了资本主义从经济危机走向生态危机的必然性。他们认为只有在马克思主义指导下，消除生态危机的资本主义社会根源，建立生态社会主义才能使人类走出生态危机，避免人类文明的毁灭。

生态马克思主义代表人物及其观点如下：

（1）加拿大的本·阿格尔（Agger Ben），"生态学的马克思主义"的著名代表人物，美国得克萨斯大学教授。他除了对马克思主义，特别是生态马克思主义有较深入的研究外，在批判理论、女权主义和言谈理论方面也有很多建树。他秉持过度生产和过度消费的角度，认为生态危机是资本主义的过度生产和过度消费引起的，是资本主义的危机由生产领域转移至消费领域而产生的。"今天，危机的趋势已转移到消费领域，即生态危机取代了经济危机。资本主义由于不能向人们提供缓解其异化所需要的无穷无尽的商品而维持其现存工业增长速度，因而将触发这一危机。"[①] 因此，他认为需要将马克思的经济危机理论适时调整和修改为生态危机理论，用于指导新形势下的社会发展需要。本·阿格尔认为要消除生态危机，必须消除过度生产和过度消费。如何才能消除过度生产和过度消费？他提倡舒马赫的小规模、分散化、采用中间技术的经济模式，以代替现行的社会化、规模化的经济发展模式，其核心在于实施分散化和非官僚化。他指出："只有按小规模技术发展起来的民主地组织和调节的生产过程才能使工人从官僚化的组织系统中解放出来"[②]，"工业生产实行有效的分散化只会导致社

---

① ［加］本·阿格尔：《西方马克思主义概论》，慎之等译，中国人民大学出版社1991年版，第486页。

② ［加］本·阿格尔：《西方马克思主义概论》，慎之等译，中国人民大学出版社1991年版，第504页。

会主义变革，如果伴之以废除劳动的等级制组织和废除劳动过程的细微破碎化的话。"① 阿格尔于是认定，"生态危机的实质就是资本主义生产为了追求无止境的价值增长而鼓吹消费主义的结果。消费主义一方面引发人类文化的异化，导致工人阶级的革命意识的衰退和社会主义革命的危机，另一方面引发自然的异化，导致生态危机。"② 阿格尔主张通过实施分散化、非官僚化以及实行工人管理来消解生态危机，改造资本主义，从而走向社会主义的发展道路。这一理论曾经产生过广泛的影响，但他的这一主张在理论上存在着重要的漏洞，在现实的实践中也无法实施。

（2）加拿大的威廉·莱易斯（William Leiss），生态马克思主义的创始人之一，他侧重从控制自然与控制人着手，通过揭示着两者之间的内在逻辑来阐述生态危机。"在由'征服'自然的观念培养起来的虚妄的希望中隐藏着现时代最致命的历史动力之一：控制自然和控制人之间的不可分割的联系。"③ 莱易斯认为，当代文明社会中出现的问题，从表面上看是在控制自然上，实际上是在控制人上出现了问题，并且使这种斗争范围越来越扩大。莱易斯还从意识形态的视角认为生态危机与资本主义存在必然的内在关联。他把"控制自然"的观念看成是生态危机的根源，认为"人类利用自然力的性质的转变已经带来了两个相互联系的灾难性后果：广泛威胁着一切有机生命的供养基础，生物圈的生态平衡，以及不断扩大的人类对于一个统一的全球环境的激烈斗争。每一灾难或两者都会造成这个星球现在形成的一切生物生命的毁灭或剧烈的变化"④；并指出，产生生态危机的根源在于资本主义体制内，控制自然和控制人存在着内在的逻辑关联。"在由'征服'自然的观念培养起来的虚妄的希望中隐藏着现时代最致命的历

---

① ［加］本·阿格尔：《西方马克思主义概论》，慎之等译，中国人民大学出版社1991年版，第503页。

② 赵卯生：《生态学马克思主义主旨研究》，中国政法大学出版社2011年版，第206页。

③ ［加］威廉·莱易斯：《自然的控制》，岳长岭、李建华译，重庆出版社1993年版，〈序言〉第6页。

④ 威廉·莱易斯：《自然的控制》，岳长岭、李建华译，重庆出版社1993年版，"序言"第6—7页。

史动力之一：控制自然和控制人之间的不可分割的联系……人类控制自然观念的主要功用之一（即它作为一种重要的社会意识形态的作用），是阻碍对人际关系中新发展的控制形式的觉悟。"①

（3）J.B. 福斯特（john Bellamy Foster）是美国俄勒冈州大学社会学教授，他是北美生态马克思主义的重要代表人物之一，他从马克思的新陈代谢理论（物质变换断裂理论）视角出发，认为生态危机的实质在于由资本主义的雇佣劳动制度、城乡对抗性矛盾而形成的人与自然对抗关系，其根源在于建立在私人占有制基础上的生产关系以及资本主义制度本身。他认为"生态和资本主义是相互对立的两个领域，这种对立不是表现在每一个实例之中，而是作为一个整体表现在两者之间的相互作用之中"②。资本与生态从根本上是对立的，因此，立足于资本主义制度本身企图解决生态危机是不可能实现的，在资本主义生产关系内企图通过自然资本化和技术改良化解决生态危机的路径也是无法实现的。因此，他提出，"社会和生态相关的极其复杂的问题都可追溯到现行的生产方式。要想遏制世界环境危机日益恶化的趋势，在全球范围内仅仅解决生产、销售、技术和增长等基本问题是无法实现的，这类问题提出的愈多，就愈加明确地说明资本主义的生态、经济、政治和道德方面是不可持续的，因而必须取而代之"③。

福斯特还从生态与资本逻辑对立的角度，提出了四条著名的"资本主义经济生产的反生态法则"，揭示了造成生态危机的资本主义制度根源。他反对一些"环境经济学家"把生态环境问题归结为市场的失职，没有把自然资源纳入市场体系体现其生态价值，没有对生态价值进行市场调节，致使大量自然资源被浪费，生态环境被破坏。他也反对"技术资本主义"者认为借助于新的技术能解决环境污染问题而可以消除生态危机。例如，

---

① ［加］威廉·莱易斯：《自然的控制》，岳长岭、李建华译，重庆出版社 1993 年版，〈序言〉第 6 页。

② ［美］J.B. 福斯特：《生态危机与资本主义》，耿建新、宋兴无译，上海译文出版社 2006 年版，第 1 页。

③ ［美］J.B. 福斯特：《生态危机与资本主义》，耿建新、宋兴无译，上海译文出版社 2006 年版，第 61 页。

他认为把二氧化碳排放所带来的环境污染看成仅仅是一个技术问题或染料效率问题就是错误的，问题的实质在于"资本积累的冲动推动着发达资本主义国家沿着最大限度地发展汽车工业这条路子走下去，把它作为生产利润的最有效的方式"[①]。福斯特运用马克思的历史唯物主义基本原理，试图使它各个方面融通一体，以实现人与自然的双重解放为目的，探索消除生态危机的根本路径。

（4）詹姆斯·奥康纳（James O'connor）从分析和揭露资本主义二重矛盾出发，以外在补充和完善的方式，将马克思主义对资本主义的经济批判、政治批判、制度批判扩张至对价值批判和生态危机的批判，指出生态危机的实质是资本主义生产在追求利润无限增长为目标，形成对自然无止境的剥夺和损害，产生了自然系统无法扩张与资本主义生产无限自我扩张的矛盾，由资本的"生产不足"与"生产过剩"的经济危机而导致生态危机。奥康纳指出，"总而言之，在当今世界资本主义之中蕴含着的，不仅是资本的生产过剩的危机，而且也是资本的不充分发展的危机。危机不仅来源于传统马克思主义所说的需要的层面，而且也来源于生态学马克思主义所说的成本的层面"[②]。可见，詹姆斯·奥康纳有关生态危机的思想则是从外在补充和完善的方式来开启历史唯物主义的生态视阈，实现马克思主义与生态学的联结，展开对资本主义的生态危机及其引发的经济危机的批判和生态社会主义的建构。

生态学马克思主义没有像生态、环境、技术中心主义那样把生态危机的根源归结为抽象的价值观，没有归结为现代性本身和科学技术的原因，也没有仅仅停留在呼吁人们改变生活态度、改变生活方式、自觉保护环境的口号上，而是把矛头指向了资本主义制度及其生产方式的存在。他们认为生态危机是当代资本主义社会的主要危机，认为生态危机是资本主义工

[①] ［美］J.B. 福斯特：《反对资本主义的生态学》，美国《每月评论》出版社 2002 年版，第 98 页。

[②] ［美］詹姆斯·奥康纳：《自然的理由：生态学马克思主义研究》，唐正东、臧佩洪译，南京大学出版社 2003 年版，第 207 页。

业化发展长期对自然的掠夺和污染造成的，资本主义制度是生态危机的制度根源。他们希冀引导生态运动等当代新社会运动转向社会主义革命，试图找寻一条能消除生态危机，实现人与自然的双重解放，走上生态社会主义的发展道路。

生态马克思主义把异化消费归结为生态危机的主要根源，过分夸大异化消费的社会政治作用，往往用"生态危机论"取代"经济危机论"，用人与自然的矛盾取代资本主义的基本矛盾，认为消除异化消费是解决生态危机，实现社会变革的根本途径，缺乏切实可行的实际方案，以此构想的生态社会主义难免带有浪漫主义和乌托邦色彩。

3. 国内学者对"生态危机"的内涵的理解

20 世纪 80 年代以来，国内的学者开始涉入这一领域，90 年代以后，大量的国外生态学马克思主义代表作被相继翻译成中文，大体可以分为两个阶段：一是国内开始从引介、评述、分析到大规模研究，翻译一些主要著作；二是国内一些学者出现关于生态哲学，生态环境问题研究的专著：如余谋昌的《生态哲学》，陈墀成的《全球生态环境问题的哲学反思》等，随着国内研究生态哲学、生态环境问题的专著或学术论文的逐渐增多，涉及的生态危机的研究也越来越多。有的学者研究结合我国的生态文明建设实践，提出了对生态危机内涵的理解，如余谋昌把"环境问题"亦称为"生态危机"，他在《生态文明论》一书中指出："环境问题全面凸现出来，环境污染和生态破坏第一次成为威胁人类生存的全球性问题，第一次出现资源全面短缺的现象，人口第一次变老，上述问题成为'环境问题'，又成生态危机。"[1] 巨乃岐认为，"所谓生态危机并不是指一个自然灾害问题，而是指由于人的活动所引起的环境质量下降、生态系统的结构、功能遭受损害、生命维持系统瓦解从而危害人的利益、威胁人类生存和发展的现象"[2]。有的学者则认为生态危机是社会生产与自然生产、社会生产力与自然生产力之间矛盾尖锐化的表现。有的学者

---

① 余谋昌：《生态文明论》，中央编译出版社 2010 年版，第 9 页。
② 巨乃岐：《试论生态危机的实质和根源》，《科学技术与辩证法》1997 年第 6 期。

把生态环境问题，称为生态危机或环境危机，"认为是由自然活动或人的实践活动所造成的生态环境的异常变化，致使人的自然生存环境向不利于人的生产、生活和健康方向发展的结果。①

三、生态危机的特点

人类的生存和发展与自然环境或生态系统的相互关系发生对立对抗，导致一系列的生态、经济、社会危机的连锁发生，不但引起经济的危机，诱发政治文化危机和生态危机，环境危机的转嫁则导致国际关系危机，形成区域和民族的矛盾危机等等。因而，生态危机不但因生态环境问题而成为全球共同面临的危机，而且生态危机会引发的系列综合危机更成为世人关注，更需要共同面对，合作、对话、解决等等。

在全球化大背景下，生态危机越演越烈，其严重性、破坏性已经威胁到当代人的生存和发展。全球化起源于资本现代性的世界扩张，全球化推动着生产要素跨国流动日益加速；现代科技逐渐淡化政治国家的地缘边界，网络通信技术使各国之间的联系大大加强，空间距离大大缩短；资本、信息、商品、劳动、服务等超越国界进行扩散，这一切都促使生产、贸易、商品、信息、金融、文化等都进入全球化的进程中，各领域全球化的过程中，生态危机也伴随着全球化的脚步愈演愈烈，威胁全人类的生存和发展。

从资本主义生产方式上看，无节制地发展社会生产，以追求高额利润为目的，单纯追求剩余价值，这势必导致掠夺自然与剥削劳动者并存。一方面，资本家为了追求高额利润，不惜血本地利用科学技术，提高其开发和掠夺自然的能力，但对自然只索取不补偿，只破坏不建设，只污染不治理。另一方面，财富迅速集中在少数资本家手中，他们利用手中的资本渗透到政治、经济等领域，掌控社会关系，从而实现由对自然的剥削到对人的剥削。"历史告诉我们，每当社会能源（财富）集中在一些人和组织手

---

① 陶庭马：《生态危机根源论》，《博士学位论文》苏州大学 2011 年版，第 2 页。

中时，社会其他成员的生存便因能源丧失而受到威胁。"[①] 随着全球化的发展，把这种对自然的剥削到人的剥削最终形成的生态危机推向了全世界，造成了"第三世界就不能过上稍微像样的生活。"[②] 随着全球化程度的不断提高，越来越加剧了生态危机。

生态危机在全球化趋势下，呈现出如下特点：

一是整体性。生态系统是一个整体平衡的系统。生态危机的产生不仅仅是环境、资源和人口的个别或局部问题，其产生和发生也不是某个环节或部分的问题，它的产生和形成是由各个部分和环节相互作用和相互影响，形成具有普遍性和规律性的整体性问题，从而牵一发而动全身。因此，相对应的解决生态危机也必然要求无论从理论视野，还是方法和途径上同样具有整体性的特点。

二是全面性。生态危机关涉到每个国家和地区，与每个人都息息相关；涉及各个领域，在资本、信息、商品、劳动、服务等领域均有表现，也超越国界向政治、经济、文化、科技和教育等领域相互渗透。随着全球化的发展，开放性、自由性越高，同时隐含生态危机的威胁也越大，对其治理或解决，也要具有全面、系统的特点。

三是变动性。生态危机不是固定不变的，其内容、程度、范围等随着世界政治、经济、人口、资源、价值观念等的发展而不断发生变化。而且随着跨国公司、全球连锁经营的快速发展，使得生态危机的隐患在一体化进程中快速发生。

四是挑战性。生态危机是当今世界各种反映人类整体生存和发展受到严重威胁的矛盾问题所构成的复杂问题，让人类感到紧迫性和严峻性；如果人类不给予足够的重视，不采取有力措施去解决，则会威胁到人类的生存和发展，乃至文明的存亡，导致的后果将不堪设想。

[①] ［美］杰里米·里夫金、［美］特德·霍华德：《熵：一种新的世界观》，吕明、袁舟译，上海译文出版社1987年版，第176页。

[②] ［美］杰里米·里夫金、［美］特德·霍华德：《熵：一种新的世界观》，吕明、袁舟译，上海译文出版社1987年版，第170页。

从时代背景来看，生态危机属于现代性视域的问题。在现代性范畴中，只要资本主义生产方式仍主导着全球的经济发展，资本现代性的生产关系就必然影响着全球化的发展，这种生产关系必然影响着全球。而在全球化的背景下，资本现代性生产关系表现在以发达国家为主导，以生产和贸易为基础，以技术和制度创新优势为支撑，以跨国公司为主角，以资本为纽带，在世界范围内形成产业结构调整和资源重新配置的过程，并把发达资本主义的制度、生活方式、价值观念等推向全世界。在把资本主义文明扩展到全球的同时，也不可避免地把资本现代性生产方式根源下的生态危机扩展到世界。

第二节　生态危机的根源追问

当今，无论是发达国家还是发展中国家，都不同程度地受到生态危机的影响，其经济社会发展都需要化解生态危机，以实现经济、社会与生态环境的协调发展。要化解生态危机首先需要探究生态危机产生的根源。当代众多学者对此进行了有益的探索，有的学者认为是人口、科技、消费、制度等因素引发了生态危机，有的学者把生态危机归结为现代性、人性、思想文化、思维方式等因素。

一、从人口增长、科技异化、制度体制因素探寻生态危机的根源

当代生态危机的形成是多因素共同作用的复杂结果，从"人口增长""科技异化""制度体制"等因素探讨生态危机的根源，对我们理解生态危机产生的原因提供了重要的参考。

1. 从"人口增长"探寻生态危机的根源

关于人口因素对生态危机造成的影响可以分为两种观点：一种是认

为人口增长是造成生态危机的重要根源，甚至是一个致命的因素。这种观点是典型的"马尔萨斯人口论"。这种观点认为人口增长呈几何级数递增，而人类所需生活资料只能以算术级数增加；可自然资源是有限的，如果人口无节制的增长，人类为了生存势必会向自然界不断索取资源，造成资源耗竭、环境破坏，产生生态危机。另一种观点则认为，人口增长不是造成生态危机的根源，而且与生态危机没有直接的关系。人口研究学者，北京大学教授穆光宗认为："人口增长本身只是一个中性的现象。人口增长与生态恶化之间的作用机制是相当复杂的，因时因地因人而异。与'人类行为'相比，'人口增长'无疑是更间接、更宏观的因素。"①根据穆光宗的观点，人口因素对生态问题的影响不仅是间接的，而且不是根本性的，人口因素只有与当时的社会历史条件等综合在一起才会发挥作用。从我国实际情况看，我国从宏观上已经把实施计划生育作为可持续发展的战略国策，显然，人口增长不会成为导致我国生态危机的根源性问题。但这并不意味着人口问题对我国生态危机不会产生影响，"适宜的人口增长率和规模、优良的人口素质、合理的人口结构是城市可持续发展的必备人口条件"②。人口发展必须与经济社会发展相适应，如果人口问题处理不当，造成人口急剧膨胀，造成区域性自然资源的破坏和环境污染，产生生态危机。势必会影响经济社会发展，也会成为制约我国生态文明建设的一个重要因素。

2. 从"科技异化"探寻生态危机的根源

所谓"科技异化"是指科学技术在造福于人类的同时，也会对人类产生威胁，危害人类的生存与发展，使人类成为被科学技术支配和奴役的现象。持"科技异化"根源论观点的人认为，科技的发展和运用不当，会对环境造成一定的污染和危害，科技的异化过程伴随着生态环境的破坏过程，科技异化最终会导致生态危机的恶果，据此，认定科技异化是造成生态危机的重要根源。如霍克海默、马尔库塞、哈贝马斯，巴里·康芒纳等

① 穆光宗：《生态危机："人口"该负多大责任》，《人口研究》1999 年第 2 期。
② 史宝娟：《人口、资源和环境与城市可持续发展对策分析》，《河北大学学报》（哲社版）2008 年第 1 期。

人认为，科技发展和运用都有一定的副作用，会对社会发展和生态环境造成一定影响，所以，科技也是造成生态危机的重要原因，主张对科技进行批判和反思。但一些生态马克思主义的代表人物，如 J.B. 福斯特、詹姆斯·奥康纳等，他们虽然也承认科技对生态危机造成的影响，但更强调的是科技所属的社会制度，认为在资本主义生产方式下，科技的革新是为了追求利润的最大化，科技的进步最终目的只是为了满足不断增长的利润需要，而这一切又是由资本主义本质决定的，因此造成生态环境的巨大破坏是必然的，这才是科技产生生态危机的根源所在。

反对"科技异化"根源论的观点认为，科技是社会进步的关键力量，生态危机并不是科技导致的必然结果。"生态危机并不是技术的过错，而是人类在技术的利用和把握上的失当所导致的技术负功能后果或负面效应，或者说，是技术利用的失误或危机，这就要求人们善待技术进步问题。"[①] 当然，从"科技异化"的角度看，生态危机的根源问题关键在于科技掌握的主体和技术所属的社会性质，在资本主义制度下，资本逻辑支配下的技术是为了追求高额的利润为目标，就会造成科技异化。而从科技本身而言，科技是中性的，"就其本质而言，科学技术是一种'伟大的革命力'、'历史的杠杆'，科学技术加强了人对自然的控制和改造能力，极大地提高生产力、为人类的自由解放创造物质基础，并推动生产关系的变革"[②]。

科技异化的背后反映出的实质是人性的异化，因此"完善技术主体——人类自身，树立和谐技术观，实现技术生态化和技术人性化，是解决生态危机的出路所在"[③]。科技作为一种手段，在人类的进步和发展过程中发挥着举足轻重的作用，在当今生态环境日益严峻的形势下，使之有效地为建设良好的生态环境服务、为人类服务。联系中国的社会现实，"我国现在

① 高中华：《生态危机的技术内涵：对技术负面效应的评析》，《科学技术与辩证法》2001 年第 5 期。

② 陈振明：《技术、生态与人的需求——评"西方马克思主义"的生态危机理论》，《学术月刊》1995，第 10 期。

③ 邵瑾菊：《技术异化引发生态危机的哲学反思》，《科技进步与对策》2009 第 17 期。

正处在现代化建设过程中，与西方的'后现代化'不同。我国现在的主要任务仍是发展科技，弘扬人的主体性"①。因此，要合理利用科技，防止科技的滥用，同时要"根除生态危机，走可持续发展之路，只能依赖于科技进步，科学技术的生态化和在社会主义制度下对社会和自然关系的自觉协调乃是解决生态问题的必由之路"②。

3. 从"制度体制"探寻生态危机的根源

有观点认为生态危机根源于一定的经济体制、政治制度。社会主义制度本质上是和谐的、生态的，不会必然导致生态危机；而资本主义制度及其生产方式具有反生态的本性，是导致生态危机的社会根源所在。

（1）经济体制。资本是生产发展的要素，在发展市场经济过程中，需要引入资本；但资本具有唯利是图的本性，资本追逐利润，不惜牺牲和破坏环境获取利益，生态危机也伴随着市场的发展悄然而生。但"市场制度不管多么具有创造力，却不能自我调节"，"市场常常惩罚无辜的局外人，但却奖赏不从事生产的投机者。市场往往排斥社会价值"③。市场从其本身来讲并不存在姓社姓资的问题，资本主义可以用，社会主义也应该发展市场经济，市场经济对于资源的运作和配置富有效率，能够起到优胜劣汰、优化资源、激发产生者的积极性和主动性的作用；但由于"市场经济条件下开发利用资源的目的是效率和收益的极大化。从市场理论的原则上说，经济交易中的供需各方均可获得最大市场收益。然而，现实经济生活中效率与收益实现的固有机制，却不利于环境资源的合理利用和保护，带来生态危机"④。加上市场经济条件下存在一系列的非对称现象，如市场本身的非对称性，"即在商品生产过程中，存在着社会成本与私人成本不一致的现象，或者说生产者所承担的那部分成本与它实际上造成的成本之间有差

① 潘洪林、周兰珍：《生态危机的祸根是人类中心主义吗》，《人文杂志》2000年第2期。
② 任暟：《技术文明社会的生态危机意识——评法兰克福学派的科技决定论》，《现代哲学》2002年第2期。
③ 胡代光：《关于市场作用的理性分析》，《四川大学学报》（哲学社会科学版）2005年第4期。
④ 曹明宏：《生态危机的市场根源及其对策》，《科学技术与辩证法》2000年第5期。

距"①。在市场经济条件下，生产者往往只关心其生产成本，而对所造成的环境污染等具有公共属性的资源和社会成本却不予考虑，主要有两方面原因：一方面是因为这一部分损失对污染物的排放者暂时不造成直接影响，另一方面是污染、排放、影响和破坏的是公共资源，由公众共同来承担。因此，造成了污染和破坏在生产和交换过程之外，市场对于污染废弃物的处理，失去了约束力，无法发挥其作用；市场运作失灵，几乎完全不具效率。这种市场非对称性是内生于市场体系的，不可避免的。因此，也不可避免会产生大量生态问题，从而产生生态危机。

面对市场在生态环境资源领域的"失灵"，政府必须通过宏观调控措施控制、约束和纠正任意破坏环境的行为，通过制定法律和法规来规范、监督和调节市场的"失灵"，采取得力措施切实保护环境资源，鼓励环境资源的有效利用。

（2）政治体制。从政治体制来看，社会主义制度在本质上是和谐的、生态的，社会主义的生产目的是为了满足广大人民群众的生活需要，不会为了追逐利润而不惜牺牲和破坏环境，不会必然导致生态危机；而资本主义制度及其生产方式具有反生态性。在资本主义社会，资本主义的生产目的是为了追逐高额利润，而资本主义国家从根本上不可能协调私人占有制与生态环境冲突的矛盾，因此，资本主义体制是产生生态危机的社会根源。"生态危机就是人与自然的关系恶化了，处于异化状态。……人与人关系的异化归根到底是由资本主义私有制、资本的生产方式和异化劳动带来的，因此，要从根本上解决生态危机，使人类与自然重新恢复到友好和谐状态，就要废除资本主义私有制、资本的生产方式和异化劳动。"② 由于资本主义私人占有制导致对资源环境不合理的开发、利用等方面而产生的"代内公平"和"代际公平"问题，"从一个较高级的社会经济形态的角度来看，个别人对土地的私有权，和一个人对另一个人的私有权一样，是十分荒谬的。甚至整个社会，一个民族，以至一切同时存在的社会加在一起，

---

① Pigou. Economics Welfare（4th edition）Macmillan，London.1932.172–174.

② 孔欢：《生态危机的根源探究》,《晋阳学刊》2009 年第 1 期。

都不是土地的所有者。他们只是土地的占有者，土地的利用者，并且他们必须像好家长那样，把土地改良后传给后代"①。马克思这里指出了那些对土地等自然资源不负责任式的开发滥用而产生生态环境问题的行为，他敏锐地洞察到了人类需要承担对于资源持续利用的历史责任。"我们已经知道，现代的工艺是私有财产，不可能长期存在下去，如果它破坏它所依赖的社会财富——生态圈的话。因此，有利地有效地运用这些十分重要的社会财富。这就是说，必须改变这种体系。"② "在资本主义制度下，生态危机不可能解决。"③ 生态问题涉及的政治体制的问题，实质上是关于社会公平正义的问题，"环境问题的本质是社会公平问题。受环境灾害影响的群体，是更大范围的社会公平问题。资本主义的本质不可能会停止剥削而实现公平，只有社会主义才能真正解决社会公平问题，从而在根本上解决环境公平问题"④。

"历史经验表明，作为社会关系的调节器，制度与社会和谐之间具有内在的必然联系：如果制度安排得当，那么即使技术不够发达、文化不够先进、自然灾害频繁发生，社会成员也有可能和睦共处；相反，如果制度安排显失公平，有悖正义，那么即使技术发达、文化先进、风调雨顺，社会也会因'不患贫而患不均'而动荡不安。"⑤ 而在市场经济条件下，资本逻辑会产生拜金主义和金钱至上观，随着资本扩展至政治、经济、文化、教育等领域，影响人们的思想观念，产生如权力缺乏监督、滋生腐败等诸多问题，使政治生态产生严重弊端。"生态的乱象源于政治生态的弊端，自然生态危机与政治生态弊端、社会生态乱象是一种流与源的关系，只有

① 《马克思恩格斯全集》第 25 卷，人民出版社 1974 年版，第 875 页。
② ［美］B. 科莫勒：《封闭圈。自然界、人、工艺》，列宁格勒出版社 1974 年版，第 206—207 页。
③ ［英］R. 巴罗：《新政策的若干因素——论生态学和社会主义的关系》，西柏林，1980 年版，第 112 页。
④ 潘岳：《论社会主义生态文明》，人民网，网址：http://env.people.com.cn/GB/536 5765.html.
⑤ 罗豪才、宋功德：《和谐社会的公法建构》，《中国法学》2004 年第 6 期。

正本清源才能为解决自然生态危机提供现实出路。"① 如果社会制度缺少公平、正义、民主，政治制度失去活力，官僚盛行丛生，这就成为产生生态危机的重要因素。

二、从现代性、人性、思维方式角度探寻生态危机根源

1. 从现代性的角度来挖掘生态危机的根源

有学者从现代性的内在理念和外在工具性特征来探寻生态危机产生的原因，把生态危机视为现代性的内生性的危机。持这种观点的人认为，现代性自文艺复兴和启蒙运动以来，对人们的思想解放、对主体性的发展及社会历史的进步具有重大的作用；但现代性发展至今，理性走向了绝对理性、工具理性的方向，导致理性与感性的分裂，同时主体性也发展至狂妄、虚妄地步，产生了现代性的断裂，形成了现代性的悖论。"理性与感性的两极分裂在此远超出了生态学的均衡与协和原则，而呈现为空前巨大的现代性悖论。"② 理性走向绝对理性的发展，成为工具理性的代名词，"在最初启蒙理性那里，理性是统一整体"，"随着自然科学发展与工业革命兴起，具有整体性的启蒙理性发生了结构分裂与失衡，工具理性逐步演化成具有主导地位的理性"。③ 现代性的理性片面地发展了工具理性的一面，使其与市场和资本逻辑不谋而合。从此，工具理性成为资本逻辑支配下的功利性手段，不但运用在人与自然的关系中，也运用在人与人的社会关系中，成为人类为追求利润、实现利益、不择手段的工具，人类为了实现自身功利性目的，不断向掠夺和破坏自然环境，成为产生生态危机的重要根源。"现代社会人与人之间相互依存和人的社会性已不再是对他人情感上的认可或本源上的认同，而是服从于以工具理性为特征的功利性的市场同一性逻辑的需要。自我作为占有性主体，需要以他人为手段

---

① 王四达：《"天人合一"的误读与中国生态危机的出路》，《学术研究》2009 年第 5 期。
② 尤西林：《生态危机与现代性悖论》，《新东方》2001 年第 1 期。
③ 张成岗：《技术、理性与现代性批判》，《自然辩证法研究》2004 年第 8 期。

（仅仅为手段而已），离开他人是无法达到主体自身的目的的。"① 马永波
认为"作为工具现代性所孕生的但又批判和反思其内在危险的文化现象，
现代主义的动力来自正题与反题两个向度，正题是借助语言的梦想回到
自然并重构人与存在整体的和谐关系；反题是对现代性的批判和生态危
机的预警"②。

在市场经济条件下，资本现代性以资本追求经济利益的最大化为目
标，生产者只考虑其生产成本，污染、排放和消耗的公共资源不在其考虑
之内，也不在生产和交换的市场机制的约束之中。因此，认定现代性是造
成生态危机的根源。同时，由于资本现代性"追求效率至上，最大化的利
益驱动使人与人之间产生隔阂和情感冷漠，并使人与人之间的相互理解和
认同成为难以解决的问题。只有在现代与传统互镜的基础上，形成人与自
然和谐共生的文化信念，建立人与人之间互为主体的共同体，才能够缓解
生态危机给人类造成的压力"③。

2. 从人性角度寻找生态危机的根源

人性欲望的无限膨胀，造成了主体性狂妄、人性失衡，导致了对自然
无限的索取和掠夺，从而引发生态危机的产生。"生态危机的本质是人性
的危机，现代性的人性是生态危机的深刻根源。"④ 西方社会在世俗化的过
程中，人的正常需要被逐步遮蔽，而人的欲求却被凸现出来，成为主宰和
支配这个社会和人的行为的主导力量。

从人性角度来理解，人的"需要"和"欲求"是有本质区别的。人的
"需要"是指"人类的生存和生活所必需的一切东西"⑤。包括生存所需要的
基本生产资料和生活资料。"需要是基于人的生命或生活之基本需求而产
生的，是人们对生活必要条件的正常要求，具有客观实在性内容。欲望则

① 张彭松：《生态危机的现代性根源》，《求索》2005年第1期。
② 马永波：《现代性与生态危机》，《文艺评论》2010年第5期。
③ 张彭松：《生态危机的现代性根源》，《求索》2005年第1期。
④ 曹孟勒：《超越人类中心主义和非人类中心主义》，《学术月刊》2003年第6期。
⑤ 刘福森：《西方文明的危机与发展伦理学——发展的合理性研究》，江西教育出版社2005年版，第130页。

不考虑现实生活和必要条件，缺乏经济合理性和社会正当性，其本质是无尽的贪婪。"① "欲求"不是"需求"，也不仅仅是"欲望"，而是欲望的需求，是一种脱离需要的"想要"，甚至是非分之想。"欲求"不是人的生活中必需的东西，而是由人们追求地位上对他人优越感的心理竞争而形成的一种主观追求。"资产阶级社会与众不同的特征是，它所要满足的不是需要，而是欲求，欲求超过了生理本能，进入心理层次，因而它是无限的要求。"② 马尔库塞则把"欲求"称作"虚假的需要"。他说："发达工业社会所满足的需要，却并不是人们的真正的需要，而是一种虚假的需要，即由特定的社会势力在压抑人们，加诸人们的需要，是有私心的剥削者塞给人们的。按照广告去娱乐，去嬉戏，去活动和消费，去爱和恨别人的大多数现行需要，就属于这种虚伪需要的范畴。"③

在欲求的驱使下，人性就会发生变质，欲求不再是为了满足需要，而是为了追求奢侈，进行攀比，衡量人的尊严和地位不再看人是否拥有德行，而是看其占有财富的多少，拥有金钱的多少；衡量人的价值的大小不是看你对社会的贡献多少，是以财富、汽车、房产、服饰等的档次和名贵程度来评判；人生的目标不再是追求超越现实的理想和终极关怀，而是为了拼命挣钱、及时消费、随时享乐。一旦得到这些东西，又觉得毫无意义。弗洛姆指出："对许多物品，我们根本没有使用它的要求。我们获得物品就是为了占有他们。我们满足于无使用价值的占有。因为怕摔坏贵重的餐具和水晶玻璃的花瓶，我们就从不使用它们。人们买下一栋房子而占据着许多无用的房间，并且给房子配有多余的汽车和仆人，这栋房子就像中产阶级家庭里摆设的老古董一样……在人们对占有使用物品感到的愉快中，由财富而感到显赫的满足仍是第一位的。汽车、电冰箱和电视机有实际的

---

① 万俊人：《道德之维》，广东人民出版社 2000 年版，第 7 页。
② ［美］丹尼尔·贝尔：《资本主义文化矛盾》，赵一凡等译，三联书店 1989 年版，第68 页。
③ 徐崇温：《西方马克思主义论丛》，重庆出版社 1989 年版，第 243 页。

使用价值，但它们也是现实阔气的摆设。它们标明了所有者的社会地位。"①

　　人的欲望与欲求有时是交织在一起的，往往通过需要的形式表现出来，它们是人的存在的不同要求。欲求对于早期的思想启蒙和资本主义发展是一种内在的驱动力。爱尔维修认为人的欲望是人本身具有的，是人的情感的一种表现。他说："人是能够感觉肉体的快乐和痛苦的，因此他逃避后者，寻找前者。就是这种经常的逃避和寻求，我称之为自爱。这种情感是肉体的感受性的直接后果，因而为人人所共具，乃是与人不可分离的。"②亚当·斯密把追求个人欲望的满足视为社会财富积累的基础，他把欲望比作是追求和创造财富的"看不见的手"，认为人们在欲望的牵引下对自己利益奋力追逐的同时也最终促进了社会整体利益的增长。

　　人的欲望从中世纪禁欲主义那里得以解放，成为推动现代社会发展的动力，但欲望逐步从人的基本需要中摆脱出来成为贪欲，逐渐控制着人的内心，欲望就演变为欲求。从此，人逐步沦为欲求的奴隶，并受欲求所支配。在欲求的驱使下，人们把物质财富和利益的追求当作人生的唯一目的，社会的物质生产不再是为了满足人们的生活需要，而是为了满足人们追求奢侈骄华的攀比欲望。而欲求的本性是贪婪的，也是毫无节制和永远无法满足的欲求。正所谓欲壑难填，一个欲求刚刚被满足，另一个新的欲望念头又诞生。欲求就像《渔夫与金鱼》故事里描述的老太婆的贪欲一样，当她得到了"新的木盆"，又想要座"木房子"，在住的需要满足之后，又有了改变身份的欲求，要做"世袭的贵妇人"，得到了"世袭的贵妇人"的身份后，又觉得地位不够，想当"自由自在的女皇"，照常理说，人的欲望到了当上女皇应该满足了，可是欲求还是无限膨胀，使她还要想做海上的女霸王。这种贪欲的最后只能落得个——依旧是那间破泥棚，坐在门槛上，前面还是那只破木盆。这个故事与当今的生态危机的形成具有相似之处，日益严重的生态危机正是被欲望支配和控制下一步一步走向贪欲深渊

① ［美］埃利希·弗洛姆：《健全的社会》，欧阳谦译，中国文联出版社 1988 年版，第 133 页。
② 《十八世纪法国哲学》，商务印书馆 1979 年版，第 557 页。

的现实写照。人类在欲望的支配下，疯狂地向大自然进攻，毫无节制地开发和掠夺自然资源，大量砍伐森林资源，导致水土流失，洪水泛滥或干旱严重，土地沙漠化，沙漠化又迅速吞没绿色原野，产生铺天盖地的沙尘暴；工业污染使江河湖泊的水源变得臭气熏天，使空气污染，雾霾笼罩，城市变成雾都，温室效应加剧全球性的气候变暖；化肥和农药催生的食物进入人类的日常生活的食物链，各种环境污染引发的疾病其状百出，大量的物种濒临灭绝，生物多样性岌岌可危。这一切表明，人类正在欲求魔鬼的驱使下，把赞育人类，为人类提供赖以生存和发展的自然生态环境日益逼上濒临灭亡的绝境，直至耗竭而亡。

3. 从思维方式探寻生态危机的根源

人类的思维决定人的行动，人的行为受思维方式的影响和制约，因此，从思维方式切入，探寻生态危机的根源，可抓住其要害，进而找到认识生态危机的理论之根。

近代以来，开启了以二元论和还原论为主要特征的机械论世界观，"它试图用力学定律来解释一切自然和社会现象，把各种各样不同质的过程和现象，不仅物理的和化学的，而且生物的、心理的和社会的等现象，都看成是机械的"①。这种世界观在揭示自然的神秘性、指导现代科学探索自然规律以及对工业化的发展方面，取得了伟大的成就；也在"自然之祛魅"方面发挥着重要的作用。这种机械论世界观把世界看作一台机器，它由各个相互独立的零部件组成相互协调的机械系统，整体又可以还原成各个基本构件。因此，这个世界是没有生命、没有精神的机械装置，任何事物都可以分解和组装，自然毫无神秘性可言，一切自然物和规律都可以在实验室里进行解剖。这种机械论世界观从本体论、认识论和方法论等方面对世界进行预设："（1）物质由粒子组成（本体论预设）；（2）宇宙是一种自然的秩序（同一原理）；（3）知识信息可以从自然界中抽象出来（境域无关预设）；（4）问题可以分析成能用数学来处理的部分（方法论预设）；

①（苏联）《简明哲学辞典》，三联书店1973年版，第686页。

（5）感觉材料是分立的（认识论预设）这样的预设使人类操纵和控制自然成为可能。"①机械论世界观预设下的世界图式俨然就是一部事先有目的，用力学、物理学和化学组装好的机械系统。

这种机械论世界观实质是受功利性思维方式支配的，这种思维方式反过来也成就了人类的功利性目的。"在人与自然的关系上，以往人类的思维方式实质是一种功利型的思维方式，这种思维方式是造成当今生态危机的一个重要原因。随着生态危机的加剧和生产方式、生活方式生态化发展趋势的出现，人类的思维方式必须进行革命性变革，而这种变革的关键则是实现由功利性思维方式向互利型思维方式的转变。"②功利性思维方式支配着人们的思想和行为，造成人们目光和视野短的视性、思想和心胸的狭隘性、目标和取向的单向性，使人们从功利主义目的出发，无情地向自然索取，造成人与自然关系紧张，因此会造成生态危机。

但是，人类形成功利性思维方式的根源又何在？近代以来形成的二元论（主客二分）和还原论的哲学观，可以说是功利性思维方式的来源，孤立、片面、静止地看问题是其主要方法。这种功利性思维支配着人们的世界观和方法论，这种世界观和方法论不单独地表现在人对自然界的态度上，且已经深入到人类社会的各个方面，如教育、观念、家庭、体制等。自然之魅在这种世界观和思维模式下，变得毫无神秘性和秘密可言，原有的"附魅"被昭然若揭，被分析、分解成"四肢八块"，"魅"力无存，"牛顿－笛卡尔世界观是工业革命以来的三百年时间里，人掠夺自然、主宰和统治自然的哲学基础"③。因此，近代机械二元论（主客二分）哲学观，是产生生态危机的思维根源，也是人们认识生态危机的理论之根。可见，要消除生态危机，必须进行思维方式的变革，实现从功利性思维转向生态整

---

① ［美］卡落琳·麦茜特：《自然之死》，吴国盛译，吉林人民出版社1999年版，第224—225页。

② 邱耕田：《生态危机与思维方式的革命》，《北京大学学报》（哲学社会科学版）1996年第2期。

③ 余谋昌：《生态哲学》，陕西人民教育出版社2000年版，第92页。

体性思维方式转变，才能从思想认识根源上消除生态危机。

表 1　近代机械论哲学与生态哲学的比较

	近代机械论哲学	生态哲学
本体论	二元论、二元分立	整体论、整体有机统一
认识论	消极的反映论、还原主义	能动反映论、整体主义
方法论（思维方式）	分析性、非循环思维	循环性、整体性思维
存在论	主客体二分、人是主体、自然是客体	复合生态系统，"人－社会－自然"是个活的有机整体，人、自然都是主体。
生产方式	线性、不可持续性	循环性、可持续发展
价值观	片面的人类中心主义	有机整体主义
人与自然的关系	人征服、统治自然	人和自然和谐发展

　　由上观之，学者们对生态危机的根源进行了许多有益的探寻，这些观点从不同侧面揭示了生态危机发生的根源，深化了对生态危机产生的原因和根源的认识，为消除生态危机提供了一定的思想资源和解决之策。但无论是从人口增长、科技异化、制度伦理，还是从现代性、人性、思维方式等角度的观察，如果不消除其产生的社会根源，不触及资本主义私有制，不反思现代性、人性和人的思维方式，而企图通过资本家发善心或发展新科技，发掘新能源来自然地消除异化并解决生态危机，无异于缘木求鱼。

第三节　生态危机的本质考量

　　在人类的发展史上，人与自然的关系始终是社会历史发展的主题，解决生存问题也始终是人类活动的核心内容。如今，时代的危机实质是"生态的危机"，其本质上是人的生存危机，是人（主体性）的危机、文明的危机。因此，所谓生态危机并不是指纯粹的生态学意义上的危机，而是"人类的生态危机"，如果离开了人类，也就无所谓危机。

一、生态危机本质上是人的生存危机

生态危机威胁到人的生存与发展，使人的生存方式出现了危机。人的生存方式，简单来讲，是指人的生命存在的具体形式：一方面是个体生命的来源方式和适应自然环境的生存方式；另一方面是个体在群体内部之间的存在方式以及对食物、财产等的占有方式。自人猿揖别后，人类逐渐进化成现代人体的肌体和生理功能，但实际上，人类在远古时期，身体机能已经成形，人体的各项功能开始适应自然环境，人类生存和生活于自然环境中，过着采集和狩猎的生活，吃的是从自然环境直接采集的果子或从自然环境中直接狩猎获得的肉食，一切饮食都是直接或间接来源于自然界。进入农业社会，吃的也是从自然界的直接或间接获取的食物或简单加工后的食物。自从进入工业社会以来，科学技术和工业化的发展改变了人的生存环境，改变了人的生活方式，变"自然环境"为"人造环境"，变"自然生活"为"现代生活"。单以物质发展和生产力发展为标准来看，社会是"进步"了，但人的肌体和生理功能没有跟着"进步"，这样必然导致现代文明的生活方式与人的身体机能发生冲突，导致了人不适应这个环境，不适应现代生活方式，产生了威胁人的生存危机。按照美国亚特兰大埃默里大学教授博伊德·伊顿所说的："作为狩猎者和采集者设计出来的人类，现在生活在一个完全陌生的环境中，当然会蒙受这些后果了。"[①]

1. 现代"文明病"造成人的生存危机

如今，人们一提到生态危机，往往把目光集中在由人类生存的外部环境恶化所引发的危机，并对其产生的原因进行批判，然后针对原因提出一揽子建议。其实，人们更应该关注由外部环境恶化而引起人的生理机能危

---

① 转自刘福森：《西方文明的危机与发展伦理学——发展的合理性研究》，江西教育出版社 2005 年版，第 276 页。

机进而导致人的生存危机。当今的生态危机，本质上是人的生存危机，但更重要的原因在于人类创造了一个人的生命肌体无法适应的现代环境，使人本身的自然肌体——人的生命功能结构体，无法在现代文明环境下生存，从而产生了人的生存危机。从这个角度来理解，生态危机说到底是关于人的生理机能异化而引发的生存危机。

现代生活方式导致人体机能失调，生理系统功能出现紊乱。现代工业合成品聚集的能量（脂肪）过多，热量（卡路里）过高，超过了人的生理需要，引发各种疾病。人的生命肌体的各种器官都有其特殊的作用，自人类进化完成后，就没有发生多大变化。但我们生活的环境却发生了重大变化，例如，人的眼睛的结构和功能是适应大自然环境下的光线，是适应"日出而作，日落而息"日光环境，所以老天也没给人类一双类似猫头鹰的夜行眼；但现代社会到处都是灯红酒绿的光线，白天在办公室接受的电脑荧光屏、手机等光线刺激，晚上回到家还接受各种灯光、电视的光线刺激；走在大街上，广场上和商场里，各种霓虹灯闪耀，刺激人的眼球，使人的眼睛难以适应；我们平常的阅读和写作，除了不正确的姿势引起眼部疲劳，现代印刷和激光排版技术给眼睛也造成了大量伤害；还有一些特殊行业的人群的工作环境，如电焊工、外科医生进行手术等，使人的眼睛器官难以适应，引起眼部疾病。"引起近视的遗传异常在文明社会使得 25%的人发生问题，但是对我们的祖先不引起任何问题。"①

我们把这种疾病称为"文明病"。"文明病"是"现代文明方式和原理"与"生命原理"的冲突形成的，根本上是由于我们的生命机能和结构功能不适应现代生活方式造成的。人的生理机能是采集和狩猎时期形成的，到现在基本没什么改变，但我们的现代生活方式却与远古时期的生活方式有了天壤之别；这种改变造成了人类的生理机能出现紊乱，生命系统出现了不协调，威胁到人类的生存和发展。"人类天生就不适应高度工业化的石油化学环境。自从几百万年前人类首次出现在地球上以来人体结构

---

① ［美］R.M.尼斯、［美］G.C.威廉斯：《我们为什么生病》，易凡、禹宽平译，湖南科学技术出版社 1999 年版，第 143 页。

尚未有任何变化。在生物学上，我们注定要过狩猎采集的生活。经济和社会发展的每一连续阶段仅仅加剧了人体的生理重负并且进一步减少了我们作为人类的生存机会。"① 罗马俱乐部主席奥尔利欧·佩奇认为："人朝着着生命进化的反方向来完善自己；其进化方案，没有（也不能）从生物方面来进行自我改造。相反，这一方案在改造环境；这就迫使人类接受不断的文化进化。""现代人类掉进了自己不断取得的更加辉煌灿烂的成就所设下的陷阱。这些成就掩盖着流沙，人越是向前迈进，就陷得越深。"②

现代社会的文明生活方式产生的"文明病"远远不止于此。由于人体的生理结构功能未发生改变，但人类的生活方式和生存的环境却发生了惊人的改变，使人越来越难以适应。而造就现代文明生活方式的是现代发展观，正是现代发展观把人类社会从"野蛮"带进了"文明"，从"落后"发展到"进步"。可是，人类生理结构的"野蛮"和"落后"始终没能跟上时代发展的步伐。正是现代文明的生产方式及其发展观是背离自然的发展，造成人类生存的人化环境远离自然，从而加剧人的生存危机，加深了生态危机的程度。

2."技术缺失"造成人的生存危机

现代文明的生活方式是依靠科学技术铸造而成的，打碎了"自然秩序"，又按照人类的目的建立起来的"人工秩序"，使人逐渐远离了自然秩序，完全生活在"人工秩序"中。"现代技术的最普遍的特点之一，被认为是它可以按照预想去'改造自然'——提供食品、衣服、住宅、各种通讯和交际的手段，这些都是优越于那些人在自然中可利用的东西的。"③ 因而，"人工秩序"构成了现代人的生活外壳，成为现代生活的"技术保护

---

① ［美］杰里米·里夫金、［美］特德·霍华德：《熵：一种新的世界观》，吕明、袁舟译，上海译文出版社 1987 年版，第 165 页。

② ［意］奥尔利欧·佩奇：《世界的未来——关于未来问题一百页》，王肖萍、蔡荣生译，中国对外翻译出版公司 1985 年版，第 33 页。

③ ［美］巴厘·康芒纳：《封闭的循环——自然、人和技术》，侯文蕙译，吉林人民出版社 1997 年版，第 32 页。

罩"。"工业文明建立起一个强大的'技术保护罩',把人的生存纳入到技术的秩序之中。人的自然器官逐渐丧失了原有的自然功能,自然生命功能被外在的自然力所取代。"[①]

这里所说的技术缺失是指现代技术代替了人的部分功能,或者由于技术的进步,使人逐渐依赖现代化技术工具,一旦现代化技术工具出现问题和故障,使工具技术无法正常运作,或停止工作或者遗失,人离开技术工具后将很难生存。技术使"人体器官(特别是手)的技巧转变为外部自然力的技术,即机器的技术;人的生存方式从依赖于自身生命器官的活动,转变为依赖于外部自然力的运动,因而就使人的自然的生活转变为在'技术保护罩'下的非自然的生活"[②]。

自然选择被现代文明技术的选择所取代,造成了严重的后果:一方面造成了人的生活方式与自然环境发生了严重冲突,造成人与自然关系的紧张;另一方面,生态危机直接指向人类生存的危机。"我们生存在一个被技术笼罩的时代。现代技术特别是高新技术博得有关人士的青睐与崇拜,同时又暴露出致命的反生态倾向,构成人类无法回避的'技术圈'或'技术网'"[③]。在"技术保护罩"下,人生活于"非自然"的环境下,造成人类物种的生命功能和生理机能萎缩,生存能力退化。"技术缺失"下的现代文明生活方式,严重危害到人类种族和个体生命的健康,危害到人类生存的可持续性,使人类生存危机变得日益严重。

二、生态危机本质上是一种文化危机

直接性地说,生态危机是人与自然的关系危机。人通过现实的实践活

① 刘福森:《西方文明的危机与发展伦理学——发展的合理性研究》,江西教育出版社 2005 年版,第 294 页。
② 刘福森:《西方文明的危机与发展伦理学——发展的合理性研究》,江西教育出版社 2005 年版,第 294—295 页。
③ 张皓:《技术之网的反生态倾向与文艺的生态危机》,《文艺研究》2002 年第 1 页。

动使自在自然转化为人为自然，使自然的原生态受制于人的文化创造。但生态危机真正的内在根源不完全在于人对自然的关系，而在于现代人的价值信仰危机，更深层面的是现代人的文化危机，是特定文化支配下人的行为所造成的危机。衣俊卿认为："20世纪，西方发达工业社会被一种文化焦虑所笼罩，这种文化危机在本质上是西方理性主义的危机：理性主义并没有如人们所期望的那样，给人类带来解放。……理性主义又造成了新的人类生存困境，理性成为贬损人的价值、压抑人的自由的新的异化力量。面对新的人类生存困境，西方哲学界分别从各自的角度出发，对西方文化的根基——传统理性主义进行反思和批判。"① 我们对生态危机的理论进行反思，对生态危机进行批判，很大程度上就是对西方理性主义文化的批判。因为西方文化有两个主要的渊源："古希腊理性和希伯来精神。从表面上看，二者是西方文化截然不同的两个方面，一个是理想层面，一个是信仰层面。从深层来看，二者是一致的，它们同属于'逻各斯'与'努斯'、主体与客体二元对立的理性主义传统，是理性主义思维方式的不同产物和表现。二者相互契合，进一步强化了西方文化的理性主义传统，并为理性主义在德国古典哲学中的全面胜利奠定了坚实的文化基础。"② 正是因为这种代表西方文化的理性主义传统导致了生态危机的产生。"人类面临的生态危机，本质上是文化和价值层面的危机，其根源在于人……人对自然的主宰征服观支配下的人类中心主义的价值观念、行为模式以及社会政治、经济和文化机制方面的缺陷。人类只有确定人与自然环境和谐相处的新的文化价值观念、消费模式、生活方式和社会政治机制，才能从根本上克服生态危机。"③

但理性主义和主体性原则在西方现代性中是合二为一、密不可分的。

---

① 衣俊卿：《20世纪的文化批判：西方马克思主义的深层解读》，中央编译出版社2003年版，第1页。
② 衣俊卿：《20世纪的文化批判：西方马克思主义的深层解读》，中央编译出版社2003年版，第1页。
③ 黄志斌：《绿色和谐管理论》，中国社会科学出版社2004年版，第131页。

理性讲的是人的理性，而主体性实质上是理性的主体。黑格尔曾指出："现代世界的原则就是主体性的自由，……它自己是独立地从理性而来的，自我意识是真理的主要环节。……在这个新的时期，哲学的原则是从自身出发的思维，是内在性，这种内在性一般地表现在基督教里，是新教的原则。现在的一般原则是坚持内在性本身，抛弃僵死的外在性和权威，认为站不住脚。"① 要摆脱由于主体性的软弱而导致人的被奴役、被束缚的"愚昧、不成熟状态"，就要通过"理性的启蒙"，把主体从蒙昧、宗教束缚中解放出来，从盲目的信仰中解脱出来，高举"科学和理性"伟大旗帜，主张实现社会应在理性的支配下实现。"现代西方资本主义工业社会的发展是理性和人主体性并行发展的过程，是两者共同作用的产物。正是由于'理性主义'和'主体性'原则，支撑了宗教改革、启蒙运动和法国大革命，确立了现代文化形态。"②

这种以西方理性主义传统为基础的文化，使理性变成万能的理性，并片面的发展了理性工具性的一面，使主体性被奴役，变成目的、手段和工具，加速了人对自然的索取和掠夺。"近现代以来形成的现代性社会，本质上是排斥自然的以人类为中心的社会，是反自然和征服自然的社会，是掠夺自然的奢侈性社会。这种社会必然造成对生态环境的破坏。"③ 在西方理性主义文化的支配下，看似弘扬主体性，但实质是使主体性狂妄发展，出现主体性危机。而主体性危机往往表现为两方面：一方面是滥用主体性；另一方面是践踏主体性。但事实上，西方理性主义文化在滥用人的主体性活动的同时，又践踏了人的主体性。这样，在作用于自然过程中就成了人掠夺自然的社会表现，而践踏主体性最终导致人类疯狂报复自然的结果。

---

① ［德］黑格尔：《哲学史讲演录》第 4 卷，贺麟、王大庆译，商务印书馆 1978 年版，第 59-61 页。
② 贺来：《"主体性"观念的反思与意识形态批判》，《马克思主义与现实》2007 年第 3 期。
③ 曹孟勤：《试论解决生态危机的根本出路》，《南京师大学报》（社会科学版）2007 年第 4 期。

三、生态危机本质上是文明的危机

生态危机是伴随着人类社会发展的几大文明的嬗变而发生，其实质是文明人走过，留下的却是一片废墟。纵观人类文明已走过的历史，大多数曾经光辉灿烂的文明，却最终消失在历史的长河之中。美国学者弗·卡特和汤姆·戴尔通过对世界上数十种古代文明的兴衰的研究，指出："文明人主宰环境的优势仅仅只持续几代人。他们的文明在一个相当优越的环境中经过几个世纪的成长与进步之后迅速地衰落、覆灭下去，不得不转向新的土地，其平均生存周期为40—60代人（1000—1500年）。大多数的情况下，文明越是灿烂，它持续存在的时间就越短。"[①]

文明为什么会出现危机？因为维系文明存在的大气、水、土、森林等构成人类生存环境的基本要素遭到人类的破坏，使生命赖以生存的条件消失。"文明之所以会在孕育了这些文明的故乡衰落，主要是因为人们糟蹋或毁坏了曾经帮助人类发展文明的环境。"[②] 水、土、森林是生命存在的三个最基本因素，这三者相互关联，共同构成生命生存的自然环境的有机系统。水是生命之源，而土地是所有生命的生存基本条件，所有生命依赖土地而存在。土地（土壤）涵养水源，维系着生命，又由生命来维持和发展它，包括微生物的耕耘、植物的落叶归根、动物的粪便和尸骨等；森林和植物是生长于土地之中，森林能涵养水源，植物能把太阳能转变为地球有效的能量。因此，水、土、森林是生命赖以生存的有机整体，保护它们就是保护我们生存的生存环境，就是在保护文明的可持续发展。

农耕时代，人类在对自然之"魅"的不断认识中进步与发展，探索规律，总结经验，创造了历史悠久、辉煌灿烂的农耕文明。但随着人口的不断壮大，土地的过度开发和使用，大量的森林和植被遭到破坏，造成水土

---

① ［美］弗·卡特，［美］汤姆·戴尔：《表土与人类文明》，庄峻、鱼姗玲译，中国环境出版社1987年版，第4–5页。

② ［美］弗·卡特，［美］汤姆·戴尔：《表土与人类文明》，庄峻、鱼姗玲译，中国环境出版社1987年版，第5页。

流失，土地沙漠化，导致自然环境恶化，最终使农耕文明由繁荣最终走向了衰落，而且大部分走向了毁灭和消失。究其原因，在于人类的发展造成了人与自然的关系紧张，破坏了自然修复和自我调节的能力，形成了"生态灾难"，最终使文明变成一片荒漠，曾经璀璨一时的古埃及文明、哈拉巴文明、苏美尔文明、中美洲的玛雅文明等就是典型代表。反思其原因：一方面，由于人们乱砍滥伐，造成森林毁灭，水土流失，河水泛滥，使原来肥沃千里之地变成盐碱遍地，土地失去肥力，大量人口无法生存，渐渐的失去昔日的繁华，使原来曾经繁华之地逐渐从岁月中淡去，最终成为一片荒凉之地；另一方面，由于人口迅速集中和增长，对生存需要的衣食住行需求大增，迫使人们不断向自然争夺地盘，索取食物，由于环境无法承受各方面的压力，加之生态环境不断被破坏，使环境失去自我调节能力，使大量人口陷入饥荒，最终无法承载"文明"的如此发展，人们开始四处逃荒，远离城镇。曾经高度发达和繁华重镇，由于人口增加、土地开垦、生态环境破坏而最终被沙漠吞噬。

从农耕文明的衰落可以得出一个基本道理：由于乱砍滥伐森林、过度开垦土地，生态植被遭到难以恢复性的破坏，水土流失严重，造成人与自然关系恶化是。这古代农业文明由繁荣走向衰落的重要原因。恩格斯曾一针见血地指出："文明是一个对抗过程，这个过程以其至今为止的形式使土地贫瘠，使森林荒芜，使土壤不能产生其最初的产品，并使气候恶化。"[1]在农耕文明时代，生产力水平整体不高，人们的认识世界和改造世界的能力有限，但从人与自然关系的角度来看，人类的活动还是在一定程度上造成了人与自然关系的紧张，一定程度上产生了局部或区域性的生态环境问题，只不过在范围和程度上还远远比不上工业文明时期产生的生态环境问题的急剧和猛烈。

进入工业文明时代，人类创造了巨大的物质财富，极大提高了社会生产力，但由于工业化的快速发展、人口急剧膨胀、滥砍滥伐，人类陷入

---

[1]　恩格斯：《自然产率正法》，人民出版社 1984 年版，第 311 页。

文明的危机当中。森林资源和土地资源急剧减少，造成水土流失严重，土地荒漠化加速；人口无限制增长，城市过度膨胀，生活压力不断增大；矿产、生物、能源等资源的日趋衰竭；化工产业的发展和人工合成品——如农药、化肥等产品的大量使用，使土壤酸碱加剧，土地肥力大减，草原退化严重，大气、水体、土壤等遭受严重污染，使世界逐步演变为寂静的春天。

由于人类不合理的活动，导致了生态系统的结构遭到破坏，失去自我恢复和调节功能，酿成了严重的恶果，自然又反过来进行了毫不留情的报复人类，使人类自身的利益受到伤害。人类的生存和发展受到从未有过的挑战和威胁，人类已经饱受工业文明的恶果，已深深陷入现代性危机和困境之中。如何走出文明发展的困境，摆脱现代性的难题？时代发展客观上需要实现新的发展模式变革，呼唤一种新的文明形态出现。当然，时代不同，需要的文明形态也不同。在人类文明的早期，由于生产力水平低下，人类对自然规律的认知能力有限，与自然形成的"附魅"关系。到了近代工业文明时期，自然被"祛魅"，理性和主体性取得合法地位，随着科学技术水平的提高，人类征服和改造自然的能力逐步增强，人类面临的不是无法开发和利用自然资源来获取生存资料的问题；相反，人类面临的是由于过度开发和挥霍能源造成的资源枯竭、生态环境的破坏和环境的污染，形成的生态危机。今天，时代的主题在关注人的生存问题时不应当再"无限夸大人对自然的超越性（近代理性主义哲学），而是应当关注自然的存在论根基，即自然界作为整体（生态的系统性）的存在论本质"[1]。在如何对待自然的问题上，不应该关注人对自然界征服和改造的成就上，而是要教导人们如何重新端正对待自然的态度和协调人与自然的关系；如何重新认识、反省、评价和约束人类自身；如何更好地规范和约束人类的实践行为，遏制人的"贪欲"泛滥，如何使人从迷失的本性中复归，对自然始终保持一种敬畏和感恩之心，实现自然之"返魅"，为人类摆脱生态危机和

---

[1]　刘福森：《西方文明的危机与发展伦理学——发展的合理性研究》，江西教育出版社 2005 年版，第 8 页。

实现人类生存与发展寻找一种可持续性路径。

小　结

人与自然的关系是既一个恒久又常新的话题。生态危机的核心内容是关涉人与自然的关系问题。生态危机的本质是关于人的生存危机，是一种文化的危机，也是文明的危机。大自然的智慧启迪和激发了人类的创造性。但近代以来，人类不断发明和创造出自然生态系统本身所不具有的"人工合成物"，致使大量的人工合成品充斥着自然环境，使自然生态系统"无福消受"，影响自然生命有机体的生生不息，导致自然界的多样性、系统性遭到严重的破坏，形成了毁灭人类自身的生态危机。从人类文明发展史来看，人类文明所取得的进步，似乎以破坏自然、摧毁人类自身赖以生存和发展的生态环境为代价的，到工业文明时期已经到达近乎疯狂地步，产生了日趋严峻的生态危机。

人类正面对着生态危机的严峻的挑战，如果继续沿着工业文明旧的发展模式，人类可能因此走向了自我毁灭之路。人类应该改变对自然的急功近利与无度索取的态度，把人类当下的生态行动、眼前的经济利益与自然发展史、人类发展史联系起来思考，与人类的未来生存、发展相联系，改变人类传统的发展模式和发展观念，运用既有历史发展意义又具有生态旨向性的思想理论来指导人类的现实行动和未来发展。

第二章　马克思现代性思想视域下的生态危机

　　马克思的著作文本中没有出现"生态危机"一词，这是与马克思所处的历史时代相关。在马克思所生活的时代，生态环境问题尚未成为威胁人类生存的根本性危机，但是作为恒久常新的话题——人与自然关系问题始终是马克思关注的重点：因为以人与自然关系为主题的生态环境问题已初见端倪，局部地区和局部领域甚至呈现出比较严重的态势。马克思对生态危机的关注正是从人与自然关系的哲学高度、从现代性整体视阈、从资本与生态关系去考察生态危机的，从而为人们解决生态危机提供了独特的视角和维度。

　　本章从马克思现代性思想的历史形成的过程入手，探寻马克思现代性思想蕴含的生态危机旨趣。马克思以批判资本现代性为核心，对资本逻辑支配下的资本主义生产方式所造成的工业污染和环境恶化等问题进行深入研究，对环境破坏的现象进行深刻反思，对环境破坏提出警告、对破坏生态环境的生产方式进行剖析、对环境恶化现象的痛斥，对生态环境恶化威胁人类生存问题的预见，对造成生态环境问题的资本逻辑矛盾的根源进行批判以及为解决生态环境问题而选择和建构路径，把环境问题和对资本主义的批判联系起来理性思考，形成了马克思对"生态危机"的重要思想，为消解生态危机提供了重要的思想武器。

第一节　马克思现代性思想的历史形成及批判范式转变

　　现代性的形成和发展是一个漫长的历史过程，马克思的现代性思想也有其自身的发展逻辑。与青年时期的马克思充斥着理想主义和理性主义不同的是，其现代性思想的形成伴随其世俗化的转变过程。在马克思现代性思想形成的过程中，马克思的信仰、观念、立场和批判视角都发生了重大转变。任何思想的产生都离不开当时的时代性，一种伟大的思想往往既体现出与人类的当下境遇相联系，又体现出对人类的过去的反思和对未来的关怀。

一、马克思现代性思想的历史形成

　　在马克思的语境中，现代社会就是资产阶级社会，现代文明就是资产阶级文明。列宁认为："既然马克思以前的所有经济学家都谈论一般社会，为什么马克思却说'现代（modern）'社会呢？他在什么意义上使用'现代'一词，按什么标志来特别划出这个现代社会呢？"① 在马克思看来，生产方式是划分社会形态的标志。马克思把现代生产方式作为现代社会的基本标志，这也说明马克思强调现代生产方式对现代社会的决定性意义。资本主义生产方式是马克思笔下的现代生产方式，是人类发展到资本主义社会的历史形式，也是体现出以资本为核心的现代性之根本特征。现代性是现代社会的性质、特征，现代性批判应当从哲学层面的现代性批判转向经济学现代性批判，但这并不意味着仅仅用经济学来解释现代性的产生和发展，排斥以至否定其他因素的作用；而是要通过经济学现代性批判深入到

---

① 《列宁选集》第1卷，人民出版社1995年版，第4页。

人的存在方式和实践方式之中，深入到历史的本质之中。"只有从实践出发，揭示实践的历史本质和批判本质，才能既是对哲学现代性的批判，也是对现代性的总体状况的根本批判。"①

马克思现代性思想是在实践基础上对以理性、主体性原则为基础的"旧现代性"的扬弃，是马克思对资本主义生产方式的现代性的批判和扬弃中逐步完成的。在这过程中马克思对现代性批判发生了根本性的范式转换，充当批判范式转换的枢纽是异化劳动。

（一）理性现代性：马克思现代性思想的出发点

马克思的现代性思想并非是与生俱来的，是在启蒙运动和理性主义世界观的影响下开始的，其中博士论文是马克思现代性思想的逻辑起点。从德国当时的社会境况看，马克思成长的环境充满了理性主义世界观氛围。"现代性"作为支撑西方现代工业社会的理论基础，是由理性和主体性原则两大基本核心构成的；是由笛卡尔和培根开创并经过18世纪启蒙运动逐渐展开，到康德和黑格尔时期已趋成熟和完善。在黑格尔那里，"'理性'是世界的主宰"，"'理性'是宇宙的实体"，"'理性'是宇宙的无限的权力"，"'理性'是万物的无限的内容，是万物的精华和真相"②。黑格尔还指出："'现代世界的原则就是主体性的自由'，而这种'主体性原则'最早是由笛卡尔奠定的，自笛卡尔开始，'我们踏进了一种独立的哲学。这种哲学明白：它自己是独立地从理性而来的，自我意识是真理的主要环节。哲学在它自己的土地上与哲理神学分了家，按照他自己的原则，把神学撇到完全另外的一边……在这个新的时期，哲学的原则是从自身出发的思维，是内在性，这种内在性一般地表现在基督教里，是新教的原则。现在的一般原则是坚持内在性本身，抛弃僵死的外在性和权威，认为站不住脚……勒内·笛卡尔事实上是近代哲学真正的创始人，因为近代哲学是以思维为

---

①　石敦国：《从哲学现代性批判到经济学现代性批判——马克思的现代性话语》，《学术研究》2003年第6期。

②　［德］黑格尔：《历史哲学》，王造时译，上海书店出版社2001年版，第8-9页。

原则的……思维是一个新的基础。这个人对它的时代以及近代的影响，我们决不能以为已经获得到了充分的发挥。他是一个彻底从头做起、带头重建哲学基础的英雄人物，哲学在奔波了一千年之后，现在才回到这个基础上。"①在西方的现代社会，一方面，理性的地位得以确立，逐渐演变为"一统天下"的局面：首先，理性把上帝从人的心中驱逐"出境"，破除了宗教神学的束缚，并取而代之成为真正的"上帝"；其次，理性促进科学技术进步，推动了生产力的发展，成为评判历史进步与发展的重要标准；最后，理性成为政治和社会改革、发展的推动力，使之更加趋向民主、法制。

另一方面，人的主体性原则得以彰显和弘扬。自笛卡尔开始，人的主体性原则的弘扬成为现代思想家的共同目标。可以说西方现代工业社会生产力获得巨大发展的一个重要原因，是源于人的主体性原则的确立和发展；正是因为主体性的确立，使长期被束缚的"劳动力"得以解放，使人的积极性和主动性得以发挥，从而推动了现代工业的发展。康德的"人为自然立法""人是目的而不是手段"充分体现了人的主体性思想和理性原则。他在给启蒙运动下定义时，着重阐述了主体性和理性之间的关系："启蒙运动就是人类脱离自己所加之于自己的不成熟状态，不成熟状态就是不经别人的引导，就对运用自己的理智无能为力。当其原因不在于缺乏理智，而在于不经别人的引导就缺乏勇气与决心去加以运用时，那么这种不成熟状态就是自己所加之于自己的了……要有勇气运用你自己的理智，这就是启蒙运动的口号。"②主体性要摆脱由于自身的软弱而被奴役、被束缚的"愚昧、不成熟状态"，就要通过"理性的启蒙"，使主体从蒙昧、宗教束缚中解放出来，从盲目的信仰中解脱出来，并在理性的配合下，才能实现人的自由全面发展。可以说，理性主义和主体性原则在西方现代性的发展过程中，是合二为一、密不可分的：理性讲的是人的理性，而主体性实质则是

① [德] 黑格尔：《哲学史讲演录》第 4 卷，贺麟、王大庆译，商务印书馆 1978 年版，第 59—61 页。

② [德] 康德：《历史理性批判文集》，何兆武译，商务印书馆 1991 年版，第 22 页。

理性的主体。"现代西方资本主义工业社会的发展是理性和人主体性并行发展的过程，是两者共同作用的产物。正是由于'理性主义'和'主体性'原则，支撑了宗教改革、启蒙运动和法国大革命，确立了现代文化形态。"①

马克思深受启蒙思想的影响。在文艺复兴时期，人们为了摆脱中世纪的黑暗统治，高举"科学和理性"的旗帜，猛烈抨击教会的贪婪腐化和封建统治的黑暗残暴，呼吁人们关心现实生活，积极参与政治，主张运用自然科学的方法和手段去理解和预测自然，改造自然，并把自然科学应用到人们的物质生活上来，使人们的物质生活获得不断的改善。把自然科学运用到物质生活的思想和理念，为后来产生工艺技术（technology）和工业（industry）奠定了良好的思想基础，为资本主义的大发展开启了科学技术殿堂的大门。同时，社会环境也充满着人文精神和人文关怀，那时的人们认为他们教育和文化的目标就是要训练有智慧、善表达的人。"教育科学设置了哲学、自然科学、历史、修辞学、数学、音乐、艺术、诗歌、拉丁文、希腊文等科目，目的就是要用'人文学'去培育人，力求使之成为学识渊博、多才多艺的'通才'（Universalman）。"②这种教育方式和理念对整个西方和我们今天的社会都产生了深远的影响，进步是当时的基本信念，自由构成了当时的核心价值。在科学和人文精神的倡导下，当时出现了一大批百科全书式的伟大人物，如但丁、达·芬奇、米开朗基罗、马基维里等。"那时，差不多没有一个著名人物不曾做过长途的旅行，不会说四五种语言，不在几个专业上放射出光芒"③。但丁不但是位诗人，也是思想家，他以《神曲》一书流传后世；达·芬奇既是艺术家，又是科学家，他的作品《蒙娜丽莎》《最后的晚餐》被誉为不朽的杰作，被现在许多研究认为是运用科学方法产生的艺术作品；米开朗基罗在建筑、雕刻、绘画、诗歌

---

① 贺来：《"主体性"观念的反思与意识形态批判》，《马克思主义与现实》2007年第3期。

② 黄瑞琪：《马克思论现代性》，巨流图书公司1997年版，第9—11页。

③ 《马克思恩格斯全集》第20卷，人民出版社1961年版，第361页。

等方面都有造诣；马基维里是政治家、历史学家、诗人，同时又是军事家。科学和人文精神后来还影响到法国启蒙运动的代表人物，如傅立叶、伏尔泰、孟德斯鸠等，也影响到康德。科学和人文精神也成为自中世纪以来人们驱赶宗教迷信、照耀黑暗的一盏明灯，成为改变愚昧落后、推动科技发展，社会进步和人的全面发展的不竭动力。马克思的父亲是个律师，又是个典型的"伏尔泰的信徒"，同时又极为推崇像牛顿和莱布尼兹等科学的天才，以及像伏尔泰、康德、莱辛、卢梭和洛克等这样"百科全书式"的启蒙思想家。马克思的岳父和马克思的中学老师都是自由思潮的支持者。马克思青年时期深受这种环境的熏陶，充满理想和抱负，开始关注一些社会问题，对社会的发展满怀憧憬。1835 年，他在中学毕业论文《青年在选择职业时的考虑》中写道："在选择职业时，我们应该遵循的主要指针是人类的幸福和我们自身的完美。人们只有为同时代人的完美、为他们的幸福而工作，才能使自己也达到完美。如果一个人只为自己劳动，他也许能够成为著名学者、大哲人、卓越诗人，然而他永远不能成为完美无疵的伟大人物。历史承认那些为共同目标劳动因而自己变得高尚的人是伟大人物；经验赞美那些为大多数人带来幸福的人是最幸福的人；宗教本身也教诲我们，人人敬仰的典范，就曾为人类而牺牲了自己。"[①]马克思青年时期就将为人类的美好未来作贡献定为自己的理想，这正是受理性主义和启蒙运动思潮影响的结果。

从 1837 年开始，马克思参加博士俱乐部，结识青年黑格尔派的成员。在此期间他认真研读黑格尔的大量著作，并在思想上接受了黑格尔主义思想。这时候的马克思不是单纯的理想主义者，他开始关注和思考一些德国的现实问题，开始运用黑格尔主义观点去看问题："'自由主权'可以有两种理解，一种是说自由纯粹是国王的个人的思想方式，因而，也就是他的个人特性；另一种是说自由是主权的精神，因而已经或者至少是应当通过自由的机构和法律获得实现，""它所关心的是一个合乎道德和理性的社会制度；它认为对于此类社会制度的要求应该而且可以在任何国家形式下实

---

① 《马克思恩格斯全集》第 1 卷，人民出版社 2002 年版，第 459 页。

现。"①马克思把理性与自由同当时的法律联系起来，并针对理性的法和现实的法之间的矛盾进行批评，"因为合法的发展不可能没有法律的发展，因为法律的发展不可能没有对法律的批评，因为对法律的任何批评都会在公民的脑子里，因而也在他的内心，引起与现存法律的不协调，又因为这种不协调给人的感觉是不满，所以，如果报刊无权唤起人们对现存法定秩序的不满，它就不可能忠诚地参与国家的发展"。②从总体上来看，这一时期，马克思是认可和赞扬"自由、平等、民主"等理性主义的观念。

　　大学期间，马克思在应有和现有、理想和现实的矛盾煎熬中，宗教观发生了世俗化转变。在马克思看来："宗教里的苦难既是现实的苦难的表现，又是对这种现实的苦难的抗议。宗教是被压迫生灵的叹息，……宗教是人民的鸦片。废除作为人民的虚幻的幸福的宗教，也就是要求人民的现实的幸福。要求抛弃关于人民处境的幻觉，也就是要求抛弃那需要幻觉的处境。因此对宗教的批判就是对苦难尘世——宗教是它的神圣光环——的批判的胚芽。"③马克思是在与青年黑格尔派成员的接触中，逐步受他们的影响，在哲学世界观上接受了黑格尔的理性主义，这主要体现在马克思的博士论文和莱茵报时期写下的一系列论文中。一方面，马克思通过思辨理性的哲学观来表达对现代性的期盼，力图借助哲学的话语观念来解决其面对的现有的、现实的问题。"哲学，只要它还有一滴血在它那个要征服世界的、绝对自由的心脏里跳动着，它就将永远用伊壁鸠鲁的话向它的反对者宣称：'渎神的并不是那抛弃众人所崇拜的众神的人，而是同意众人关于众神的意见的人'。哲学并不隐瞒这一点。"④另一方面，马克思通过伊壁鸠鲁的哲学观点表达了对自由的渴望和争取自由的勇气，"这是哲学的自白，它自己的格言，借以表示它反对一切天上的和地上的神，这些神不承认人的自我意识具有最高的神性。不应该有任何神同人的自我意识相并列。对于那

①　《马克思恩格斯全集》第40卷，人民出版社1982年版，第351页。
②　《马克思恩格斯全集》第40卷，人民出版社1982年版，第352页。
③　《马克思恩格斯选集》第1卷，人民出版社1995年版，第2页。
④　《马克思恩格斯全集》第40卷，人民出版社1982年版，第189页。

些以为哲学在社会中的地位似乎已经恶化因而感到欢欣鼓舞的懦夫们，哲学再度以普罗米修斯对众神的侍者海尔梅斯所说的话来回答他们：'你好好听着，我绝不会用自己的痛苦去换取奴隶的服役：我宁肯被缚在崖石上，也不愿作宙斯的忠顺奴仆'"。①马克思一方面是在纠正人们长期形成的对伊壁鸠鲁哲学的偏见，突出伊壁鸠鲁哲学的历史重要性；另一方面是借此表达自己的哲学观：哲学根源于人的现实生活，而不是人的生活之外的玄想；哲学的功能在于唤醒人的自我意识，并使人在自我意识中获得人之为人的主体性和自由；哲学的特征在于从怀疑和批判中学会思考，树立自我意识。

青年黑格尔派的自我意识哲学力图将思辨哲学转化为对现实世界意志和行动，这一点正好给当时处于理想与实现煎熬的马克思提供了希望，也弥合了马克思对德国现代性期盼的夙愿。因为相对于当时已经走出工业化历史发展的英法国家来说，同处于欧洲大陆的德国却仍然处于封建割据的社会状态。马克思期盼用青年黑格尔派的自我意识哲学来解决德国面临的现实问题。从此，马克思把目光从神圣的彼岸转到了现实的此岸，开始关注现世的生活，关注物质的层面和感性的实践。

（二）人本学现代性：马克思现代性思想的过渡

当马克思把目光转向现世的生活，物质的层面和感性的实践时，马克思发现黑格尔的"自我意识"思辨哲学是一种抽象的唯心主义理性观，黑格尔的现代性观是一种思维与存在、主客体倒立的思维方式，在解决理想与现实的问题上具有虚假性，本质上同宗教神学具有内在的一致性。这使马克思一度深陷泥潭。

马克思开始对理性现代性产生怀疑并向抽象批判过渡，主要体现在《莱茵报》时期和德法年鉴时期发表的文章中。这时期"在青年马克思的哲学思想中发生了第一次（不是转向马克思主义）的重要理论转变"②，这种转变是"从青年黑格尔学派自我意识的唯心主义转向费尔巴哈式的自然

① 《马克思恩格斯全集》第 40 卷，人民出版社 1982 年版，第 190 页。
② 张一兵：《马克思历史辩证法的主体向度》，河南人民出版社 1995 年版，第 23 页。

唯物主义"①。费尔巴哈人本主义哲学究竟在何种意义上受到马克思的青睐？如果从马克思现代性思想的逻辑发展来看，其一，费尔巴哈从人的感性存在（不是感性活动）出发来看待人的类本质，给正在遭遇"理想与现实、理论与实践"矛盾和困惑中的马克思提供了启示；其二，费尔巴哈的人本主义思想有关"解放人的思想武器"与一直关心人和想找到这一"思想武器"的马克思产生了思想共鸣。自 1843 年春，马克思在哲学世界观上遇到理想与现实、理论与实践之间的重重矛盾和困惑，这些使马克思很快接受并转向费尔巴哈的人本学唯物主义，费尔巴哈的人本学唯物主义观很快成为马克思分析和批判黑格尔"理性"现代性观的重要方法，人本学唯物主义也成为马克思建构新的现代性观的过渡环节。

　　首先，马克思站在费尔巴哈"人的抽象类本质"的基点上，展开对黑格尔"先验理性现代性"的批判。马克思说："在思辨哲学看来，每一个单个的果实就都是实体的，即绝对果实的特殊化身。所以思辨哲学家最感兴趣的就是把现实的、普通的果实的存在制造出来，然后故弄玄虚……因而本身就是理智的抽象产物。我们在思辨中感到高兴的，就是重新获得了各种现实的果实，但这些果实已经是具有更高的神秘意义的果实，它们不是从物质的土地中，而是从我们脑子的以太中生长出来的，它们是'一般果实'的化身，是绝对主体的化身。"②马克思在逐步接触物质利益和现实问题的过程中，与黑格尔所信奉的"在思辨的叙述中做出把握住事物本身的、真实的叙述。这种思辨发展之中的现实的发展会使读者把思辨的发展当作现实的发展，而把现实的发展当作思辨的发展"的观点分道扬镳③。马克思由怀疑思辨理性观开始自觉走向在现实社会实践中寻求解决物质利益和现实问题的力量。于是，马克思走出书房，走上社会，因为在其思想深处尤其表现出急于想了解现实的生活。后来，马克思在《莱茵报》发表了对现实问题的系列见解正是他这时期困惑的体现。

---

① 孙伯鍨：《探索者道路的探索》，安徽人民出版社 1985 年版，第 119 页。
② 《马克思恩格斯全集》第 2 卷，人民出版社 1957 年版，第 74 页。
③ 《马克思恩格斯全集》第 2 卷，人民出版社 1957 年版，第 76 页。

其次，在现实生活层面上，马克思确认了费尔巴哈唯物主义哲学的革命意义，这集中表现在马克思对费尔巴哈将黑格尔哲学的主客体关系再颠倒的肯定上。费尔巴哈的贡献在马克思看来有两方面。一方面是费尔巴哈恢复和重振了唯物主义。唯物主义者费尔巴哈把立足于自然之上的人确立为主体，把主体从"自我意识"中解救出来，尽管是从直观方面去理解的，但恢复了唯物主义的地位。费尔巴哈在对黑格尔哲学的批判中正确地揭露了黑格尔哲学在解决思维与存在问题上的虚假性，指出它同宗教神学的内在联系，在唯物主义基础上，把被黑格尔哲学所颠倒了的东西重新颠倒了过来。费尔巴哈对黑格尔哲学的批判，极大地影响了当时的马克思和恩格斯。另一方面是费尔巴哈建立了人的类本质异化的人本学价值。"费尔巴哈批判黑格尔，指认出他的绝对理念辩证法是神正论的另一种精致理论确认：《现象学》是他的出世说，《逻辑学》是造物主（体）的创世原点，真实的自然与社会历史倒成了异化主体在现世物奴役赎救的历程（必然王国），终而在思辨的'绝对精神'觉醒中扬弃异化重新回到绝对观念的'上帝之城'（自由王国）"① 黑格尔的理性现代性观本质上是抽象的唯心主义理性观，是一种绝对观念中的主客体倒立的思维方式，这曾使马克思一度深陷泥潭。马克思说："费尔巴哈把形而上学的绝对精神归结为'以自然为基础的现实的人'，从而完成了对宗教的批判。同时也巧妙的拟订了对黑格尔的思辨以及一切形而上学的批判的基本要点。"② 这种"以自然为基础的现实的人"是社会的和实践的主体的直接理论前提。从马克思现代性逻辑发展的角度看，只有立足于现实的感性的主体，才能想象由"以自然为基础的感性的活动"；只有立足于自然之上的现实生活中的人代替"自我意识"的抽象主体，才有可能进一步谈人的社会实践及其关系。

最后，费尔巴哈反对黑格尔唯心主义的"从抽象到具体"虽然是直观、具体和肤浅的，但这时期的马克思非常赞同费尔巴哈这一观点。尽管马克

① 张一兵：《青年马克思的第一次思想转变与〈克罗茨纳赫笔记〉》，《求是学刊》1999年第3期。

② 《马克思恩格斯全集》第2卷，人民出版社1957年版，第177页。

思这时候还无法理解黑格尔为什么要把国家和法跟市民社会关系颠倒（成熟时期理解为物质基础和上层建筑的关系），也无法真正跳出黑格尔的形而上学和其思辨的唯心体系，但这是青年马克思第一次运用费尔巴哈的人本主义观点批判黑格尔主义，实现由"抽象的思辨逻辑"到"感性具体逻辑"的一个重大转向。这种转向使主体性从天上回到了地下，从意识领域回到实践领域，初步找到了现实的根基。因此，费尔巴哈的直观、感性的主体思想是从黑格尔主义向马克思主体思想过渡的桥梁。这也是马克思现代性思想的过渡环节。正是在人本学唯物主义的影响下，马克思才能够跳出黑格尔的抽象思辨的"自我意识"哲学，并进行了决裂和批判。这为马克思以后从法哲学层面深入政治经济学层面的剖析，从资本角度彻底的批判黑格尔的理性主义，创立"新的现代性观"奠定了早期的逻辑基础。

（三）资本现代性批判：马克思现代性思想的形成

马克思在《黑格尔法哲学批判》《1844 年经济学哲学手稿》中批判了黑格尔，清算了对黑格尔的哲学信仰，却肯定了费尔巴哈，以人的本质——本质的异化——扬弃异化——人性复归的结构来建立自己的理论体系；虽然在许多原则问题上超越了费尔巴哈，但并没有摆脱费尔巴哈的影响。马克思 1844 年底完成的《神圣家族》一书，重点仍在于批判鲍威尔等青年黑格尔派的主观唯心主义，并没有触及对自己影响很大的费尔巴哈哲学。1845 年春，马克思完成了被恩格斯誉为"包含着新世界观天才萌芽"[1] 的第一个文件——《关于费尔巴哈的提纲》（以下简称《提纲》），开始明确地批判费尔巴哈否认实践的抽象的人本论，并在实践基础上建立了以批判"资本"为核心和原则的新现代性。当时，当英法等资本主义国家相继完成工业革命，社会开始飞速的发展，而像德国等封建残留因素严重的国家还是停滞不前，但即便这样，德国在"精神文化上却依然拉起资本主义的第一起小提琴"。这使原本就关心现实的马克思进行了深刻的反思，

---

① 《马克思恩格斯选集》第 1 卷，人民出版社 1995 年版，〈说明〉第 4 页。

马克思开始对资本现代性本质进行了追问。

其一，在面对实践斗争中反映出来的物质利益和普遍理性的矛盾时，马克思再次认识到黑格尔理性现代性观不能合理解释现实问题；在面对国家和市民社会颠倒的问题时，马克思开始重视经济问题，并意识到必须深入进行对国民经济学的批判才能找到导致"苦恼的疑问"的思想根源。"既不能从国家观念中去寻找，也不能从国家本身去寻找，而要从产生国家的市民社会、从经济学去寻找。国家的异化只能是市民社会的自我分裂。因此，在对德国政治哲学和国家哲学批判之后，必须深入到国民经济学批判中去寻找这一异化根源，而只有消除异化的经济学根源，才能最后恢复现代性的理性。"① 对于社会生活，马克思明确指出"全部社会生活在本质上是实践的"②，社会实践创造物质生活和精神生活，形成物质世界和精神世界，但"哲学家们只是用不同的方式解释世界，问题在于改变世界"③。在解释世界和改造世界的关系问题上，从前的哲学家们（包括费尔巴哈的唯物主义）满足并局限于解释世界，把解释世界看作是认识世界的终极目的。马克思主张把解释世界和改造世界结合起来，认为改造世界比解释世界更为重要，更为根本；只有在改变世界中才能认识世界，而认识世界的根本目的又在于指导实践，改变世界。马克思完成了思维方式的一个重大变革。

其二，马克思指出人的本质是社会关系的总和，社会生活本质上是实践的，实践是检验真理的标准。针对旧现代性根基的抽象、大写的"人"，马克思指出：在费尔巴哈那里，人的"本质只能被理解为'类'，理解为一种内在的、无声的、把许多个人自然地联系起来的普遍性"④。而马克思从人和人的关系方面揭示了人的本质，指出："人的本质不单是个人所固有的抽象物，在其现实性上，它是一切社会关系的总和"⑤。这说明人的本

① 任平：《马克思哲学革命出场的现代性路径—〈关于费尔巴哈的提纲〉诞生160周年后的新解读》，《江海学刊》2005年第3期。
② 《马克思恩格斯选集》第1卷，人民出版社1995年版，第56页。
③ 《马克思恩格斯选集》第1卷，人民出版社1995年版，第57页。
④ 《马克思恩格斯选集》第1卷，人民出版社1995年版，第56页。
⑤ 《马克思恩格斯选集》第1卷，人民出版社1995年版，第56页。

质不是抽象的、孤立的个体，是现实的、实践中形成的社会关系的总和。同样，在思维与存在的关系问题上，"人的思维是否具有客观的真理性，这并不是一个理论的问题，而是一个实践的问题。人应该在实践中证明自己思维的真理性，即自己思维的现实性和力量，亦即自己思维的此岸性。关于思维—离开实践的思维—的现实性或非现实性的争论，是一个纯粹经院哲学的问题"①。思维是否存在和具有客观性，只有通过实践检验的方式才能判断，而不是从思维本身去确认。这样，马克思就反思了自己先前的思维根基问题。

其三，马克思运用异化劳动这个武器又针对国民经济学展开批判，建构以"资本"批判为本质的新现代性。马克思指出，劳动"是整个现存感性世界的非常深刻的基础，只要他哪怕只停顿一年，费尔巴哈就会看到，不仅在自然界将发生巨大的变化，而且整个人类世界以及他（费尔巴哈）的直观能力，甚至他本身的存在也就没有了"②"问题是政治经济学或社会对财富的统治；在德国，问题却是国民经济学或私有财产对国民的统治"。③通过比较性的反思，马克思认为在德国出现"国民经济学或私有财产对国民的统治"的原因，是在于德国当时总体落后的国力与英法当时社会现代性的状态形成了巨大的差异所致。所以，马克思这时候依然主张对国民经济学批判，而不是政治经济学批判。"此时马克思也并没有完全意识到：国民经济学不过是英国古典政治经济学的德国体系，或者说，是资本现代性意识形态的变种。私有财产不仅是国民经济学也是政治经济学的前提，政治经济学是针对以英法为代表的资本现代性的批判，后者恰好是针对低级现代性的德国的批判。"④因此，马克思没有对黑格尔理性现代性和费尔巴哈的人本学现代性的最根本的前提加以怀疑、反思和批判。而在国

---

① 《马克思恩格斯选集》第 1 卷，人民出版社 1995 年版，第 55 页。
② 《马克思恩格斯选集》第 3 卷，人民出版社 1995 年版，第 50 页。
③ 《马克思恩格斯选集》第 1 卷，人民出版社 1995 年版，第 6 页。
④ 任平：《马克思哲学革命出场的现代性路径——〈关于费尔巴哈的提纲〉诞生 160 周年后的新解读》，《江海学刊》2005 年第 3 期。

民经济学中，私有财产却是劳动、商品、货币和资本的异化，整个社会关系的异化，人的全面异化。马克思运用异化劳动这个武器对国民经济学展开批判，并进而针对整个资本现代性展开批判。这种批判不仅是对作为德国国家异化本性的市民社会自我异化、自我分裂的经济学哲学的考察，而且是对所有资本现代性自我异化和自我分裂的考察。马克思指出："直观的唯物主义即不是把感性理解为实践活动的唯物主义，至多也只能达到对单个人和市民社会的直观。"① 马克思发现现代性根基与德国国民经济学之间的矛盾、与所有资本现代性的矛盾表现为：启蒙运动以来所确立的社会理想图景是通过理性来控制非理性的破坏力量，把整个社会置于人的有意识有计划的控制之下，从而建构一种和谐有序的社会。然而，现实却是呈现出"在理性的表象后面隐含着的是深层的无理性、无组织和无计划的混乱成为整个社会的基本特征。很显然，这与现代性的原初设计相比，现实社会所呈现出的只是一幅令人失望的讽刺画"②。

　　马克思意识到：离开了社会实践活动，脱离当时的社会生产方式，只在思辨的意识哲学范畴内是无法找到真理的，也就无法真正认识和把握事物的本质。通过对资本主义生产方式的异化的揭露，马克思发现：黑格尔的"理性现代性"和费尔巴哈的"人本学现代性"最后都指向一个世界，即以"资本"为本质的现代性社会。因此，马克思才真正意识到，之前的批判都没有摆脱"旧现代性"的框架，也根本没有意识到资本现代性社会理论本质为何物及其基础性缺陷是什么；同时，马克思也意识到原来他用以批判的武器本身也出现了根本性的问题，"从前的一切唯物主义（包括费尔巴哈的唯物主义）的主要缺点是：对对象、现实、感性，只是从客体的或者直观的形式去理解，而不是把它们当作感性的人的活动，当作实践去理解，不是从主体方面去理解。"③ 马克思指出了作为感性活动的实践应成为一切现代性视阈的基础。在马克思看来，人类社会或社会的人类是实

① 《马克思恩格斯选集》第 1 卷，人民出版社 1995 年版，第 56—57 页。
② 贺来：《马克思哲学与"现代性"课题》，《吉林大学社会科学学报》2000 年第 3 期。
③ 《马克思恩格斯选集》第 1 卷，人民出版社 1995 年版，第 54 页。

践，"全部社会生活在本质上是实践的"①。"环境的改变和人的活动或自我改变的一致，只能被看作是并合理地理解为革命的实践"②，在此基础上马克思指出"旧唯物主义的立脚是市民社会"③。而"新唯物主义的立脚点则是人类社会或社会人类"①，这里的"人类社会或社会人类"是指人摆脱束缚、奴役，实现真正自由全面发展的共产主义社会，实际上是马克思在为人类摆脱现代性困境而设计的人类未来美好的理想社会。因此，马克思在《提纲》中已经彻底与费尔巴哈的人本学现代性划清了界限，并创立了在人类现实实践基础上，从实践出发去认识和看待问题的新现代性观。这时候，马克思非常明确所面对的任务："要深度批判现代性，就必须对资本现代性的根基进行反思和批判，这一批判，实际上是在继承启蒙现代性革命精神的同时，又颠覆了这一现代性赖以存在的两大根基：大写的、抽象的人和大写的理性。"⑤同时，这一批判恰好是扬弃和超越旧现代性，建立以"资本逻辑"批判为本质的新现代性的核心，这样新的天才世界观也就萌芽和诞生了。

二、马克思现代性批判范式的转变

范式（paradigm）一词源自希腊词 paradeigma，意指"模范"或"模型"。"范式的转换，是最根本、最深刻的转换，它意味着断裂和新生，意味着新的意境和天地。'范式转换'的提出，意味着旧有理论范式的基本概念和原则已处于危机之中，因而需要一种更富解释力的理论范式取而代

---

① 《马克思恩格斯选集》第 1 卷，人民出版社 1995 年版，第 56 页。
② 《马克思恩格斯选集》第 1 卷，人民出版社 1995 年版，第 55 页。
③ 《马克思恩格斯选集》第 1 卷，人民出版社 1995 年版，第 57 页。
④ 《马克思恩格斯选集》第 1 卷，人民出版社 1995 年版，第 57 页。
⑤ 任平：《马克思哲学革命出场的现代性路径——〈关于费尔巴哈的提纲〉诞生 160 周年后的新解读》，《江海学刊》2005 年第 3 期。

之。"① 以黑格尔为代表的哲学家们把"理性"视为现代性的基石，确立了以"理性"为基础的现代性理论范式。与之相反，马克思从"资本"的视角透视现代性，实现了从批判"理性现代性"到批判"资本现代性"的范式转换。马克思现代性批判范式的转换是通过对国民经济学的批判和异化劳动的揭示实现的。马克思在《1844年经济学哲学手稿》序言中就指出："我用不着向熟悉国民经济学的读者保证，我的结论是通过完全经验的以对国民经济学进行认真的批判研究为基础的分析得出的。"② 马克思高度肯定了现代性的历史进步作用，但马克思却没有像他的同时代人一样陶醉于现代性的"眩目光环"之中，而是洞察到了"现代性的悖论"，深刻认识到资本主义条件下商品货币背后掩盖着异化现象。但马克思没有因此就全盘否定"启蒙现代性"蕴涵的合理价值，更没有拥抱资本现代性的社会现实，而是在对启蒙现代性理念和资本主义现实的批判中实现了现代性范式的根本转变，其中异化劳动是马克思现代性批判范式转换的枢纽。经过批判范式的转换，马克思彻底扬弃了"旧现代性"，并在实践基础上建立了以"资本逻辑"批判为核心的"新现代性"，并指出资本原则是构成现代社会最基本的原则，资本的现代性是理性现代性的现实基础。这样"既保存了现代性引发的主体解放的合理内核，又为启蒙现代性理想在更高社会形态中的实现开辟了道路"③。这一时期马克思的现代性思想进一步发展，主要体现在马克思的《1844年经济学哲学手稿》中，马克思从"异化劳动"和人的类本质——"自由自觉的活动"出发，剖析了现代资本主义及其私有财产的本质、起源和发展规律，开启了马克思经济学—哲学批判的现代性视阈。

---

① 贺来：《"现代性"的建构——哲学范式转换的基本主题》，《哲学动态》2000年第3期。

② ［德］马克思：《1844年经济学哲学手稿》，人民出版社2004年版，第3页。

③ 王文东：《从启蒙现代性到新现代性：马克思现代性思想的历程、差异、地位》，《甘肃理论学刊》2007，第5期。

（一）从"理性"批判范式到"资本"批判范式的转换

马克思从不同于传统范式的历史唯物主义角度批判现代性，实现了对现代性的观念论批判和存在论批判的内在贯穿；同时，"马克思将客观尺度和主观尺度内在地结合起来，通过对现代性悖论和分裂特征的揭示，建立了阶级革命的主体性和资本运动的客观性之间的联系，在阶级革命的话语中蕴含了对现代性的辩证态度，实现了现代性批判的范式变革"[①]。近代以来人们在考虑用什么来替代宗教，从而使人从这种长期的束缚中解放出来。哲学家们为此找到了"理性"，如启蒙哲学的主要代表人物之一的康德，"理性不仅成了一切现存物批判的法庭，而且还是自然的立法者，道德的立法者"[②]。人又是理性的执掌者，这样就把人的地位从上帝那里夺回来了[③]。康德把"理性"界定成"从全称命题或先验认识推导特称命题的能力"[④]；黑格尔则视理性为现代性的基石，将超时空的"绝对理念"流转为自然、社会、思维生成与发展的机杼。马克思通过对以黑格尔为代表的"理性"—"精神"范畴的现代性范式的批判，转向以"物质实践"—"资本"范畴的现代性范式的批判，揭示了现代性的特征及其本质，形成"总体"的现代性批判理论，实现了现代性批判范式的转换。

马克思通过对黑格尔及其建立于理性之上的现代性的批判，指出"对市民社会的解剖应该到政治经济学中去寻求"[⑤]。在马克思看来，"理性"并不是现代社会的本质规定，只是现代性的精神原则，而理性精神是根源于物质生产实践，它同人们生活的生产和再生产紧密联系的，具有深刻的社会历史存在论基础，故现代理性的基础及其限度的考察应该和对社会历史的存在论批判结合起来。现代性批判不应该变成纯粹对理性精神的批判而应是对现代生活的本质进行批判。由此，马克思动摇了黑格尔理性现代性

---

① 谭建君：《浅析马克思的现代性批判范式》，《当代经理人》2005年第15期。
② 陈嘉明：《现代性与后现代性》，人民出版社2001年版，第28页。
③ 陈嘉明：《现代性与后现代性》，人民出版社2001年版，第28—31页。
④ 布宁等：《西方哲学英汉对照辞典》，人民出版社2001年版，第858页。
⑤ 《马克思恩格斯选集》第2卷，人民出版社1995年版，第32页。

批判的规范基础。马克思通过对理性现代性的现实基础的批判，通过对资本逻辑的批判，"把握到了现代性的基本原则及其限度，彻底地抓住了事情的根本"[①]。在马克思那里，现代性与资本主义是同义词。马克思毕生研究资本运动，揭示资本主义的本质和内在矛盾，探索资本逻辑运行的发展轨迹和人类的发展路径，实质上无疑是对现代性的研究、探索和建构。因此，马克思通过对黑格尔理性现代性扬弃和超越，实现了由理性现代性向资本现代性的批判范式的转变，这是马克思对现代性批判的基础。

（二）从"国民经济学"的批判到"异化劳动"的揭示

从马克思早期的主要著作中我们可以看出：马克思的现代性批判是由理性范畴逐渐走向以"资本"范畴来考察资本主义的生产关系及整个社会形态。纵观马克思对现代性的批判，由对"国民经济学"批判到转向对"异化劳动"的揭示，实现了对理性现代性的扬弃和超越，完成了对近代理性现代性的批判范式的转变。

首先，马克思批判了国民经济学对异化现象的掩蔽："以劳动为原则的国民经济学表面上承认人，毋宁说，不过是彻底实现对人的否定而已。"[②] 国民经济学实际上把"异化劳动"视为劳动的基础（尽管这种劳动是资本主义的雇用劳动），并冒充为一般的最自然的劳动；正像国民经济学家眼中的人乃是异化的个人，但却被冒充为一般的最自然的人一样。"国民经济学由于不考察工人（劳动）同产品的直接关系而掩盖劳动本质异化。"[③] 国民经济学"把私有财产在现实中所经历的物质过程，放进一般的抽象的公式之中，然后把这些公式当作规律。它不理解这些规律就是说它没有指明这些规律是怎样从私有制财产的本质中生产出来的"[④]。国民经

---

① 罗骞：《"现代性"批判的两种不同定向——论马克思资本批判与"现代性哲学话语"的基本差异》，《教学与研究》2005 年第 7 期。
② 马克思：《1844 年经济学哲学手稿》，人民出版社 2000 年版，第 74 页。
③ 马克思：《1844 年经济学哲学手稿》，人民出版社 2000 年版，第 54 页。
④ 马克思：《1844 年经济学哲学手稿》，人民出版社 2000 年版，第 50 页。

济学虽然立足于私有财产之上，却从不说明私有财产本身，相反还有掩盖私有财产和劳动之间的本质东西，企图加以论证使之合理化。"国民经济学由于不考察工人（即劳动）同产品的直接关系而掩盖劳动本质的异化。当然，劳动为富人生产了奇迹般的东西，但是为工人生产了赤贫。劳动生产了宫殿，但是给工人生产了棚舍，劳动生产了美，但是使工人变成畸形。劳动用机器代替了手工劳动，但是使一部分工人回到野蛮的劳动，并使另一部分工人变成机器。劳动生产了智慧，但是给工人生产了愚钝和痴呆。"①"这样就不能揭示私有财产和现代资本是外化劳动的历史结果这一本质；不能揭示资本的统治导致工人劳动的异化；不能揭示资本的统治是一种可以并且必然被扬弃的历史现象。"②马克思揭露了国民经济学的根本错误在于把异化视为人类生产的永恒基础。

其次，马克思从劳动的角度考察人类社会的发展动因，并提出了"异化劳动"的概念。马克思从"异化劳动"和人的类本质——"自由自觉的活动"出发，剖析了现代资本主义及其私有财产的本质、起源和发展规律。指出"劳动对工人来说是外在的东西，也就是说，不属他的本质；因此，他在自己的劳动中不是肯定自己，而是否定自己，不是感到幸福，而是感到不幸，不是自由地发挥自己的体力和智力，而是使自己的肉体受折磨、精神遭摧残……因此，他的劳动不是自愿的劳动，而是被迫的强制劳动"③。马克思揭示了劳动创造价值的规律，将劳动概括为抽象劳动。在《手稿》中，马克思指出，劳动在资本主义生产关系下变成了雇佣劳动，导致异化劳动现象的出现。"异化劳动把自主活动、自由活动贬低为手段，也就是把人的类生少变成维持人的肉体生存的手段"④。人的类本质则变成了与人异类的本质，导致了人的本质的异化。由于人从自己的产品、自己的生命活动、

① 马克思：《1844 年经济学哲学手稿》，人民出版社 2000 年版，第 54 页。
② 胡绪明：《〈1844 年经济学哲学手稿〉——马克思现代性批判的第一个总体性文本》，《学术论坛》2007 年第 7 期。
③ 马克思：《1844 年经济学哲学手稿》，人民出版社 2000 年版，第 54–55 页
④ 马克思：《1844 年经济学哲学手稿》，人民出版社 2000 年版，第 53 页。

自己的类本质异化出发这一事实，造成了人与人相异化。因为人和自己的类本质异化了，人与他人也必然处于异化关系之中"。"生产条件自身与劳动相对应的异化形式，表现为他人的所有权而与劳动相对立，并作为这样的所有权对劳动进行统治。"① 劳动本来是人的自由、自觉的实践活动，但在资本主义社会，"当今的经济事实"却是"工厂创造的商品越多，他就越变成廉价的商品。物的世界的增殖与人的世界的贬值成正比"②。国民经济学把私有财产本质当作劳动，把劳动等同工人自己，没有真正揭示出资本主义生产关系的本质。"应该被看成私有财产的现实能量和现实运动的产物（这种国民经济学是私有财产在意识中自为地形成的独立运动，是现代工业本身），现代工业的产物；而另一方面，正是这种国民经济学促进并赞美了这种工业的能量和发展，使之变成意识的力量。"③ 马克思则认为"私有财产作为外化劳动的物质的、概括的表现为：工人同劳动、自己的劳动产品和非工人的关系，以及非工人同工人和工人的劳动产品的关系"④。马克思用异化劳动来概括私有制条件下劳动者同他的劳动产品及劳动本身的关系。对"对象化"劳动和"异化劳动"的论述，构成了马克思的异化劳动理论的核心内容。在哲学上，马克思认为"共产主义是私有财产即人的自我异化的积极扬弃，因而是通过人并且为了人而对人的本质的真正占有"⑤，而现实的资本主义则是反人性的。在经济学上，他提出"劳动和资本的这种对立一达到极限，就必然成为全部私有财产关系的顶点、最高阶段和灭亡"⑥，因此"共产主义是最近将来的必然的形式和有效的原则"，"是人的解放和复原的一个现实的，对现一段历史发展说来是必然的环节"。⑦

最后，马克思通过对异化劳动过程的披露和扬弃，揭示了私有制的起

① 《马克思恩格斯全集》第 26 卷（第三册），人民出版社 1974 年版，第 546 页。
② 《马克思恩格斯选集》第 1 卷，人民出版社 1995 年版，第 40 页。
③ 《马克思恩格斯全集》第 3 卷，人民出版社 2002 年版，第 289 页。
④ 《马克思恩格斯全集》第 42 卷，人民出版社 1979 年版，第 102 页。
⑤ 《马克思恩格斯全集》第 42 卷，人民出版社 1979 年版，第 120 页。
⑥ 《马克思恩格斯全集》第 42 卷，人民出版社 1979 年版，第 106 页。
⑦ 《马克思恩格斯全集》第 42 卷，人民出版社 1979 年版，第 131 页。

源、本质及其规律，为由"非人"复归"类人"的自由全面发展指出了其逻辑发展的规律。在《手稿》中，马克思借助于异化劳动理论，从哲学和经济学上论证了消除异化劳动，扬弃私有财产从而实现共产主义的历史必然性。马克思认为，黑格尔只是从抽象的、逻辑的、思辨的方面对历史的运动发展进行表达；他理解的"异化""外化"并不是现实的、经济实践活动中的现象；在黑格尔那里"全部外化历史和外化的全部消除，不过是抽象的、绝对的思维的生产史"①。马克思在《资本论》中进一步由商品的二重性研究得出作为商品的劳动的二重性，从而揭示剩余价值规律。恩格斯指出，马克思不但"发现了人类历史的发展规律"②，还"发现了现代资本主义生产方式和它所产生的资产阶级社会的特殊的运动规律。由于剩余价值的发现，这里就豁然开朗了，而先前无论资产阶级经济学家或者社会主义批评家所做的一切研究都只是在黑暗中摸索"③。由此可知，异化劳动在这一转换和发现的过程中起着非常重要的枢纽作用。

（三）从"道德评价优先"到"历史评价优先"转向

异化劳动是马克思实现"理性"批判到"资本"现代性批判的枢纽。在马克思异化概念的发展中，存在着一个根本性的视角转向，即从青年马克思的"道德评价优先"转向成熟时期马克思的"历史评价优先"。正是通过这一视角的转向，马克思超越了黑格尔、费尔巴哈等人的视阈，把异化问题的研究推进到一个崭新的层面上；同时，这一视角转换也为以"资本"批判为核心的马克思现代性思想的创立的提供了条件，促使这一根本性"视角的转换"的关键自然是马克思异化劳动理论。青年马克思是从"道德评价优先"（理性、自由、人本主义）的视角出发去看待异化现象的，从伦理道德维度揭露资本主义社会中普遍存在的异化现象。青年马克思从道德批判的角度上强烈地谴责了资本主义社会的异化现象以及国民经

---

① 《马克思恩格斯全集》第 3 卷，人民出版社 2002 年版，第 318 页。
② 《马克思恩格斯全集》第 3 卷，人民出版社 1995 年版，第 776 页。
③ 《马克思恩格斯选集》第 3 卷，人民出版社 1995 年版，第 776 页。

济学对这一现象的掩蔽。而成熟时期的马克思则是从"历史评价优先"（资本、生产劳动、生产方式）的视角出发去看待异化现象的。这两个视角之间存在着根本性的差异。两个不同视角单就异化现象而论，"从前者看来，异化现象是消极的，应该从道德上加以谴责；从后者看来，异化现象在历史上的出现是客观的、必然的，应该从历史评价的维度上充分肯定其积极意义。从总体思路上看，前者从属于以抽象的人的本质为基础的、伦理意义上的共产主义或人道主义，后者则从属于以历史演化的客观必然性为基础的历史唯物主义"①。与社会发展的不同历史阶段相适应，马克思把人的发展划分为"人的依赖关系（起初完全是自然发生的），是最初的社会形态，在这种形态下，人的生产能力只是在狭窄的范围内和孤立的地点上发展着。以物的依赖性为基础的人的独立性，是第二大形态，在这种形态下，才形成普遍的社会物质变换，全面的关系，多方面的需求以及全面的能力的体系。建立在个人全面发展和他们共同的社会生产能力成为他们的社会财富这一基础上的自由个性，是第三个阶段"，②马克思通过对异化劳动的揭示，指出人不但要摆脱自然的束缚，更要摆脱资本逻辑的支配和奴役，达到真正的自由状态；至少是在关乎伦理道德及其理想化人格为中心的价值观的层面，以人的生存发展和幸福为中心或以人为本的价值观的生成和初步确立。这使价值观是由量变到质变的转变，使价值主体，价值观的中心、核心理念也发生根本转换。这种转换，至少是从以道德人格为本，只关注人道德的"纯洁性"、只关注人的道德人格、道德形象的偏执，转换到以人为本，关注全面、完整的人。这种转换的落脚点和价值诉求是人更好地生存、发展，其方向是人的幸福，是人与自然的和解，其终极指向是人的全面自由发展。这是一种价值秩序的重构，是一种不同于旧的价值秩序的新的价值秩序的诞生。

　　青年马克思从伦理高度关注人的全面自由发展，从道德评价优先看待

---

① 俞吾金：《从"道德评价优先"到"历史评价优先"——马克思异化理论发展中的视角转换》，《中国社会科学》2003 年第 2 期。

② 《马克思恩格斯全集》第 46 卷上，人民出版社 1979 年版，第 104 页。

问题，即用人的真正的"自由自觉的劳动"为批判尺度对现存的异化劳动造成的非人状况进行伦理学的批判，这跟马克思此时还受人本学思想影响有很大的关系。而我们在理解时如果未能把握这一视角转换的枢纽和实质，往往会错误地把青年马克思的异化理论等同于整个马克思的异化理论，从而忽视了青年时期的异化理论，同时也埋没了成熟时期马克思异化理论的重大价值。实质上，马克思通过异化问题的考察，后来抛弃了青年时期以抽象的人的本质为基础的、伦理意义上的共产主义和人道主义的理论，从"道德评价优先"转换到"历史评价优先"，并在历史唯物主义的基础上对人与自然关系、人道主义和共产主义做出了新的诠释。

马克思现代性批判范式的转换以及通过异化劳动去剖析现代性，深刻地揭示了现代性的弊病和人的生命悖论，指出了人类社会的最终出路——实现共产主义。他指出追求人的解放本来是"现代性"的最高价值目标，然而，当前的经济事实却是："工人生产的财富越多，他的产品的力量和数量越大，他就越贫穷。工人创造的商品越多，他就愈变成廉价的商品。物的世界的增值同人的世界的贬值成正比"[1]。这一事实充分表明："对于通过劳动占有自然界的工人来说，占有表现为异化，自主活动表现为替他人活动和表现为他人的活动，生命活跃表现为生命的牺牲，对象的生产表现为对象的丧失，转归异己力量、异己的人所有"[2]。"自由解放"的价值理想在现实中却让位于奴役和苦难、贫困和颓废。

马克思认为，现代性的价值理想是极为美好的，但现代性的现实却充满着矛盾和悖论。针对理性主义和现代社会的这种困境，马克思本着既"要对现存的一切进行无情的批判"，又要"在批判旧世界中发现新世界的建构者"立场：即通过以人的劳动、现实的生产活动，也就是人的实践为现实基础而深刻说明人类社会和自然界的生成和分裂，以及扬弃这些分裂和对立，揭示了使人类获得解放的现实途径。马克思指出，真正彻底的人类解放的根本就在于消灭异化劳动，真正恢复劳动的积极作用，恢复人的自

① 《马克思恩格斯选集》第 1 卷，人民出版社 1995 年版，第 40 页。
② 《马克思恩格斯选集》第 1 卷，人民出版社 1995 年版，第 52 页。

由和创造本质，实现人与自然的和谐相处。只有到了共产主义社会，人的生命将从非人的资本力量的绝对掌握之中解放出来，从自然的束缚中解放出来，人的生命将完成总体性、整体性的生成，在那里，"每个人的自由发展是一切人的自由发展的条件"[1]。"它是人向自身、向社会的（即人的）人的复归，这种复归是完全的、自觉的而且保存了以往发展的全部财富的。它是人和自然界之间、人和人之间的矛盾的真正解决，是存在和本质、对象化和自我确证、自由和必然、个体和类之间的斗争的真正解决。"[2]

马克思现代性思想的形成和发展的历程可以为我们寻求解决"生态危机"提供宝贵的思想资源。马克思从资本运作的最基本原素——商品出发，一步步剖析和揭示生态危机产生的原因，以批判资本现代性为目标，以关注人的生存和发展为依据，通过对商品及商品交换背后隐藏的规律的揭示，指出在资本逻辑支配下的生产资料所有制关系所造成的社会利益分裂与矛盾是资本逻辑矛盾在人与自然关系的映射和体现，是造成生态危机的深刻根源。生态危机实际上就是资本逻辑运行的矛盾在人与自然关系上的体现。马克思通过对生态危机产生的根源之所在——资本逻辑的批判，形成了指引摆脱资本逻辑束缚下的主体性和理性，使理性由"工具理性"向"生态理性"转向，实现"异化主体"向"全面自由人"转变，以实现人的解放和人的自由全面发展为生态旨向，最终实现人与自然和谐发展生态世界图景的现代性批判理论。

第二节　马克思现代性思想的生态危机旨趣[3]

在马克思的著作中蕴含着丰富的生态危机思想，阐释了人类与自然进行物质变换活动、新陈代谢断裂等现象，剖析了自然异化、劳动异化，城

---

[1]　《马克思恩格斯全集》第 1 卷，人民出版社 1995 年版，第 294 页。

[2]　马克思：《1844 年经济学哲学手稿》，人民出版社 2000 年版，第 81 页。

[3]　参见陈学明：《马克思"新陈代谢"理论的生态意蕴——J.B. 福斯特对马克思生态世界观的阐述》，《中国社会科学》2010 年第 2 期。

乡分离、土壤肥力的流失等问题。这些现象和问题正是现代性展开过程中，在资本逻辑作用下"现代性难题"的具体表现。通过对这些现象和问题的揭示，对产生这些现象和问题的社会根源所在的资本主义制度及其生产方式进行深刻剖析和批判，马克思提出了"生产者联合"、"可持续发展"、"建立现代公有制"、"自然主义和人道主义＝共产主义"、"世世代代永久发展"等解决"现代性难题"和化解生态环境危机的重要思想。

在当代，全球性的生态危机已经成为威胁人类生存和发展的严峻问题，从现代性理论视域，依据时代条件的变化，挖掘和整理马克思思想中蕴含的生态危机思想资源，梳理出马克思现代性思想的生态危机旨趣，既是我们研究马克思现代性思想的价值和意义所在，也是时代赋予我们寻找化解"生态危机"的思想理论的重要使命。

马克思在《1844年经济学哲学手稿》中，从自然异化入手，逐步展开其生态思想，到《共产党宣言》中马克思提出"生产联合"和"可持续的社会"是消除城乡对立、解决现代工业社会发展下生态问题的根本路径，标志着马克思现代性的生态危机思想的成型。在《资本论》中，马克思运用"可持续发展"来解决"新陈代谢断裂"现象，既是马克思对现代社会发展中出现的"现代性难题"的解决之策，也表明马克思现代性思想逐步走向成熟，并形成了马克思现代性思想蕴含的独特生态价值。

一、《1844年经济学哲学手稿》中蕴含的生态危机思想

在《1844年经济学哲学手稿》中，马克思阐述了"自然异化"与"劳动异化"的关系，揭示了造成自然异化的真正根源，指出解决自然异化的出路。

（一）自然异化是劳动异化的组成部分

"异化"属于哲学基本范畴。黑格尔用异化来阐释"精神活动"，在唯心主义领域内发展了异化，把异化看作脑力劳动的异化。费尔巴哈用异化

来描述了"宗教"现象。马克思则把异化系统地发展为"异化劳动"理论，使其成为批判资本主义社会的重要思想武器。马克思的异化概念是对黑格尔的异化概念进行改造后提出的。

在《1844年经济学哲学手稿》中，马克思从工资入手，通过对资本的利润、地租、私有财产等的剖析，阐述了异化劳动是如何产生的。马克思在阐述异化劳动的形成过程，也是揭示自然异化如何产生的过程。实际上，劳动异化与自然异化密不可分，社会历史领域的劳动异化是由自然的性质决定的。马克思认为，自然物总是通过劳动或劳动产品的形式直接进入人类社会，因此，自然不但是人类生存的前提和条件，也是人类自身的发展和延伸，"自然是人的无机身体"。马克思指出"无论是在人那里还是在动物那里，类生活从肉体方面来说，就是在于人（和动物一样）靠无机界生活，而人和动物相比越有普遍性，人赖以生活的无机界的范围就越广阔"。"人在肉体上只有靠这些自然产品才能生活，不管这些产品是以食物、燃料、衣着的形式还是以住房等等的形式表现出来"，"自然界，就它自身不是人的身体而言，是人的无价的身体。人靠自然界生活"。①

但异化劳动，"由于使自然界，使人本身，使他自己的活动机能，使他的生命活动同人相异化，也就使类同人相异化"②。马克思在《1844年经济学哲学手稿》中从四个方面阐述了异化劳动：异化劳动使（1）劳动者与劳动对象相异化；（2）劳动者与劳动过程的异化；（3）劳动者与人的类本质相异化。（4）劳动者与劳动者之间的异化。③从马克思对异化劳动的分析中可以看出，异化劳动几乎涵盖了自然和人类社会的各个领域，"所有这一切共同构成了马克思的劳动异化概念"，它们"都与人类对自然的异化不可分割。"④人类通过生产实践活动可以调节人与自然的关系，也可以通过生产工具来调节人与自然的关系，"人类在很大程度上是通过生活资

---

① 马克思：《1844年经济学哲学手稿》，人民出版社2000年版，第56页。
② 马克思：《1844年经济学哲学手稿》，人民出版社2000年版，第57页。
③ 马克思：《1844年经济学哲学手稿》，人民出版社2000年版，第57-59页。
④ J.B.Foster: *Marx's Ecology: Materialism and Nature*，Monthly Review Press.2000，p.72.

料的生产而发生了与自然的历史性联系。从而自然对人类呈现出实践的意义，因为自然作为生活活动的结果，同时也是生产生活资料的结果。"①

人类在作用自然的实践中实现与自然进行物质、能量的交换，生产出适合人类需要的产品而获得生存的基本条件，奠定了人类社会的物质基础。"人们在生产中不仅仅同自然界发生关系，他们如果不以一定的方式结合起来共同活动和互相交换其活动，便不能进行生产。为了进行生产，人们便发生一定的联系和关系；只有在这些社会联系和社会关系的范围内，才会有对自然界的关系，才会有生产。"②在马克思看来，历史是人与自然相互作用的发展史，人类史与自然史总是相互制约的。"整个所谓世界历史不外是人通过人的劳动而诞生的过程，是自然界对人来说的生成过程。"③

劳动异化与自然异化是密不可分，马克思在谈异化的时候也总是把自然异化与劳动异化连在一起，异化不仅包含劳动异化，也包含自然异化，异化既体现人类对自身劳动的异化，反映出人类自身改造自然的积极作用的异化。"异化劳动使人自己的身体，同样使在他之外的自然界，使他的精神本质，他的人的本质同人相异化。"④自然的异化同人的相异化是异化内涵本身包含的应有之义，自然异化反映出"人同自身和自然界的任何自我异化，都表现在他使自身和自然界跟另一个与他不同的人发生的关系上"⑤。但无论是自然异化还是劳动异化，其抽象的概念背后都根源于人类的社会实践。

从《1844年经济学哲学手稿》马克思对异化理论的阐述中可以看出：黑格尔把异化局限于精神活动，使其脱离客观的生产活动，没有扩展到社会实践领域，没有意识到实践活动是异化的基础，异化不仅仅是人的异

---

① J.B.Foster: *Marx's Ecology: Materialism and Nature*，Monthly Review Press.2000，p.73.
② 《马克思恩格斯全集》第6卷，人民出版社1961年版，第486页。
③ 马克思：《1844年经济学哲学手稿》，人民出版社2000年版，第92页。
④ 马克思：《1844年经济学哲学手稿》，人民出版社2000年版，第58页。
⑤ 马克思：《1844年经济学哲学手稿》，人民出版社2000年版，第60页。

化，关键还应包括自然异化；马克思在黑格尔异化理论的基础上，把自然异化纳入异化的范围，认为异化不仅仅包括人类对其自身的异化，而且这种类异化是在对其自身的真实的感性存在的异化。以前，大多数人比较关注马克思与黑格尔关于异化概念上的区别，但人们却往往忽视了其区别的关键在于异化建立的基础：黑格尔的异化是建立在精神活动基础上的异化，而马克思的异化强调的是要建立在人的真实的感性活动基础上，如果只局限在精神活动领域，必然会把自然排除于异化之外。因此，**从生态角度，把自然异化视为人类异化的一部分，是马克思异化理论与黑格尔的一个重要区别。**

（二）自然物私有化是自然异化的真正根源

马克思通过对"土地异化"进行剖析，阐述土地异化形成的根源，指出土地异化是自然物私有化的重要体现。马克思首先肯定了亚当·斯密关于地租与土地肥力程度之间关系的观点，"斯密的这些观点之所以重要，是因为他们在生产费用和资本额相等的条件下把地租归结为土地富饶程度的大小，这就清楚地证明了国民经济学颠倒概念，竟把土地富饶程度变成土地占有者的特性"[①]。亚当·斯密认为土地异化源于资本的"原始积累"，资产阶级是通过圈地运动，迫使农民被迫离开自己土地、流离失所来实现的。马克思认为，土地异化实际上在封建社会就已经出现，封建的地主阶级就是通过土地来维系对农民的统治，"封建的土地占有已经包含土地作为某种异化力量对人们的统治"[②]；但到了资本主义早期发展阶段，出现比之前更加血腥的手段，变本加厉地占有地产，通过土地来加强对人的统治，资产阶级在表面上反对地产制度的同时却在其发展的关键时期依赖于地产制度，最后，使土地与劳动力一样，变成商品，可以买卖。马克思指出，土地异化表明了这样一个事实："土地也像人一样"[③]，已经降到"买

---

① 马克思：《1844 年经济学哲学手稿》，人民出版社 2000 年版，第 37 页。
② 《马克思恩格斯全集》第 42 卷，人民出版社 1979 年版，第 83 页。
③ 《马克思恩格斯全集》第 42 卷，人民出版社 1979 年版，第 85 页。

卖价值的水平"①。马克思认为，土地异化表面上反映的是土地自然物的主人发生变化，但实质上反映了人与土地之间关系的改变，无论是在封建社会还是在资本主义社会，"它既意味着那些垄断地产从而也相应垄断了自然基本力量的人对土地的统治，也意味着土地和死的事业对大多数人的统治"②。到了资本主义阶段，这种土地异化的日趋完善，不但出现了"金钱没有主人"的"死的物质对人类'同资本对金钱的统治作用相类似'的完全统治"，而且"土地没有主人"③的"死的物质也对人类的完全统治"④的局面。资产阶级变本加厉地通过对土地的统治来维系对人的统治。

马克思在《论犹太人问题》中指出，"在私有财产和金钱的统治下形成的自然观，是对自然界的真正蔑视和实际的贬低"，"托马斯·闵采儿正是在这个意义上认为下列现象是不能容忍的：'一切生灵，水里的鱼，天空的鸟，地上的植物，都成了财产；但是，生灵也应该是自由的。'"⑤这说明，在资本主义社会，土地异化是私有财产和金钱的统治造成的。如果土地异化如此，其他自然物会如何呢？实际上，无论是在封建社会时期，还是在资本主义阶段，马克思认为，一旦把自然物变成了私有财产，不但是对人类的"打击"，也是对自然的"打击"，当私有财产走完这一"法定的程序"，就形成一种私有财产制度。因此，**自然物变成了私有财产，形成私有财产制度，既是人类异化，也是自然异化的真正根源。**

（三）现代公有制奠定解决自然异化的社会基础

在《1844 年经济学哲学手稿》中，**马克思对"自然异化与私有财产制度的对立"的普遍性的揭示，是其生态思想的重要体现。**马克思指出这种对立不仅发生在农业和大地产领域，而且也发生在大城市之中。"作为资

---

① 《马克思恩格斯全集》第 42 卷，人民出版社 1979 年版，第 85 页。
② J.B.Foster：*Marx's Ecology：Materialism and Nature*，Monthly Review Press，2000，p.74.
③ 《马克思恩格斯全集》第 42 卷，人民出版社 1979 年版，第 85 页。
④ 《马克思恩格斯全集》第 3 卷，人民出版社 2002 年版，第 195 页。
⑤ 《马克思恩格斯全集》第 42 卷，人民出版社 1979 年版，第 195 页。

本的人的活动的对象的生产，在这里，对象的一切自然的和社会的规定性都消失了，在这里，私有财产丧失了自己的自然的和社会的特质。"① 私有财产制的社会形态就是资本主义社会，在资本主义社会里，处处表现出这种与自然的对立，在大城市中，表现尤为明显。马克思描述了"在大城市中发现的普遍污染"现象："甚至对新鲜空气的需要在工人那里也不再成为需要了。人又退回到洞穴中，不过这洞穴现在已被文明的熏人毒气污染。他不能踏踏实实地住在这洞穴中，仿佛它是一个每天都可能从他身旁脱离的异己力量，如果他交不起房租，他就每天都可能被赶出洞穴。工人必须为这停尸房支付租金。明亮的居室，曾被埃斯库斯笔下的普罗米修斯称为使野蛮人变成人的伟大天赐之一，现在对工人来说已不再存在了。光、空气等等，甚至动物的最简单的爱清洁的习性，都不再成为人的需要了。肮脏，人的这种腐化堕落，文明的阴沟（就这个词的本意而言），成了工人的生活要素。完全违反自然的荒芜，日益腐败的自然界，成了他的生活要素。"② 马克思描述大城市中的环境的退化已使工人的异化达到了很糟糕的程度，反映出自然的异化给工人所带来的严重后果，不仅使他们丧失创造性工作，而且还会使他们丧失了生活基本要素。这实际上也是马克思揭示**私有财产制通过自然异**化对人的异化产生的后果，是马克思生态思想观中的一个重要组成部分。

马克思进一步对如何解决私有财产造成的自然异化现象进行了深入的探讨。他认为，既然自然异化是由私有财产制度带来的，那么消除异化也就必须从私有财产制度着手，正所谓解铃还须系令人。如何消除私有财产制度呢？马克思提出了通过"联合"来实现，"联合"什么呢？"联合生产者"，也就是把生产者联合起来，建立一种超越私有财产的制度。这样，**马克思在《1844年经济学哲学手稿》中第一次把"联合"和"生产者联合"概念引入来解决私有财产制问题。**如何"联合"？马克思提出把"联合""应用于土地"，即在农业生产中实施"联合"。马克思指出，"联合一

① 马克思：《1844年经济学哲学手稿》，人民出版社2000年版，第67页。
② 《马克思恩格斯全集》第42卷，人民出版社1979年版，第133—134页。

旦应用于土地"，"就享有大地产在经济上的好处，并第一次实现分割的原有倾向——平等"。同样，联合也就通过合理的方式，而不再借助于农奴制度、老爷权势和有关所有权的荒谬的神秘主义来恢复人与土地的温情脉脉的关系，因为土地不再是买卖的对象，而是通过自由的劳动和自由的享受，重新成为人的真正的自身的财产"①。"联合"后对解决"私有财产"与自然异化有什么作用？马克思明确提出了解决私有财产制的意见，要消除土地的异化，绝不能依靠"农奴制度、老爷权势和有关所有权的荒谬的神秘主义"②，唯一可行的途径就是要通过"联合"的形式，因为只有通过"联合"才能使土地"不再是买卖的对象"，才能让劳动者在土地上"自由的劳动和自由的享受"，才能使土地"重新成为人的真正的自身的财产"③，才能真正消除私有财产制，消除不平等的根源，从而使人与自然关系趋向和解，使自然异化得以根本解决。

马克思设想是通过"生产者的联合"，建立消除了私有财产制的现代公有制社会，即共产主义社会。"共产主义是私有财产即人的自我异化的积极的扬弃，因而是通过人并且为了人而对人的本质的真正占有"④。"这种共产主义，作为完成了的自然主义＝人道主义，而作为完成了的人道主义＝自然主义，它是人和自然界之间、人和人之间的矛盾的真正解决"⑤。马克思把共产主义不仅看作是一个人道主义的社会，而且也看作是一个自然主义的社会，共产主义就是人道主义和自然主义的有机结合。马克思在为人们描述和勾勒人类美好社会形态的同时，实际上也在说明土地异化、自然异化产生的过程，并追溯产生土地异化、自然异化的私有财产制的根源。在此基础上提出了如何消除产生自然异化，建立美好社会形态的思想。对"自然异化"现象的揭示，指出其产生的私有财产制根源，并提出如何

① 《马克思恩格斯全集》第 42 卷，人民出版社 1979 年版，第 85—86 页。
② 《马克思恩格斯全集》第 42 卷，人民出版社 1979 年版，第 86 页。
③ 《马克思恩格斯全集》第 42 卷，人民出版社 1979 年版，第 86 页。
④ 马克思：《1844 年经济学哲学手稿》，人民出版社 2000 年版，第 81 页。
⑤ 马克思：《1844 年经济学哲学手稿》，人民出版社 2000 年版，第 81 页。

消除"自然异化"的思想是马克思现代性思想蕴含的生态意蕴在《1844 年经济学哲学手稿》中的最显著体现。

二、《共产党宣言》中蕴含的生态危机思想[①]

马克思在《1844 年经济学哲学手稿》提出消除自然异化的解决方案之后，在《共产党宣言》中进一步阐述对"自然力的征服"和"城乡分离"的问题。在《共产党宣言》中，马克思、恩格斯一方面揭示"农村生活的愚昧状态"[②]，另一方面对"自然力的征服""整个整个大量的开垦"进行了肯定和赞扬。这两方面看似是自相矛盾的、反生态的，实则不然。马克思、恩格斯通过对"农村生活的愚昧状态"[③]的描述，揭示出造成"农村生活的愚昧状态"的根源；而对"自然力的征服""整个整个大陆的开垦"的赞扬则是一方面对资产阶级的现代性功绩的颂扬，同时隐含着对造成整个生态环境的开垦和征服背后根源的揭示。

（一）"农村生活的愚昧状态"是自然异化的重要体现

马克思、恩格斯在《共产党宣言》中，首先肯定了资产阶级的历史功绩，指出一个事实："资产阶级在它不到一百年的阶级统治中所创造的生产力，比过去一切世代创造的全部生产力还要多，还要大。自然力的征服，机器的采用，化学在工业和农业中的应用，轮船的行驶，铁路的通行，电报的使用，整个整个大陆的开垦，河川的通航，仿佛用法术从地下呼唤出来的大量人口，——过去哪一个世纪料想到在社会劳动里蕴藏有这样的生产力呢？"[④]资本现代性的出现产生了一些与之前社会不一样的现象，"资

---

① 参见陈学明：《马克思"新陈代谢"理论的生态意蕴——J.B. 福斯特对马克思生态世界观的阐述》，《中国社会科学》2010 年第 2 期。
② 《马克思恩格斯选集》第 1 卷，人民出版社 1995 年版，第 277 页。
③ 《马克思恩格斯选集》第 1 卷，人民出版社 1995 年版，第 277 页。
④ 《马克思恩格斯选集》第 1 卷，人民出版社 1995 年版，第 277 页。

产阶级是农村屈服于城市的统治。它创立了巨大的城市，使城市人口比农村人口大大增加起来，因而使很大一部分居民脱离了农村生活的愚昧状态。正像它使农村从属于城市一样，它使未开化和半开化的国家从属于文明的国家，使农民的民族从属于资产阶级的民族，使东方从属于西方"①。马克思、恩格斯这里充分地肯定现代性发展带来的成果，虽然对"农村生活的愚昧状态""自然力的征服"和"整个整个大陆的开垦"现象的描述看似具有反生态的立场，但我们对马克思、恩格斯描述的现象应该从他们当时的历史背景去理解。

首先，对于"愚昧"这一词的理解。在古雅典时期，"愚昧"是个中性词，来源于古雅典的"愚人"（idiot）一词，而"愚人"（idiot）源自另一个单词"Idiotes"，在古雅典这一词是用来形容那些被剥夺公民生活的、从他们的心态和立场去看待"正常公民生活"的人，马克思、恩格斯这里理解的"愚昧"是指在资本现代性阶段，城市和农村分离的状态，类似一种从"正常公民生活"立场去看待另一种"愚人"生活状态。而事实上，资本现代性的发展，促使工业革命加速城市化发展，使城乡分化明显。城市率先摆脱了封建社会的束缚，走向了现代工业文明。

其次，马克思、恩格斯对"农村生活的愚昧状态"的描述也并不表示他们轻视农村或农业发展。相反，这正是表达了他们对城乡对立下的无产阶级和广大农民的生存的生活环境、生态环境之恶劣的深刻揭露。这反映出在资本现代性社会城乡对立给无产阶级和广大农民带来的悲惨生活状态，使生活在城市的无产阶级为了谋生而被剥夺了清新的空气、清洁的水和到处堆满垃圾废弃物的生活环境，而生活在贫困边缘的乡村的农民被剥夺了与世界文明的所有联系而处于愚昧状态。城市与农村之间形成了严重的两极分化，这种分化体现了"物质劳动和精神劳动的最大的一次分工"②，一种"屈从现象把一部分人变为受局限的城市动物，把另一部分人变为受

---

① 《马克思恩格斯选集》第 1 卷，人民出版社 1995 年版，第 276—277 页。
② 《马克思恩格斯全集》第 3 卷，人民出版社 1960 年版，第 56 页。

局限的乡村动物"①，并且把农村人口从"世界交往，以及随之而从文明"②
中分离出去。一方面是无产阶级为了谋生而被迫生活在城市处于异化劳动
状态，因为他们被剥夺了物质供养；另一方面是广大农民生活在乡村失去
与世界文明的联系处于在愚昧状态，他们被剥夺了智力供养。马克思、恩
格斯描述这种现象正是要指出造成这种状态完全是由资本逻辑支配下的资
本主义制度所带来的，这是造成生态环境问题的根源所在。因此"他们坚
决主张，任何反抗资本主义的革命，其第一个任务就是消除对立的城乡分
离"③。

然后，"农村生活的愚昧状态"是自然异化的重要体现。马克思、恩
格斯对"农村生活的愚昧状态"的描述所体出现出的自然异化现象并非指
那种"认为自然应该不为人类所影响的观点"，"马克思和恩格斯拒绝从幻
想出发的纯粹'伤感主义'的自然观念，即认为让自然仍然处于原始状态
而且不应该受到影响的观念"④。马克思、恩格斯处于现代性的发展时期，
物质生活并没有达到非常富足的程度，但对自然资源的开发却处于无节制
的状态。马克思和恩格斯看到的是自然资源被大量开采，环境破坏的日益
严重，污染逐渐加剧，无论是工人阶级生活的城市还是广大农民生活的农
村，都出现了不同程度的污染。他们通过对资本逻辑支配下的生产方式对
自然生态环境破坏现象的揭露，指出造成自然的异化是由资本主义掠夺式
的开发引起的，因此，他们把批判锋芒直接指向了资本主义，这是马克思
和恩格斯通过揭示自然异化产生过程得出的重要观点和思想。

最后，消除城乡对立是消除"农村生活的愚昧状态"的解决方法。马
克思、恩格斯之所以要揭示"农村生活的愚昧状态"，是因为他们认为造
成"这种状态"的原因是资本逻辑支配下的生产方式运行的结果；而要改

---

① 《马克思恩格斯全集》第 3 卷，人民出版社 1960 年版，第 57 页。

② 《马克思恩格斯全集》第 3 卷，人民出版社中文第 1 版，第 56、57 页。

③ J.B.Foster: *Marx's Ecology: Materialism and Nature*，Monthly Review Press，2000，p.137.

④ J.B.Foster: *Marx's Ecology: Materialism and Nature*，Monthly Review Press，2000，p.138.

变这种状态，必须丢掉其他幻想，对资本主义的生产方式进行变革。为此，他们并没有仅仅停留在揭示现象，而是针对这种状态提出了解决的方法和路径。在如何消除"农村生活的愚昧状态"的问题上，马克思和恩格斯提出了消灭城乡差别的解决之策。在《共产党宣言》中，马克思、恩格斯在构建最先进的国家采取的措施中第 8、第 9 点中提出："8. 实行普遍劳动义务制，成了产业军，特别是在农业方面"，"9. 把农业和工业结合起来，促使城乡对立逐步消灭"。①要消除城乡对立，需要具备大批的产业军，然后通过把农业和工业结合起来，并在"总计划"下推行联合劳动，才能促使城乡对立逐步消灭。这些措施和建议都是马克思、恩格斯针对"农村生活的愚昧状态"的解决方法。这些方法马克思后来总称为"人与自然的物质变换"或"人与自然的新陈代谢"。这措施和方法是"通过考虑人类与地球之间新陈代谢关系的生产组织而鼓励一种人类和自然之间的可持续性关系"，"随着他们作品的发展而愈加清晰"②。

（二）"自然力的征服"是资本现代性逻辑矛盾的结果

马克思、恩格斯理解的"自然力的征服""整个整个大量的开垦"，首先是对资产阶级历史进步性的肯定。但马克思对"自然力的征服"不是处于盲目的前提下的，而是以尊重自然为前提的。马克思对"整个整个大量的开垦"的描述，一方面体现了生产工具的进步，但这并不意味着是一种"机械的普罗米修斯主义"，并不是盲目推崇"毫无保留地"以牺牲农业、牺牲生态为代价的所谓机械化与工业化③；另一方面正好说明马克思、恩格斯对在资本现代性下，资产阶级凭借生产工具的逐步改进而对"自然的征服"导致"整个整个大量的开垦"**造成的严重生态环境问题隐患的批判。**

---

① 《马克思恩格斯选集》第 1 卷，人民出版社 1995 年版，第 294 页。

② J.B.Foster: *Marx's Ecology: Materialism and Nature*，Monthly Review Press，2000，p.138.

③ 参见陈学明：《马克思"新陈代谢"理论的生态意蕴——J.B. 福斯特对马克思生态世界观的阐述》，《中国社会科学》2010 年第 2 期。

任何读过《共产党宣言》的人都应当意识到，"没有人会这样说，马克思在《共产党宣言》的第一部分把资产阶级描述为英雄，或者庆贺劳动分工、竞争、全球化等的进步，就完全放弃了他们对资本主义的批判"①，相反，他们是借此导入对资本现代性悖论的思考，对资本逻辑支配下的导致生态危机的根源的批判，以及对解决生态危机路径的建构作出旨向性探索。"占据这篇不朽之作的开篇部分的对资产阶级文明的颂扬，只是为了导入对资本主义生产的并且最终促使其走向崩溃的社会矛盾的思考。"②实际上，马克思、恩格斯对资本现代性的历史进步性的赞扬过程中，伴随着揭示其矛盾产生的过程，其中包括日益严重的生态矛盾。这表明，**在《共产党宣言》中，马克思和恩格斯已经提出了对资本现代性带来的生态矛盾进行批判的生态思想**，集中体现于在资本现代性下，虽然社会生产力不断进步，物质财富大量增加，但伴随着人口的增长，财富的创造和增加却越来越集中到少数人身上，惠及不到普通民众，造成城乡的分化加剧，导致自然的异化加剧，**而这些的根源在于资本现代性的逻辑运行方式**。"资本主义创造财富的特征伴随着大多数人口相对贫困的增长"，"自然力的征服伴随着自然的异化"，这些都"存在于作为资本主义核心问题的城乡分离之中"。③马克思和恩格斯针对这些核心的问题提出了相应的解决之策，提出了"联合"或"生产者联合体"来解决私有财产制和城乡分离问题。这些生态思想在后来的著作中得以进一步的研究，并把这些问题列入"批判现代工业文明，特别是资本主义社会的核心内容"，在《资本论》中更加系统地论证和批判。

（三）"生产联合"消除城乡对立为解决生态危机奠定社会基础

早在十九世纪四五十年代，马克思就已经意识到土壤肥力问题与资

---

① J.B.Foster: *Marx's Ecology: Materialism and Nature*，Monthly Review Press，2000，p.139.

② J.B.Foster: *Marx's Ecology: Materialism and Nature*，Monthly Review Press，2000，p.139.

③ J.B.Foster: *Marx's Ecology: Materialism and Nature*，Monthly Review Press，2000，p.139.

本主义的生产方式有关。这至少可以说明，只要改变农业外部条件，实现"生产联合"对消除"城乡对立"现象还是有"恢复"的可能。马克思认为"特种土地产品的种植对市场价格波动的依赖，这种种植随着这种价格波动而发生的不断变化，以及资本主义生产指望获得直接的眼前的货币利益的全部精神，都和供应人类世世代代不断需要的全部生活条件的农业相矛盾"①。马克思这里提出了"人类世世代代"、"维持土地的效力"的思想，实际上就是当今可持续发展思想的本质体现。其实，马克思在 19 世纪就已经提出了"可持续发展"的生态思想，只不过是与今天人们理解的字眼或称谓上有所不同而已，今天的人们通常把"可持续发展"（Sustainable Development）或"永续发展"的概念理解为：既要满足当代人的发展需要，又不对后代人的发展及需要构成危害的发展。

　　马克思指出，"土地这个人类世世代代共同的永久的财产"是"他们不能出让的生存条件和在生产条件所进行的自觉的合理的经营"。② 在马克思看来，土地是人类生存的基础，是人与自然进行物质交换的前提条件，人类要能持久发展，与自然和谐发展，只要把它作为"不能出让的生存条件和再生产条件""进行的自觉的合理的经营"，"人类才能世世代代"永久的发展。"从一个较高级的社会经济形态的角度看，个别人对土地的私有权，和一个人对另一个人的私有权一样，是十分荒谬的。甚至整个社会，一个民族，以至一切同时存在的社会加在一起，都不是土地的所有者。他们只是土地的占有者，土地的利用者，并且他们必须像好家长那样，把土地改良后传给后代。"③ 马克思在这里表述得十分清楚：当下农业方面的"新陈代谢断裂"说到底是由"个别人对土地的私有权"，即土地的私有制带来的，而这种"个别人对土地的私有权"像"一个人对另一个人的私有权"一样，是十分荒谬的，早晚是要被推倒的；从而实现不论是整个民族也好，还是个别也好，都只是充当"土地的利用者"，都像好家长对待自

---

① 《马克思恩格斯全集》第 25 卷下，人民出版社 1974 年版，第 697 页。
② 《马克思恩格斯全集》第 25 卷下，人民出版社 1974 年版，第 916 页。
③ 《马克思恩格斯全集》第 25 卷下，人民出版社 1974 年版，第 875 页。

己的孩子一样对待土地，"把土地改良后传给后代"，也就是说，实现农业的可持续发展是完全可能的。这里，"马克思把当下的私有条件下的人类与土地之间的关系比喻成奴隶制度。就像一个人拥有其他人把其作为私有财产不能被接受一样，一个人把土地作为私有财产加以占有也是不能接受的，从而由人（乃至整个国家）对土地、自然的私有性质的占有，都必须要加以超越。人类与自然的关系必须被调整为这样一种存在状态：不断地被改良传给下一代"[①]。马克思坚信，只要改变土地私有制，建立现代公有制就可能消除"新陈代谢断裂"现象，实现农业的"世世代代永久的发展"。这一信念直到马克思的晚年，他在对东方古老农村公社的研究和探索中，也一直在提倡。

　　农业方面的可持续发展的关键不在于其规模的大小，而在于其所有制结构，因为这是解决人类与土壤之间相互作用的根本问题。规模的大小至多只是影响农业可持续发展的程度而已。相反，如果在私有制前提下，大规模的农业造成的危害性更大；而且农业只有保证能可持续的情况下才有可能扩大其规模，如果所有制体制没有改变，这种规模越大的农业，造成的"新陈代谢断裂"更加严重。马克思指出："历史的教训是（这个教训也可以从另一个角度考察农业时得出）：资本主义制度同合理的农业相矛盾，或者说，合理的农业同资本主义制度不相容（虽然资本主义制度促进农业技术的发展），合理的农业所需要的，要么是自食其力的小农的手，要么是联合起来的生产者的控制。"[②]马克思这段话清楚地表明，农业是否合理不在于其规模，而是与其所有制相关，资本主义制度与合理的农业是不相容的。这就意味着，在资本主义制度下，规模越大，在同等条件下，大土地所有者的破坏力要比自食其力的自由农场主经营的土地大的多。恩格斯在《反杜林论》中也阐释过同样一个问题，在北美洲"南部的大地主用他们的奴隶和掠夺性的耕作制度耗尽了地力，以致在这些土地上只能生

①　J.B.Foster: *The Ecology of Destruction*, in Monthly Review.2007.2，Vol.58，No.9（February 2007），p.11.

②　《马克思恩格斯全集》第 25 卷，人民出版社 1974 年版，第 139 页。

产云杉"①。

由上述可知，在《共产党宣言》中，马克思、恩格斯的生态世界观的一些核心理论已经形成，可以归纳为三个方面：一是所有生态问题都是由资本主义生产方式所引起的；二是城乡对立的解决乃是超越人类对自然异化的关键因素，而要消除城乡对立必须改变资本主义生产方式；三是提出了"生产联合"消除城乡对立和"可持续的社会"解决生态问题的根本路径。实际上，马克思、恩格斯在此已经思考"人类生态问题的解决有赖于超越资产阶级社会的视野，有赖于把此作为无产阶级运动的直接目标"②。同时，在这些问题上，马克思、恩格斯一方面"小心翼翼地避免陷入空想社会主义者为未来社会设计而远远脱离现实运动的蓝图的陷阱"，另一方面探索"通过行动来解决自然的异化问题"，"以便创造出一个可持续的社会"③。这无疑表明，这里的"行动"就是反对资本主义的无产阶级革命运动；这里所说的"可持续的社会"就是共产主义社会。而马克思和恩格斯在《共产党宣言》中所阐述的生态观点则为他们以后更成熟系统的生态理论，即在《资本论》等著作中所提出的关于自然和社会之间的新陈代谢的相互作用理论奠定了基础。④

三、《资本论》中的生态危机思想

在《资本论》中，马克思生态思想主要体现在对"新陈代谢"概念的发展和运用上，形成了"新陈代谢断裂"理论，并阐述了以"可持续发展"为核心的生态理念。"新陈代谢"在马克思的生态思想中是一个非常重要的概念，尤其是在《资本论》中，马克思正是借助于这一个概念，展开对资本主义政治经济学的批判，并把对"剩余价值的批判""马尔萨斯

---

① 《马克思恩格斯全集》第20卷，人民出版社1971年版，第192—193页。

② 陈学明：《谁是罪魁祸首：追寻生态危机的根源》，人民出版社2012年版，第122页。

③ 陈学明：《谁是罪魁祸首：追寻生态危机的根源》，人民出版社2012年版，第122页。

④ J.B.Foster: *Marx's Ecology*: *Materialism and Nature*，Monthly Review Press，2000，p.140.

人口理论的批判""地租的批判"三者联结起来，使对资本主义的研究深入到人与自然相互关系，使这本巨作不仅对资本主义的剥削秘密进行了揭露，而且在人与自然的关系上展开了对生态危机的根源进行追问和深刻的批判——正是这一批判"预示着许多当今的生态学思想"[1]的产生。

（一）"新陈代谢"概念的演化及生态危机[2]

"新陈代谢"的德语是 Stoffwechsel，英语是 Metabolism，而中译本《马克思、恩格斯全集》也有两种翻译："新陈代谢"和"物质变换"。"新陈代谢"这个概念是德国生理学家 G.G. 西格瓦特（G.G.Sjgwart）在 1815 年首先提出，并在 19 世纪三四十年代被广泛运用在生物学领域。1842 年，德国农业化学家 J.V. 李比希（Jastus VonLiebig）在《动物化学》一书中，不仅把它在细胞研究中使用，而且在整个有机生命和整个有机体的研究中使用。

马克思首次把"新陈代谢"概念引入社会历史领域，并把它应用于"社会生态关系之中"[3]，用来阐述人与自然的相互作用。19 世纪 50 年代至 60 年代，马克思为了"解释人类劳动和环境之间的关系"使用了"新陈代谢"这一概念。[4]马克思指出"劳动首先是人和自然之间的过程，是人以自身的活动来中介、调整和控制人和自然之间的**物质变换**的过程"，"劳动过程……是人和自然之间的物质变换的一般条件，是人类生活的永恒的自然条件……它为人类生活的一切社会形式所共有"[5]。这里，"马克思明确地将劳动过程定义为：人与自然的新陈代谢性的相互作用"[6]。这正是马克思生

---

[1] J.B.Foster: *Marx's Ecology: Materialism and Nature*，Monthly Review Press，2000，p.141–142.

[2] 参考陈学明：《马克思"新陈代谢"理论的生态意蕴——J.B. 福斯特对马克思生态世界观的阐述》，中国社会科学，2010 年，第 2 期。

[3] J.B.Foster: *The Ecology of Destruction*, in Monthly Review，Vol.58，No.9，Februry 2007，p.10.

[4] J.B.Foster: *Marx's Ecology: Materialism and Nature*，Monthly Review Press，2000，p.160.

[5] 马克思：《资本论》第 1 卷，人民出版社 2004 年版，第 207—208、215 页。

[6] J.B.Foster: *The Ecology of Destruction*, in Monthly Review, Vol.58, No.9, Februry 2007, p.10.

态思想的重要体现，马克思通过"新陈代谢"这个概念来描述劳动中人与自然的相互关系，体现了其生态意蕴。马克思在《资本论》中指出："劳动首先是人和自然之间的过程，是人与以自身活动来引起、调整和控制人和自然之间的**新陈代谢**的过程。人自身作为一种自然力与自然物质相对立。为了在自身生活有用的形式上占有自然物质，人就使他身上的自然力——臂和腿、头和手运动起来。当他通过这种运动作用于他身外的自然并改变自然时，也就同时改变他自身的自然"①……"劳动过程就是我们在上面把它描述为它的简单的抽象的要素来说，是制造使用价值的有目的的活动，是为了人类的需要而占有自然物，是人和自然之间的物质变换的一般条件，是人类生活的永恒的自然条件。"②

马克思除了在《资本论》中有使用"新陈代谢"以外，在《1844年经济学哲学手稿》中也阐述过"新陈代谢"的问题，但这时期主要是从哲学层面来解释人类与自然之间的相互关系。马克思说："人靠自然界生活。这就是说，自然界是人为了不致死亡而必须与之不断交往的、人的身体。所谓人的肉体生活和精神生活同自然界相联系，也就等于说自然界同自身相联系，因为人是自然界的一部分。"③这里的"新陈代谢"就是人与自然的相互交换关系，既包括物质交换，也包含相互调节；既体现"自然"的一面，也体现出了"人"的一面。"'新陈代谢'这一概念，以及它所包含的物质交换和调节活动的观念，使马克思能够在下述双重意义上来表示人和自然之间的关系：既包括'自然条件'又包括影响这一过程的人类的能力。"④

"新陈代谢"可以说是贯彻于马克思各个时期的重要著作当中，那么它在《资本论》中又有什么样的意义呢？"新陈代谢"在这部著作中主要有两个意义："一是指自然和社会之间通过劳动而进行的实际的物质变换相互作用；二是在广义上使用这个概念，用来描述一系列已经形成的但是

---

① 《马克思恩格斯全集》第23卷，人民出版社1972年版，第201页。
② 《马克思恩格斯全集》第23卷，人民出版社1972年版，第208页。
③ 《马克思恩格斯全集》第42卷，人民出版社1979年版，第95页。
④ J.B.Foster: *Marx's Ecology: Materialism and Nature*, Monthly Review Press, 2000, p.158.

在资本主义条件下总是被异化地再生产出来的复杂的、动态的、相互依赖的需求和关系，以及由此而引起的人类自由问题。"[1]"所有这一些都可以被视为与人类和自然之间的新陈代谢相关联，而这种新陈代谢是通过人类的具体的劳动组织形式加以表现"[2]。把这两层含义综合而言，可知"新陈代谢""既有特定的生态意义，也有广泛的社会意义。"[3]

从马克思对人与自然关系的生态思想的发展历程来看，在早期，马克思主要从哲学层面阐述，通过"物质变换"比较抽象的理解来阐述人与自然的关系。到成熟时期主要通过"新陈代谢"这个从生理学、农业化学和生物化学领域引入的概念来阐述人与自然之间的相互关系，这就消除了自然异化的抽象性。"新陈代谢这个概念为马克思提供了一个表述自然异化概念的具体方式。"[4]进而，他用"新陈代谢"概念来表示自然异化，就很清晰地呈现出"他对资产阶级社会异化特征进行全面批判的精髓"，"不是活的和活动的人同他们与自然界进行物质变换的自然无机条件之间的统一，以及他们因此对自然界的占有；而是人类存在的这些无机条件同这种活动的存在之间的分离，这种分离只是在雇佣劳动与资本的关系中才得到完全的发展"。[5]

马克思不但运用"新陈代谢"概念去论述自然异化，从而显得具体、形象和生动，而且把它用于对未来美好社会——共产主义社会的设想，使人们对共产主义社会有了生动而真切的了解。马克思说："这个领域内的自由（自然必然性的自由）只能是：社会化的人，联合起来的生产者，将

---

① ［美］约翰·贝拉米·福斯特：《马克思的生态学：唯物主义与自然》，刘仁胜、肖峰译，高等教育出版社 2006 年版，第 175 页。

② J.B.Foster: *Marx's Ecology*: *Materialism and Nature*，Monthly Review Press，2000，p.158.

③ J.B.Foster: *Marx's Ecology*: *Materialism and Nature*，Monthly Review Press，2000，p.158.

④ J.B.Foster: *Marx's Ecology*: *Materialism and Nature*，Monthly Review Press，2000，p.158.

⑤ 《马克思恩格斯全集》第 46 卷上，人民出版社 1979 年版，第 488 页。

合理地调节他们和自然之间的物质变换（新陈代谢），把它置于他们的共同控制之下，而不让它作为盲目的力量来统治自己；靠消耗最小的力量，在最无愧于和最合适于他们的人类本性的条件下来进行这种物质变换（新陈代谢）。"①J.B. 福斯特对马克思用这个概念来设想共产主义社会作出了很高的评价："倘若马克思把'新陈代谢'这一概念，即通过劳动建立人类和自然相互连接的复杂的、相互依赖过程，作为他的理论的核心，那么我们就不会对这一概念也在马克思关于生产者联合起来的未来社会的设想中起到中心作用这一点感到惊奇了。"②马克思运用"新陈代谢"概念分析人与人和人与自然关系，"抓住了同时作为自然和肉体存在的人类生存的基本特征，这些特征包括了发生在人类和他们的自然环境之间的能量和物质交换"，"这种'新陈代谢'，在自然方面由控制各种卷入其中的物理过程的自然法则调节，而在社会方面则由控制劳动分工和财富分配的制度化规范来调节"。③

（二）"新陈代谢断裂"的含义及其生态危机意蕴④

"新陈代谢"（"物质变换"）这一个概念是马克思在《资本论》中提出的具有核心地位的生态理论概念；但相对于"新陈代谢断裂"（metabolic rift）而言，它又是属于基础性的，起衬托作用的概念。马克思为什么要重点研究"新陈代谢断裂"现象？因为"新陈代谢断裂"现象反映出了土壤肥力问题，而且在资本主义生产方式下，这种土地肥力问题带有普遍性和全球化特点，马克思对"新陈代谢断裂"现象的揭示，实质上是指出由土地肥力问题引起的生态危机，并批判其根源——资本主义生产方式，进而体现出其中蕴含的生态思想。

① 《马克思恩格斯全集》第 25 卷，人民出版社 1974 年版，第 926–927 页。
② J.B.Foster: *Marx's Ecology: Materialism and Nature*，Monthly Review Press，2000，p.159.
③ 参见 J.B.Foster: *Marx's Ecology: Materialism and Nature*，Monthly Review Press, 2000, p.159.
④ 参见陈学明：《马克思"新陈代谢"理论的生态意蕴——J.B. 福斯特对马克思生态世界观的阐述》，《中国社会科学》2010 年第 2 期。

马克思在《资本论》中通过对人和土地之间的物质变换关系的来研究"新陈代谢断裂"理论。

首先，马克思对资本主义农业的批判，进一步阐释了"新陈代谢断裂"理论。"资本主义生产使它汇集在各大中心的城市人口越来越占优势，这样一来，它一方面聚集着社会的历史动力，另一方面又破坏着人和土地之间的物质变换，也就是使人以衣食形式消费掉的土地的组成部分不能回到土地，从而破坏土地持久肥力的永恒的自然条件……但是资本主义生产在破坏这种物质变换的纯粹自发形成的状况的同时，又强制地把这种物质变换作为调节社会生产的规律，并在一种同人的充分发展相适合的形式上系统地建立起来……资本主义农业的任何进步，都不仅是掠夺劳动者的技巧的进步，而且是掠夺土地的技巧的进步，在一定时期内提高土地肥力的任何进步，同时也是破坏土地肥力持久源泉的进步……因此，资本主义生产发展了社会生产过程的技术和结合，只是由于它同时破坏了一切财富的源泉——土地和工人。"①

其次，马克思在 J.V. 李比希对土壤肥力衰竭描述的基础上，把城市污染也列入"新陈代谢断裂"的研究范围。李比希用"新陈代谢的断裂"概念来揭示了土地肥力的流失和土地日益衰竭的问题，并进行呼吁，期望引起农场主和资本家对这个问题加以认识；但他并没有意识到问题的根源所在。马克思以当时伦敦城市的人和动物排污造成的污染为根据，指出"在伦敦，450 万人的粪便，就没有什么好的处理方法，只好花很多钱来污染泰晤士河"②。这里实际上已把城市污染与土地衰竭作为同样严重的"新陈代谢断裂"问题提了出来。马克思指出"新陈代谢的断裂"所揭示的生态问题不仅是土地肥力和土地衰竭问题，而且也包括与土地衰竭问题紧密联系的城市污染问题。土壤衰竭问题与城市的工业污染，包括生活在城市中的人类与动物排泄物等污染有密切的关系。因为食物和纤维长距离从乡村运输到城市，不仅造成了土壤中的基本营养氮、钾、磷也被运走，肥力得不到回

---

① 《马克思恩格斯全集》第 23 卷，人民出版社 1972 年版，第 552—553 页。

② J.B.Foster: *Ecology Against Capitalism*, Monthly Review Press, 2002, p.161.

收，而且还意味着土壤的基本营养污染了城市。人类和动物享有食物以后必然要排泄，排泄物不可能在作为养料回到原先的土壤之中，它们只能留在城市，或者被排到下水道进入河流或江海，这不但污染了城市环境，而且随着排泄物的流入，被江河湖海带走，进入污染整个欧洲大陆，乃至全球各地。

第三，马克思指出这种"新陈代谢断裂"不仅是某一个国家和地区的问题，而是资本主义世界，甚至是全球性的问题。他指出："大土地所有制使农业人口减少到不断下降的最低限度，而在他们的对面，则造成不断的拥挤在大城市中的工业人口。由此产生了各种条件，这些条件在社会的以及有生活的自然规律决定的物质变换的过程中造成了一个无法弥补的裂缝，于是就造成了地力的浪费，并且这种浪费通过商业而远及国外……大工业和按工业方式经营的大农业一起发生作用。如果说它们原来的区别在于，前者更多地滥用和破坏劳动力，即人类的自然力，而后者更直接地滥用和破坏土地的自然力，那么，在以后的发展进程中，二者会携手并进，因为农村的产业制度也使劳动力精力衰竭，而工业和商业则为农业提供各种手段，使土地日益贫瘠。"① 这里，马克思指出了资本主义生产方式造成的环境破坏，不但产生土地肥力问题，使人类的自然力丧失，这些都是"盲目的掠夺"造成的，并导致了从"用海鸟粪对英国田地施肥一样"② 而必须从秘鲁进口的状况中看到。这种连锁式的土壤肥力问题随着殖民的扩张而推向世界各地，即使是新兴的国家也逃脱不了这种运行模式，更何况是在资本主义生产方式下产生的新兴国家。马克思进一步研究了殖民国家的"新陈代谢断裂"与资本主义宗主国在土壤肥力和城市污染问题提供了证据，并说明"新陈代谢断裂"在全球化进程中，扩散到了殖民地国家中。马克思指出"所有的殖民地国家眼看着他们的领土、资源和土壤被掠夺，用于支持殖民国家的工业化"③。而且可恨的是这些殖民者"连单纯补

---

① 《马克思恩格斯全集》第 25 卷，人民出版社 1974 年版，第 916—917 页。
② 《马克思恩格斯全集》第 23 卷，人民出版社 1972 年版，第 267 页。
③ ［美］约翰·贝拉米·福斯特：《马克思的生态学——唯物主义与自然》，刘仁胜、肖峰译，高等教育出版社 2006 年版，第 182 页。

偿土地各种成分的资料都没给予爱尔兰的农民"① 。这不仅是"新陈代谢断裂"的城乡差别，也是殖民地国家与资本主义宗主国的差距在人与自然关系上的反映。

马克思在对"新陈代谢断裂"现象的分析中，阐述了其蕴含的生态思想。"资本主义生产方式产生和存在的前提就是把大量的人口从土地上分离出去，所以，资本主义制度下人类与土地之间物质变换的断裂是必然的，环境问题与生态危机是必然的。"② 造成新陈代谢断裂的因素既不是缺少技术，也不是缺乏对生态环境等问题的认识，而是在于资本主义在本质上就不可能会支持和实现可持续社会发展的体系。"资本主义社会的本质从一开始就建筑在城市与农村、人类与地球之间物质变换裂痕的基础上，目前裂痕的深度已超出它的想象。世界范围的资本主义社会已经 = 存在着一种不可逆转的环境危机……人类与地球建立一种可持续性关系……必须改变社会关系。"③ 资本主义社会在局部领域和局部利益有可能调整并控制在生态可持续范围内，一旦范围扩展，关涉到不同利益集团，就会与资本追求各自利润最大化的本性发生根本冲突，因而就无法调解，更不可能做到整个社会的可持续发展。马克思指出了"新陈代谢断裂"形成的根源所在。同时，这也驳斥了把生态危机的根源归结为科学技术和人口增长等观点的论断，指出了生态危机产生的真正社会根源是资本主义生产方式，并明确了资本主义制度具有反生态性，在资本逻辑支配下的社会生产方式不可能做到可持续发展。

（三）"可持续发展"是消除"新陈代谢断裂"现象的现实路径

马克思不但揭示了"新陈代谢断裂"的大量现象，也深刻认识到了造成"新陈代谢断裂"原因和根源所在。但他并没有停留在揭示问题和认识

① 《马克思恩格斯全集》第 23 卷，人民出版社 1972 年版，第 769 页。
② 赵卯生：《生态学马克思主义主旨研究》，中国政法大学出版社 2011 年版，第 115 页。
③ ［美］约翰·贝拉米·福斯特：《生态危机与资本主义》，耿建新、宋兴无译，上海译文出版社 2006 年版，第 96 页。

问题的层面，而是在对造成这种现象进行了深刻的批判之后，进一步探索和构想如何消除"新陈代谢断裂"的问题。

马克思在对"新陈代谢断裂"现象逐步加深认识的过程中，也在思考如何变断裂为恢复：实质上就是在人和自然关系架起沟通的桥梁，建立一种非断裂型的发展模式的问题。"在马克思看来，资本主义按其本性从一开始就建立在城市与农村、人类与地球新陈代谢断裂的基础之上，目前这种断裂的严重性可能已经超出他的想象。世界范围的资本主义社会存在着一种不可逆转的环境危机。但是，按照马克思的观点，人类与地球之间建立一种可持续关系并非完全是天方夜谭。"[1]

马克思对如何变断裂为恢复的现实路径思考也不是一步到位的，而是在吸取了前人研究成果基础上逐步形成了"可持续发展"的思想。首先，吸收了 J.V. 李比希的"合理农业"概念。在 J.V. 李比希看来，"理性农业，与掠夺性农业制度不同，是建立在归还原则的基础之上的，通过归还土地的肥力状态，农场主确保了后者的永久性"[2]。其次，吸收了与亚当·斯密同时代的苏格兰农业经济学家 J. 安德森（James Anderson）的"可持续农业"的概念。J. 安德森提出过"可持续农业"的概念，他一方面强调农业中普遍存在的土地肥力问题，确实是由于未能采取理性的可持续农业耕作方法造成的结果；另一方面指出，只要采取可持续农业耕作方法，"最贫瘠的土地的生产率可以提高到受最肥沃土地的水平"[3]。J.V. 李比希和 J. 安德森等提出了"合理农业"和"可持续农业"等设想，但他们由于没深入展开研究，只是停留在对概念的理解上，因而他们的设想是很模糊的，马克思受他们的启发，在他们概念的基础上提出了"可持续发展"的思想，使消除"新陈代谢断裂"这一设想从模糊变得清晰，从片段化、理想化走向系统化、现实化。

---

[1]　J.B.Foster: *Ecology Against Capitalism*, Monthly Review Press, 2002, p.102.

[2]　J.B.Foster: *Marx's Ecology*: *Materialism and Nature*, Monthly Review Press, 2000, pp.153–154.

[3]　J.B.Foster: *Ecology Against Capitalism*, Monthly Review Press, 2002, pp.159–160.

  马克思对消除"新陈代谢断裂"的现实路径不仅仅局限于农业方面，而是从农业领域入手，探索切合实际的可持续发展生态路径，由农业领域推广到所有领域。"整个人类与生产完全有可能建立更加彻底的可持续发展关系，以符合我们现在将之看待为生态学的而非经济学规律。"[①] 马克思同时指出，造成其他领域的"新陈代谢断裂"现象的根源也在资本主义生产方式本身，其不可持续发展的根据是相同。依据这样的生态原理，马克思对造成生态环境破坏的诸多现象进行了激烈抨击，例如，他曾就英国的森林破坏进行了抨击，指出"对森林的破坏从来就起很大的作用，对比之下，对森林的护养和生产，简直不起作用"[②]。马克思还抨击英国资产阶级贵族为了驯鹿而不惜破坏森林等诸多现象，其实质是想说明，造成这些环境破坏是"对自然进行剥削的长期的、历史的结果"，而这些都根源于资本主义的私有制。马克思是通过这些现象来论证从农业领域到其他领域的"新陈代谢断裂"现象，并指出消除"新陈代谢断裂"的可能的现实途径就是实现各领域的"可持续发展"，而要实现对未来社会发展的有效生态路径，解决资本主义生态破坏的唯一办法就是改变资本主义的生产关系，以实现"新陈代谢的恢复"[③]。

  马克思在《资本论》中通过对"新陈代谢"概念的承继与发展，通过吸收前人和同时代人对"新陈代谢断裂"理论的基础上，通过剖析"新陈代谢断裂"的现象，指出在资本主义私有制下，由于对自然进行长期的掠夺，造成人与自然关系的断裂，要使"新陈代谢断裂"恢复，必须改变资本主义生产关系，满足"人类世世代代"的永久需要，实现可持续发展。

  马克思通过剖析"新陈代谢断裂"现象，体现了可持续发展的生态思想。

---

① J.B.Foster: *The Ecology of Destruction*, in Monthly Review，Vol.58，No.9（Februry 2007），p.11.

② 《马克思恩格斯全集》第 24 卷，人民出版社 1972 年版，第 272 页。

③ J.B.Foster: *The Ecology of Destruction*, in Monthly Review, Vol.58, No.9（Februry 2007），p.12.

第一，马克思认为"新陈代谢"和"新陈代谢断裂"是造成城乡对立和城市生态环境污染问题的原因，主张以超越城乡对立作为解决"新陈代谢断裂"的重要措施。马克思、恩格斯指出："包含有通过工业和农业的结合、人口的分散来废除城乡之间对立的内容"，"只有通过城市和乡村的融合，现在的空气、水和土地的污毒才能排除，只有通过这种融合，才能使现在城市中日益病弱的群众有粪便不致引起疾病，而是用来作为植物的肥料。"①

第二，马克思认为解决"新陈代谢断裂"的必要条件是要消除异化劳动。因为异化劳动在资本逻辑支配下，必然会产生两极分化现象，"一方面是财富的无限增长，另一方面是异化的、没有尊严的生存，这种生产是对大多数人的否定。在这种情况下，改变大多数人在劳动中的地位显得尤其重要，要把改变异化劳动与改变人与自然之间的对立关系结合在一起"②。

第三，马克思认为"让生产者联合起来"是超越城乡对立，消除"新陈代谢断裂"，实现可持续发展的关键。要消除城乡对立，需要具备大批的产业军，然后通过把农业和工业结合起来，并在"总计划"下推行联合劳动，才能促使城乡对立逐步消灭。这些措施和建议都是马克思、恩格斯针对"农村生活的愚昧状态"而提出的解决方法。马克思、恩格斯后来称之为"人与自然的物质变换"或"人与自然的新陈代谢"。这措施和方法是"通过考虑人类与地球之间新陈代谢关系的生产组织而鼓励一种人类和自然之间的可持续性关系"，"随着他们作品的发展而愈加清晰"③。

第四，马克思认为要实现可持续发展，超越城乡对立，必须建立"有计划性"的社会组织。"社会化的人，相关联的生产者，理性地控制人与

---

① 《马克思恩格斯全集》第20卷，人民出版社1971年版，第321页。

② 参见陈学明：《马克思"新陈代谢"理论的生态意蕴——J.B.福斯特对马克思生态世界观的阐述》，中国社会科学2010年第2期。

③ J.B.Foster: *Marx's Ecology: Materialism and Nature*，Monthly Review Press，2000，p.138.

自然之间的新陈代谢，将它置于他们的控制之下，与此同时用最少的能量来实现它。"①"有计划性"才能消除"新陈代谢断裂"，使人与自然关系和谐发展；"理性的控制"是"有计划性"社会组织进行有意识、有目的、有计划地加以控制的要求。相反，"无计划性"的才是导致"新陈代谢断裂"现象加剧和社会不可持续发展，"如果自发地进行，而不是有意识地加以控制"，"接踵而来的就是土地荒芜"②等灾难。

第五，马克思认为造成"新陈代谢断裂"和不可持续发展的根源在于资本主义生产关系。"在资本主义利润原则支配下，人们都是为了交换价值，即为了利润而生成，而不是为了人的真正的、自然的、普遍的需要而生产，这就必然会去无止境地掠夺自然，只有改变这种局面，与利润原则相决裂，才能确保维护人类与自然之间健康的新陈代谢。"③因此，马克思强调"改变资本主义生产关系的过程就是与资本主义利润原则彻底决裂的过程"④。

第六，马克思认为"两种变革"同时进行是消除"新陈代谢断裂"，实现可持续发展的必要保证。马克思强调必须"把对社会关系的革命性的变革同对人与自然关系的革命性变革结合在一起"⑤。如果仅仅对社会关系进行革命性的变革还是不够的，还必须伴随一种我们和自然之间新陈代谢关系的转变，前者争取的是"和平"，而后者旨在实现"可持续发展"，"平等和可持续发展必须共同协调发展"⑥。"反对资本主义的革命不仅需要推翻它对劳动进行剥削的特定关系，而且还需要超越它对土地的异化，土地的

---

① J.B.Foster: *The Ecology of Destruction*, in Monthly Review, Vol.58, No.9（Februry 2007），p.11.

② 《马克思恩格斯全集》第 32 卷，人民出版社 1974 年版，第 53 页。

③ 陈学明:《谁是罪魁祸首：追寻生态危机的根源》，人民出版社 2012 年版，第 145 页。

④ 陈学明:《马克思"新陈代谢"理论的生态意蕴——J.B. 福斯特对马克思生态世界观的阐述》，中国社会科学 2010 年第 2 期。

⑤ 陈学明:《谁是罪魁祸首：追寻生态危机的根源》，人民出版社2012年版，第145页。

⑥ J.B.Foster: *The Ecology of Destruction*, in Monthly Review, Vol.58, No.9（Februry 2007），p.13.

异化对资本主义来说是最终的基础和前提。"①

第七，马克思认为消除"新陈代谢断裂"，实现可持续发展问题的前提在于解决所有制问题，即变资本主义私有制为社会主义公有制。因为所有这些问题的产生都是基于资本主义私有制基础上的，如果不改变这种资本主义生产关系，就无法超越城乡对立，无法解决城市生态污染问题，也不可能废除异化劳动，也就无法消除"新陈代谢断裂"，更无法建立"有计划性"和"让生产者联合起来"的社会形态。因此，要从根源问题入手，才能实现"新陈代谢断裂"的恢复，实现可持续发展。

第三节　马克思现代性思想及其生态特性

马克思青年时期是主张理性现代性的黑格尔主义者，他面对"应有和现有""理想和现实"的矛盾进行反思后，转向了费尔巴哈的人本学现代性。马克思通过对资本主义生产方式的异化揭露，发现理性现代性和人本学现代性最后都指向一个世界：以"资本"为本质的现代性世界。马克思通过对"异化劳动"的剖析和批判，实现了向"资本"现代性的批判范式的转变。正是这一转变，促使马克思将现代性理论的研究推向新的层面，把现代性与人和自然之间的关系领域结合起来研究，形成了具有生态旨向的马克思现代性思想，为人们摆脱现代性困境提供了思想武器。

一、马克思现代性思想的内涵

本书理解的马克思现代性思想是指通过对资本现代性的批判和超越，实现对传统现代性的理性和主体性的扬弃，蕴含着关于人、自然、社会协调发展的思想理论。所以就要梳理、发掘马克思现代性思想的生态旨

---

① J.B.Foster: *Marx's Ecology: Materialism and Nature*, Monthly Review Press, 2000, pp.177.

向，为当代社会处理人与自然关系奠定思想基础。

第一，马克思现代性思想继承了前人现代性的合理成分。现代性的核心理念是理性和主体性，但在资本逻辑的支配下，理性片面发展为"工具理性"，主体性变成"异化主体"。马克思对理性和主体性为核心的现代性进行了扬弃和超越，实现了对以资本为核心和原则的现代性批判的范式转变。

第二，马克思现代性思想的形成实现了两个转变。这也就是由"工具理性"向"生态理性"的转变，由"异化主体"向"人的自由全面发展"转变。从马克思的思想发展历程来看，主体性的地位和理性的作用一直是马克思肯定和赞扬的，但马克思肯定理性不是其作为工具理性的层面，这种理性的工具化这正是马克思所要扬弃和超越的，方才能实现了由"工具理性"向"生态理性"的转变；同样，马克思肯定主体性的地位，批判主体性的过度膨胀和虚妄性，使主体性超越资本逻辑在支配下的受奴役和束缚的状态，实现了由"异化主体"向"全面自由人"的转变。

第三，马克思现代性思想中最具现代社会的特征是生态旨向性。现代性的核心理念是主体性和理性，在发展过程中是由于受到资本逻辑的支配，才使理性向片面性、虚无性、绝对化的发展，使主体性向抽象性、孤立性、虚妄性的发展。马克思抓住了造成现代性悖论发展的核心问题——资本逻辑，并对资本逻辑进行全面、深刻的剖析和批判，为人们探索如何摆脱资本逻辑束缚下的主体性和理性，实现人的解放和发展，实现人与自然和谐发展提供了重要的思想理论资源。

第四，马克思现代性思想中蕴含着危机理论。在"早期市场资本主义""其特征是工业生产和技术不太成熟，存在着供给和需求在没有民族国家干预和调节的情况下据以实现其自我平衡的公开的商品市场。在这一早期市场资本主义时期，劳资之间的'内在矛盾'是尖锐的，有使整个资本主义制度土崩瓦解的危险"[①]，马克思的"国家理论涉及的是资本主义的

[①] ［加］本·阿格尔：《西方马克思主义概论》，慎之等译，中国人民大学出版社1991年版，第6页。

权力关系……主要涉及的是表述垄断资本主义的阶级和权力的解构"①。在当代资本主义发展出现了新的变化：一方面体现在国家广泛干预社会经济生活，力图避免早期市场自由竞争带来的严重危机；另一方面"当代资本主义社会加剧了人的异化和生态危机的出现，生态危机已经取代经济危机成为资本主义危机的主要表现形式。因此，根据马克思的'理论和实践的辩证法'，需要对马克思的早期资本主义理论做一定的修正，特别是应该通过修正马克思的危机理论，建立一种生态危机理论，以反映当代资本主义的经济、社会和生态危机，从而把当代西方生态运动引向激进的社会政治变革"②。因此，马克思的社会危机理论在新的时代条件下需要加以发展，赋予其新内容，结合当今时代的生态危机问题使之具有未来的生态旨向性作用，"生态危机理论和由考察资本主义国家作用所形成的危机理论是相互补充的"，"生态危机理论比国家理论更注重于理想和未来"，③把生态危机理论作为马克思的社会危机理论的新发展，是符合马克思主义与时俱进的理论品质的，而马克思现代性思想中蕴含的对未来社会具有旨向的生态危机理论正是新时代赋予其发展的新内容，而且生态危机理论本身也是当代社会的历史发展产物，对探索如何消解"生态危机"及其路径本身具有对未来社会发展的旨向性，因为实现自然主义＋人道主义＝共产主义的目标，正是实现"生态危机"的解决所走向的生态图景，这与马克思提出实现共产主义理想社会的构想是一致的。

因此，我们今天研究马克思现代性思想，试图通过梳理马克思现代性思想的生成历程，从中分析出的马克思现代性思想蕴含的生态危机思想，对于**指引我们摆脱资本逻辑束缚，实现"工具理性"向"生态理性"转向、"异化主体"向"全面自由人"转变，发挥主体性和理性的积极能动作用，**

---

①　［加］本·阿格尔：《西方马克思主义概论》，慎之等译，中国人民大学出版社1991年版，第421页。

②　王雨辰：《生态批判与绿色乌托邦——生态学马克思主义理论研究》，人民出版社2009年版，第80—81页。

③　［加］本·阿格尔：《西方马克思主义概论》，慎之等译，中国人民大学出版社1991年版，第421页。

对生态危机的解决，实现人的解放和人的自由全面发展，实现人与自然和谐发展生态世界图景，具有重要的理论和现实意义。

二、马克思现代性思想对生态危机的消解旨趣

日趋严峻的生态危机正威胁着人类生存与发展，也不断侵蚀着人类生存空间和生态系统。从生态危机产生的原因来看，是复杂的、多方面的综合因素所导致的，其中与现代性发展以来形成的生产方式、生活方式、思想观念、社会关系，以及文明形态等有着密切的关系。现代性就其本身而言，并非与生俱来会导致生态危机，在资本主义制度下，资本逻辑支配下的生产方式，使生产目的变成追求利润，追求生产效率，造成异化劳动和自然异化，造成人与自然关系的对抗，而这种对抗才是造成自然异化、人与人之间不平等的真正根源，也是生态危机产生的根源所在。

在资本逻辑支配下，只要生产是为了最大限度地追求高额利润，资本与生态就会必然对立。资本逻辑是资本把人（劳动者）和自然（劳动对象）作为其实现利润最大化为工具和源泉，通过不断加强对人的剥削和对自然的掠夺而最终导致人和自然的异化。导致人与自然异化的根源在于资本主义私人占有制。因此，要实现人与自然双重解放，就必须变革资本主义生产关系，消除资本逻辑，实现人与自然的和解以及人与人的和解。而马克思现代性思想正是建立在对资本逻辑批判为基础上形成的现代性思想理论。因此，马克思现代性思想孕育着消解生态危机的重要旨趣，集中概括为"六个方面"：

第一方面是两种"属性"相统一。马克思提出了两种"属性"相统一的理论，即人与自然性和社会性的统一。从自然界中分化出来的人类实现了生物进化史上的质变，既是自然的，又超出了自然；人的自然性是基础，人的社会性是人区别于自然性的重要依据；人与自然的同质性决定了人与自然和解的可能性，而人与自然的异质性又决定了人与自然和解的现实性。人与自然和解的基础是人的活动规律和客观规律的统一、重合，人

与自然和解的实质就在于:"社会是人同自然界的完成了的本质的统一,是自然界的真正复活,是人的实现了的自然主义和自然界的实现了的人道主义"。① 人的社会性是人的自然性在现实世界的延伸和发展,人类现实的自然界具有丰富的社会内涵,为解决生态危机提供了思想基础。

第二方面是两层"关系"相统一。马克思揭示了人与自然的关系掩盖下的人与自然和人与人的关系相统一的理论。这种统一理论在时间方面具有历史发展的涵义,在空间方面具有扩展弥漫的性质,为解决生态危机提供了可能性。马克思认为,与人类相对应而存在的是自然,与个人相对应而存在的是外部世界,包括自然和人类社会。物质生活资料的生产劳动,表现出了双重关系,即一方面是自然关系,另一方面是社会关系:人与自然的关系和人与人的关系。人与自然和人与人、人与社会的关系是相互联系的有机统一整体,这种统一是在人的实践发展中历史地形成,是"人和自然以及人与人之间在历史上形成的关系"②。

第三方面是两个"史"相互制约。马克思在实践基础上得出"自然史"与"人类史"相互制约的观点,并以社会化的人、联合起来的生产者为社会前提,合理地调节人类与自然的相互关系,这为消解生态危机提供了价值依据。马克思从人与自然的关系来研究人与人、人与社会的关系,从人与人、人与社会的关系来考察人与自然的关系,强调自然史和人类史是相互制约的。"历史可以从两方面来考察,可以把它划分为自然史和人类史。但是这两方面是密切相连的:只要有人存在,自然史和人类史就彼此相互制约。"③ "历史是人的真正的历史"④,"整个所谓世界历史不外是人通过人的劳动而诞生的过程,是自然界对人来说的生成过程"⑤,"历史本身是自然史的即自然界成为人这一过程的一个现实部分"⑥,自然史必然要走向人类

---

① 马克思:《1844年经济学哲学手稿》,人民出版社2000年版,第83页。
② 《马克思恩格斯全集》第3卷,人民出版社1960年版,第43页。
③ 《马克思恩格斯全集》第3卷,人民出版社1960年版,第20页。
④ [德]马克思:《1844年经济学哲学手稿》,人民出版社2014年版,第105页。
⑤ 《马克思恩格斯全集》第42卷,人民出版社1979年版,第131页。
⑥ 《马克思恩格斯全集》第42卷,人民出版社1979年版,第128页。

史，人与自然的和谐构成人类历史发展的必然追求。由此生态哲学也必然从面对自然走向人类社会。

第四方面是两者间的"物质变换"。马克思从生态学的"物质代谢"和能量熵原理得出，科学技术作为推动人类历史前进的动力，其中极其重要的一个功能就在于改进、完善工具技术系统，使人类实现"靠消耗量小的力量，在最无愧于和适合于他们的人类本性的条件下"进行物质变换。形成了关于"物质变换"或"新陈代谢"理论的生态哲学命题。

第五方面是两个"原则"的逻辑统一。即"资本逻辑"原则与"类实践"原则的统一。马克思对资本现代性进行了深刻的批判，揭示了资本逻辑运行的原理，形成了以资本批判为原则的现代性思想的核心原则；他指出人与自然的实践交往关系经历了一个不断发展的过程，在社会共同体交往全球化的发展过程中，共同的环境危机将使人类的"类"存在成为现实的问题。这些现实问题又是与资本逻辑的运行有密切关联的，实现两个原则的相协调和逻辑上的统一，对生态危机的解决提供了现实的生态旨向。

第六方面是两个"提升"相统一。马克思认为只有要人和自然矛盾的"真正解决"，人类历史发展才能实现从必然王国向自由王国的过渡，实现人类从自然界两次提升。两次提升分别为：第一次提升指的是"一般生产曾经在物种关系方面把人从其余的动物中提升出来"[1]；第二次提升是指人从"在社会关系方面把人从其余的动物中提升出来"[2]。

马克思现代性思想为满足人的需要的社会目标，强调人类生存和发展的系统整体性和历史发展性，强调生存与发展机会的代间平等和代际平等，而代间平等和代际平等是以人们赖以生存的现实的自然界——自然环境为基础，提供了解决矛盾的理论资源，实现对工业文明时代的机械、还原和主客二分的自然观的扬弃和超越，形成系统、生态的有机整体的发展观，为建构可持续、和谐发展的生态文明社会提供了理论指导。

马克思把对生态危机的批判放在现代性视阈中，对资本现代性的批判

---

[1] 《马克思恩格斯全集》第 20 卷，人民出版社 1971 年版，第 375 页。
[2] 《马克思恩格斯全集》第 20 卷，人民出版社 1971 年版，第 375 页。

实质就是对资本逻辑支配下的生产方式的批判。马克思在对既往文明人与自然关系的反思与批判中，探讨了私有制条件下人对人的剥削与人对自然的剥夺的相关性，当社会发展被一部分人所"强制和垄断"，而另一部分人不得不为此牺牲自己利益的时候，人与自然的关系就不可能是合理的，而当人与自然的物质变换尚不具备"合理性"的时候，自发发展的文明带给人类的只能是荒漠。**他们描述了在未来的共产主义社会实现文明自觉发展的转型，人与自然的和解与和谐的现实可能性**，认为只有当"人类本身的和解"真正实现的时候，"社会上的一部分人靠牺牲另一部分人来强制和垄断社会发展（包括这种发展的物质方面和精神方面的利益）的现象将会消灭"①。从而，马克思和恩格斯进一步推论出在新的历史条件下，实现社会变革，建立能够适应社会发展客观要求的新的社会制度或文明新形态：为此"需要对我们直到目前为止的生产方式，以及同这种生产方式一起对我们的现今的整个社会制度实行完全的变革。"②通过彻底的社会变革，实现人与人的和解，为人与自然的和解创造必要的社会前提与基础。

马克思从现代性思想视角把自然的解放与人的解放联系起来，把实现人的自由个体全面发展的共产主义社会作为人与自然真正和解的生态旨向，致力于解决社会协调发展和全人类的共同进步，实现人类历史发展从必然王国向自由王国的过渡，具有重要的理论和现实意义。

三、马克思现代性思想的生态特性

马克思的生态思想已经趋于成熟并臻于完善，逐步形成了马克思现代性思想独有的生态特性，马克思生态思想的特征主要体现为以下几个方面：

1. 自然异化与劳动异化

"自然异化"和"劳动异化"是密不可分的，因为自然之所以异化，是由自然的性质所决定的，这与劳动异化是相关联的。一方面，自然要进

---

① 《马克思恩格斯全集》第 25 卷下，人民出版社 1974 年版，第 926 页。
② 《马克思恩格斯选集》第 4 卷，人民出版社 1995 年版，第 385 页。

入人类历史或者自然的人化总是通过劳动产品进入人类历史视野的；另一方面，人类本身也是自然长期进化发展的产物，因此，自然也是"人的无机的身体"马克思指出，"自然界，就它本身不是人的身体而言，是人的无机的身体。人靠自然界生活。这就是说，自然界是人为了不致死亡而必须与之交往的、人的身体"①。

首先，异化包含自然异化和劳动异化，都源自于人类的实践生活。福斯特认为："由于在马克思那里自然异化和劳动异化都源自于人类的实践生活，从而自然异化的本质并不比劳动异化概念'更加抽象'。"②

其次，自然异化是马克思异化概念与黑格尔的异化概念的重要分歧。马克思的异化概念源自于对黑格尔的改造，其中重要的改造就是把自然异化纳入异化的范围。因为黑格尔"未能意识到人类实践活动的自我异化是人类异化的基础，这种异化不仅仅包括人类对其自身的异化，而且也包括人类对其自身的真实的感性存在的异化，亦即人类同其与自然关系的异化"③。事实上，人们以前只是认识到马克思的异化概念与黑格尔的异化概念的区别，在于异化所赖以存在的基础和活动领域，马克思强调的异化是在现实的人的感性活动，是人类的现实实践活动，而黑格尔却只强调在精神性活动层面的异化。这导致人们在理解异化概念的时候，往往只关注劳动的异化，而忽视了自然异化，实际上，自然异化也应该被视为人类异化的一个重要内容，因为劳动异化是建立在自然的异化基础上的，由自然的性质所决定的，理应成为马克思和黑格尔异化概念的重要分歧。

最后，土地异化是自然异化的重要晴雨表。马克思的自然异化生态思想是通过对土地异化的剖析来阐述的，因为土地异化是自然异化的一个典型表现。马克思指出土地异化表明了一个事实："土地也像人一样"，已经降到"买卖价值的水平"。④土地异化是如此，更何况其他自然物，而这些

① 《马克思恩格斯全集》第 42 卷，人民出版社 1979 年版，第 95 页。
② J.B.Foster: *Marx's Ecology: Materialism and Nature*，Monthly Review Press，2000，p.73.
③ 陈学明：《谁是罪魁祸首：追寻生态危机的根源》，人民出版社 2012 年版，第 473 页。
④ 《马克思恩格斯全集》第 42 卷，人民出版社 1979 年版，第 85 页。

自然物异化根源于人的劳动异化。具体地说，是由私有制和金钱关系背后的财产所有制统治造成的。

2. 联合与联合生产者

"联合"与"联合生产者"是马克思为了消除自然异化而在《1844年经济学哲学手稿》引入的概念，针对劳动异化和自然异化的现象，马克思剖析了产生这些现象的根源之所在的私有财产制度，认为消除自然异化，必须消除产生包括土地异化在内的自然异化的提前和基础。马克思提出了通过"联合"来实现，通过建立"联合生产者"制度代替私有财产制来消除自然异化的根源。

3. 自然力的征服与城乡分离

"自然力的征服"一方面是马克思、恩格斯在肯定资本现代性文明在创造历史的进步性同时也指出伴随着大多数人口相对贫困的增长的"自然异化"的结果。这种结果直接导致"城乡分离"，并指出这种自然的异化"存在于作为资本主义核心问题的城乡分离之中"①。通过对"自然力的征服"的肯定以及对引起自然异化而产生的城乡分离问题的揭示中，体现了马克思对生态危机形成问题的批判的生态思想。

4. 新陈代谢或物质变换

"新陈代谢"理论或"物质变换"理论是马克思《资本论》中的重要概念，这个概念对理解马克思现代性思想理论极为重要。马克思正是借助于这个概念，把生态学概念引入对资本主义政治经济学的分析，形成对"剩余价值、资本主义地租理论和马尔萨斯人口理论的批判"三者结合，并且使马克思对资本主义的研究深入到了人与自然关系的领域，从而展开了对"环境恶化"的深刻批判。正是这一批判"预示着许多当今的生态学思想"②。

马克思的"新陈代谢"是指"自然和人类社会之间通过劳动而进行物质交换活动"。这是马克思把生态学概念引入社会历史领域进行批判

---

① J.B.Foster: *Marx's Ecology: Materialism and Nature*, Monthly Review Press.2000，p.139.

② J.B.Foster: *Marx's Ecology: Materialism and Nature*, Monthly Review Press.2000, p.p.141–142.

而彰显的独特生态思想。而"新陈代谢断裂"是马克思"新陈代谢"理论的一个重要内容，一是使这个概念不再仅仅局限于描述土壤肥力的衰竭，而是用来指称资本主义社会的整个"自然异化""物质异化"；二是不把"断裂"的范围局限于对某一地区和国家的描述，而是强调它是有普遍性的现象。这种现象发生在整个资本主义世界，呈现出全球性的生态特征。

5. 新陈代谢断裂与可持续发展

马克思运用"新陈代谢断裂"分析土壤衰竭、城市污染等生态环境问题，指出这一切根源于资本主义私有财产制。"资本主义积累的逻辑无情地制造了社会与自然之间的新陈代谢的断层，切断了自然资源再生产的基本进程。"[1] 马克思正是运用这一理论武器，关注的重点从土壤肥力衰竭，到资本主义社会中的城乡分离以及由此带来的产品的远距离贸易而产生的"新陈代谢断裂"问题，再由土壤肥力的流失问题揭示出整个资本主义社会的自然的异化的普遍性问题。马克思运用"新陈代谢"理论普遍地分析和说明资本主义社会的生态问题，使其对"新陈代谢断裂""根源的分析从比较直接、表面的城乡分离、远距离贸易深入到较为深层的资本主义生产方式和大土地私有制"[2]，体现出了马克思独特的生态思想。

马克思不但运用"新陈代谢"理论分析和解释资本主义社会的自然异化现象，指出造成城乡分离等"新陈代谢断裂"的根源所在，而且针对这种情况提出了具体的解决之策，即用"可持续发展"的生态理念来超越资本主义社会的自然异化，消除城乡分离。在生态问题上，马克思不仅仅是提出"可持续发展"的生态理念而已，他们一方面极力避免这种生态理念陷入空想，使生态蓝图不至于成为脱离现实的陷阱；另一方面又强调了通过行动来解决自然的异化问题，以便创造出一个可持续的社会。显然，这里所说的"行动"就是反对资本主义的无产阶级革命运动，这里所说的"可

---

[1] J.B.Foster: *The Ecology of Destruction*, in Monthly Review.Vol.58,No.9（Feburary 2007），p.9.

[2] 陈学明：《谁是罪魁祸首：追寻生态危机的根源》，人民出版社 2012 年版，第 477 页。

持续的社会"就是社会主义社会和共产主义社会。^①

6. 自然主义与人道主义

在马克思那里，人既是物质世界的组成部分，也是自然存在物。自然界既是人的赖以生存的环境，也是"作为人的直接的生活资料，作为人的生命活动的材料"^②，变成了"人的无机的身体"^③。人与自然是相互存在的关系，人类应该与自然和谐相处，人类理想的社会应该是自然主义和人道主义相结合的和谐世界，这样的社会就是马克思曾经构想的共产主义社会。因此，自然主义既是人道主义社会的前提和基础，也是共产主义的一个主要特征。共产主义就是人道主义与自然主义的有机结合，这也是马克思的生态思想的重要体现。

小　结

如今的生态危机已经成为当今人类必须共同面对的挑战，直接成为威胁人的生存和发展，以及人类社会的可持续发展问题。而人的生存与发展及社会的进步问题始终是现代性视阈的核心命题。自现代性开启以来，作为现代性的原则主体性和理性原则一直是贯穿于现代社会发展的核心原则，一部分学者的观点把生态危机归结为现代性所固有的，这是对生态危机的片面认识，没有把握住产生生态危机的根源所在。只有从马克思现代性思想视角，才能真正把握住问题的实质，认识生态危机的本质和产生的根源所在。

资本逻辑是产生生态危机的真正根源所在，马克思现代性思想正是建立在对资本逻辑批判基础上形成的现代性思想理论。马克思现代性思想

---

① 陈学明：《谁是罪魁祸首：追寻生态危机的根源》，人民出版社 2012 年版，第 475 页。

② 马克思：《1844 年经济学哲学手稿》，人民出版社 2000 年版，第 56 页。

③ 马克思：《1844 年经济学哲学手稿》，人民出版社 2000 年版，第 56 页。

认为人与自然之间需要进行物质变换，在人的自然性和社会性统一的基础上，揭示出了人与自然关系背后的人与人的利益，依据"自然史"与"人类史"相互制约，把"资本逻辑"批判原则与"类实践"原则相统一，实现人的两次"提升"，马克思现代性思想蕴含着消解生态危机，实现人和自然的和解的重要生态意蕴。

以前，马克思往往被批评为反生态的，马克思主义的理论往往被认为是反生态的理论，主要是因为马克思强调现代生产对现代性的决定性意义，因为马克思被理解为用经济来解释现代性的产生和发展，排斥乃至否定其他因素的作用。而事实上，马克思只是强调了现代生产对于现代性的"基础"作用，而不是说它是"唯一"作用。通过对马克思现代性形成过程的梳理，可发掘出马克思现代性思想中蕴含的丰富的生态思想，具有其独特的生态特性。

首先，马克思从异化劳动概念出发，分析自然异化也是异化劳动的一部分，并指出造成自然异化的根源在于资本主义生产方式下把自然物变成了私有财产，指出建立"联合"和"联合生产者"的共产主义社会是消除"自然异化"、私有财产制的真正出路。

其次，马克思指出，"农村生活的愚昧状态"也是自然异化的重要标志。他认为城乡对立的解决是人类对自然异化超越的关键因素，实现"生产联合"和"可持续的社会"是消除城乡对立、解决生态问题的根本。

最后，马克思通过论述"新陈代谢"和"新陈代谢断裂"的含义及演化阐述其生态意蕴，指出要消除"新陈代谢断裂"，实施可持续发展是现实路径。只有消除"新陈代谢断裂"现象，才能消除"自然异化"，消除城乡对立状态，化解生态危机，实现人与自然的和解，实现人类历史发展从必然王国向自由王国的过渡。

第三章　马克思现代性思想的生态危机批判

　　生态危机与现代性的发展密不可分，"现代性说到底是在现代生产基础上资本运动的产物，是随资本运动兴起和发展起来的。正是资本的内在本性，刺激了现代性的生成和发展"①。马克思视野中的现代性是资本现代性批判，马克思把现代性作为资本主义时代的同名词，"资本主义社会中所出现的众多方面的现代性，不仅是资本逻辑的外在表现与结果，同时也是资本逻辑的内在条件和内在机理。离开了这些现代性，资本运动就不可能正常进行。可以说，现代性的各种因素并不是外在于资本逻辑的东西，而就内涵于资本逻辑之中。资本的逻辑决定着现代性的逻辑。马克思所剖析的资本逻辑发展史，也就是现代性逻辑发展史。"②马克思现代性思想正是围绕资本逻辑的分析和批判展开的，而资本逻辑是导致生态危机的根源所在。资本逻辑内在于资本主义生产方式之中，其对自然的无限需求的是资本逻辑的内在要求和外在结果。因此，对资本逻辑的阐释和批判成为马克思对现代性批判的理论基础。马克思现代性思想对生态危机的批判体现在马克思对目的论及各种思潮的批判和资本逻辑原则的批判中；从马克思现代性思想视阈对资本逻辑的批判正是对产生生态危机的根源进行批判。

　　马克思现代性思想对生态危机的批判的意义在于如何消解生态危机，主张一方面要合理利用资本，充分利用资本为社会发展服务；另一方面要

---

① 丰子义：《马克思现代性思想的当代解读》，《中国社会科学》2005 年第 4 期。

② 丰子义：《马克思现代性思想的当代解读》，《中国社会科学》2005 年第 4 期。

对资本逻辑进行扬弃和超越，消除资本逻辑矛盾带来的消极和负面的影响，实现人与自然的和解。

第一节　马克思对目的论的批判

　　马克思的自然观中蕴含的生态价值是通过对目的论的批判而逐步实现的，马克思从伊壁鸠鲁对宗教目的论的反对中获得了若干启示，并在支持伊壁鸠鲁反对宗教目的论和自己对以"征服""占有"自然为目的自然观的批判中，实现了对整体目的论的批判，从而形成了马克思唯物主义自然观的生态思想。

一、对伊壁鸠鲁反对宗教"目的论"的肯定

　　目的论把事物生成演变解释为是有预先目的、根据和原因的。从目的论的生成历程来看，最早可以追溯至古希腊时期的阿那克萨戈拉，他指出："一切将要存在的、一切过去存在但现在已不复存在的，以及一切现在存在而且将来也要存在的东西，都为理智所安排。"① 在这个时期，人们已经开始把事物的存在看作事先具有目的性的安排。到了柏拉图时代，他把世界的存在原因阐述为理念世界，认为："凡是被创造出来的东西都必然是由于某种原因而被创造出来的。"② 他第一次从外在目的论，系统地论证了目的因的存在。而亚里士多德则从内在目的论系统论述了事物存在的原因，认为："自然就是目的或为了什么"③，"'自然'是它原属的事物因本体（不是因偶性）而运动和静止的根源和原因"④。他认为，"自然是一种原因，并

① 苗力田：《古希腊哲学》，中国人民大学出版社 1995 年版，第 146 页。
② F.M.Cornford, *Plato's Cosmology*, The Timaeus.28C, London, 1937, P.22.
③ ［古希腊］亚里士多德：《物理学》，张竹明译，商务印书馆 1982 年版，第 48 页。
④ ［古希腊］亚里士多德：《物理学》，张竹明译，商务印书馆 1982 年版，第 43 页。

且就是目的因"①。目的论发展至中世纪经院哲学演变为一种神学目的论。神学目的论认为，自然界的一切事物都是上帝或神有目的、有计划地创造出来的，也包括人类，只不过人类是上帝创造出来帮助上帝来管理自然界的。因此，世界上的一切事物都是上帝或神有目的的产物，"是关于自然界安排的合目的性的思想，是浅薄的沃尔弗式的目的论，根据这种理论，猫被创造出来是为了吃老鼠，老鼠被创造出来是为了给猫吃，而整个自然界被创造出来是为了证明造物主的智慧"②。

马克思非常赞赏伊壁鸠鲁的反宗教目的论观点，指出："卢克莱修歌颂伊壁鸠鲁是最先打倒众神和脚踹宗教的英雄；因此从普鲁塔克直到路德，所有的圣师都把伊壁鸠鲁称为头号无神论哲学家，称为猪。也正因为这一点，亚历山大里亚的克雷门才说，当保罗激烈反对哲学时，他所指称的只是伊壁鸠鲁的哲学。"③尽管伊壁鸠鲁被当时的神学家和宗教污蔑为猪，但马克思却非常欣赏这位与众不同的哲学家，马克思的博士论文就是受到了伊壁鸠鲁思想的影响。可以这么认为，"实际上马克思的哲学历程正是从赞赏伊壁鸠鲁反对宗教目的论开始的。了解马克思青年时期的哲学观点就得从剖析马克思赞赏伊壁鸠鲁反对宗教目的论入手"④。

由于受伊壁鸠鲁的影响，马克思在博士论文中第一次提出了对宗教的批判，甚至把伊壁鸠鲁哲学的主要特征视为与宗教目的论的对立。马克思呼吁人们把一切超自然的、目的论的原则从自然中赶走，因为正是宗教宣扬的目的论使人生活在莫名的恐惧中，特别是在无法消除的内心的恐惧中，人像动物那样被动，人的自我决定完全被剥夺。在中世纪，由于受宗教目的论影响，人们把历史看作"原罪"轮回的过程，即上帝创世——人类赎罪——最终审判的过程，上帝所要做的事情不是为了发展历史而是创世和救世，人活着是为了赎罪，人生的目的也是为了来赎罪。"救世主基

---

① ［古希腊］亚里士多德：《物理学》，张竹明译，商务印书馆 1982 年版，第 65 页。

② 《马克思恩格斯选集》第 3 卷，人民出版社 1972 年版，第 449 页。

③ J.B.Foster: *Marx's Ecology: Materialism and Nature*，Monthly Review Press，2000, p.58.

④ 陈学明：《谁是罪魁祸首：追寻生态危机的根源》，人民出版社 2012 年版，第 76 页。

督在一定的时候出现，这标志着历史的终结。因此，我们人类只需等待着，准备迎接末日审判。这个暂时的尘世，其末日近在眼前，因此毫无价值。"①这就意味着，人生的目的就是消极等待末日的审判，没必要做其他任何事情，做了也是徒劳的。人类背着"原罪说"整天惶惶不可终日，面临"末日审判"而引发心灵恐惧，这种恐惧正是来自宗教，这也是宗教的最大的罪过，其根源就在于宗教神学的目的论创世说。只有把上帝和神从世俗世界中驱逐出去，才能消除人类的恐惧，而"伊壁鸠鲁是最先打倒众神和脚踹宗教的英雄"②，正是因为伊壁鸠鲁把神从自然界中赶走这点深深地影响了马克思。因此，马克思认为伊壁鸠鲁的哲学是与宗教相对立的，也因此，伊壁鸠鲁遭到了基督教的一切支持者的痛恨和反对，但伊壁鸠鲁哲学的影响却在马克思的思想中种下了无神论自然观的种子。他是在当时反对宗教神学自然观中立起的一盏启明灯，而马克思正是受"伊壁鸠鲁反对宗教目的论的过程中逐步形成自己的唯物主义自然观……这也成为马克思的自然观的基石"③。马克思为此写下了豪情誓言："只要哲学还有一滴血在自己那颗要**征服世界**的、绝对自由的心脏里跳动着，它就将永远用伊壁鸠鲁的话向它的反对者宣称：'渎神的并不是那抛弃众人所崇拜的众神的人，而是把众人的意见强加于众神的人。'"④这里，马克思借哲学的话语表达了对反对宗教神学目的论的态度，阐明了人的主体性在宗教束缚下的状态，强调了要恢复人的自由就必须要摆脱宗教的奴役，发挥人的主体能动性作用，做"自由自觉"的现实人。这是马克思对宗教目的论批判中对人的主体性的肯定，是马克思后来提出实现"自由全面发展的人"的认识开始，也是马克思现代性思想中蕴含的宝贵思想资源，对于我们今天提倡实现"以人为本"有重要的启示意义。

---

① ［德］卡尔·雅思贝斯：《时代的精神状况》，王德峰译，上海译文出版社 2003 年版，第 4 页。
② 《马克思恩格斯全集》第 3 卷，人民出版社 1960 年版，第 147 页。
③ 陈学明：《谁是罪魁祸首：追寻生态危机的根源》，人民出版社 2012 年版，第 76 页。
④ 《马克思恩格斯全集》第 1 卷上，人民出版社 1995 版，第 12 页。

二、对"征服""占有"世界的自然观的批判

在理解马克思的"支配"自然、"征服"世界时，需要理解马克思始终强调的在人与自然关系中的前提和基础。事实上，马克思在自然观上从来都是反目的论的。马克思、恩格斯在提到"支配"自然、"统治"世界等词时都有特定的语境，他们一般是从积极的方面去肯定人对自然的作用，即通过对人类历史的考察肯定人对自然的"支配"与"利用"。

首先，在马克思看来，"支配"和"利用"意味着人类生存于地球自然之上，可以发挥主观能动性，而不是作为自然的奴仆，消极被动地适应自然。人类为了合理的需要和利益而作用于自然系统，人与自然进行物质变换，是人类生存与繁衍所必需的。人类这种"支配"与"利用"是在自然生态调节系统有限范围之内的。显然，这种合目的性的行为不会造成自然生态系统的破坏，具备一定的合理性。相反，如果过分夸大人类需求的必要性，并把必要性等同于必然性，无限夸大人类欲望，那么将会使人类在思想观念上藐视大自然，在现实的实践中也会违背自然的规律，甚至是盲目的、不择手段去涉险。这样，人类不但对自然失去了其支配的合理性和合目的性，也会在实践中将合理欲望转变为带目的性欲求。

其次，马克思、恩格斯强调人对自然的"支配"和"占有"是建立在对自然规律认识的基础上，通过认识并正确运用自然规律，掌握规律发生的条件和特点，人类才能够支配自然界，人类才能成为自然界自觉的、真正的主人。人类"支配自然"的自由是建立在对自然的必然性的认知之上的，马克思指出："自由不在于幻想中摆脱自然规律而独立，而在于认识这些规律，从而能够有计划地使自然规律为一定的目的服务。这无论对外部自然界的规律，或对支配人本身的肉体存在和精神存在的规律来说，都是一样的。……自由是在于根据对自然界的必然性的认识来支配我们自己和外部自然界；因此它必然是历史发展的产物。最初的、从动物界分离出来的人，在一切本质方面是和动物本身一样不自由的；但是文化上的每一个进

步，都是迈向自由的一步。"①

近代以来，"理性万能论"充斥着目的论倾向，人类凭借万能的理性及其物化的工具——技术系统，忽视自然固有的规律性和自然资源的有限性，对自然界过度地支配和占有，以满足现代社会无限夸大的需求——资本追逐利润的无限需求。人类作为地球生物进化过程的产物，"首先，人类是唯一能够威胁以至于摧毁自己生存所依赖的环境的生物，第二，人类是唯一的扩展进入了所有陆地生态系统之中的生物，而且还通过技术的使用来支配它们"②。如果人类在与自然界进行物质变换活动中，利用先进的工具——技术系统支配自然是以占有为目的，把自然界既当作"水龙头"又当作"污水池"，那么这种以"支配"和"占有"自然的行为就明显带有目的论倾向。当前人类面临的严重生态危机正是这种以对自然"占有"为目的的"目的论"带来的严重后果。

最后，马克思反对以"自然支配"为目的，去征服和占有自然的观念。"支配自然"的观念早已有之，近代以来，由于自然科学和技术的发展，强化了这种观念并转化为支配自然、控制自然的实践，使建立在这种基础上的生产活动加强了对自然的"征服"和"支配"。总的来说，西方近代大多数思想家们对"支配自然"的观念是持肯定态度的，尽管在近代科学技术中产生了"自然支配"的观念是事实，但是，持有"自然支配"的观念，并非等于实际上就能"支配自然"。马克思从来都是反对以"自然支配"为目的，也反对把人当成实现这种目的和工具，当作"理性的工具"去"支配"和"统治"自然；而且马克思不是一般地反对人类中心主义，而是反对人类中心主义的资本主义形式。他在哲学上，建立一种以"人类尺度"来分析人与自然关系的生态自然观。坚持真正的"以人为本"和人道主义，高扬人的主体性，正确认识利润至上原则的目的论的本质，真正根除生态危机。这对我们今天实施"以人为本"，进行社会主义生态文明建设有重

① 《马克思恩格斯选集》第 3 卷，人民出版社 1995 年版，第 455—456 页。
② ［英］克莱夫·庞廷：《绿色世界史——环境与伟大文明的衰落》，王毅、张学广译，上海人民出版社 2002 年版，第 20 页。

要的启示意义。

三、对整体"目的论"的批判

近代科学的产生和发展，揭开了宗教神学创世说的神秘面纱，产生了近代机械自然观，强化了人可以统治自然、控制自然、征服自然，实现人类价值的目的论，最终走上一种极端形式的目的论（彻底的目的论[①]）。这种目的论自然观为人类以统治自然、征服自然，满足自身欲望为目的提供了理论支撑。"近代科学诞生的标志是抛弃活力论刺激，特别是抛弃亚里士多德的最终原因。"[②] 也就是抛弃了宇宙有一个终极目的因，自然事物中存在一个目的的观念，而使"人类自己现在代替了上帝，成了他在自然界中感到的秩序的根源"[③]。 人类的需求和欲望取代了上帝成为自然的终极因，自然界不过是一架机器，科学技术被看作人类用来开动这架机器的工具，成为人类支配、控制自然的手段。人类利用现代科学技术对自然进行定量化，"自然的定量化，导致根据数学结构来阐释自然，把现实同一切内在的目的分割开来"[④]。 为了实现人类的利益和需要，人类可以支配这架机器，让它按人类的目的和要求去运行。一切以顺从人的实践为目的。"在这种实践目的论的驱动下，人类对自然开始了近似疯狂的征服。结果是，植被大量地被破坏、环境被严童污染、沙漠化日益扩大、能源危机、生态危机。"[⑤]马克思对这种自然观也进行了深刻的批判。

第一，马克思对近代以来机械论自然观目的论进行了批判。机械自然

① ［法］亨利·柏格森：《创造进化论》，姜志辉译，商务印书馆 2004 年版，第 39 页。
② ［比］伊·普里戈金，［法］伊·斯唐热：《从混沌到有序》，沈小峰译，上海译文出版社 1987 年版，第 120 页。
③ ［比］伊·普里戈金，［法］伊·斯唐热：《从混沌到有序》，沈小峰译，上海译文出版社 1987 年版，第 127 页。
④ ［美］赫伯特·马尔库塞：《单向度的人——发达工业社会意识形态研究》，张峰、吕世平译，重庆出版社 1988 年版，第 124 页。
⑤ 李东：《目的论的三个层次》，《自然辩证法通讯》2007 年第 1 期。

观的目的论把自然当作奴役的对象，一切以人类利益为中心，以人类的价值观作为标准和取向。马克思对目的论的批判是从对历史目的论的清算开始，进而深入到整个机械论自然观。在《德意志意识形态》中马克思对历史目的论进行了彻底清算："历史不外是各个世代的依次交替。每一代都利用以前各代遗留下来的材料、资金和生产力；由于这个缘故，每一代一方面在完全改变了的环境下继续从事所继承的活动，另一方面又通过完全改变了的活动来变更旧的环境。然而，事情被思辨地扭曲成这样：好像后期历史是前期历史的目的，例如，好像美洲的发现的根本目的就是要促使法国大革命的爆发。于是历史便具有了自己特殊的目的并成为某个与'其他人物'（像'自我意识'、'批判'、'唯一者'等等）'并列的人物'。其实，前期历史的'使命'、'目的'、'萌芽'、'观念'等词所表示的东西，终究不过是从后期历史中得出的抽象，不过是从前期历史对后期历史发生的积极影响中得出的抽象。"①马克思这里不仅仅是对鲍威尔和施蒂纳的清算，还包括黑格尔和费尔巴哈。

第二，马克思对黑格尔的唯心主义目的论进行了批判。马克思从黑格尔唯心主义自然观入手，进而批判他的整个唯心主义体系，指出它是"颠倒的颠倒"。黑格尔认为："在实践中，人自己作为一种直接外在的、因而作为感性的个体，去对待作为一种直接的和外在的东西的自然，但这种个体也理所当然地把自己作为目的与自然相对立，作为这种个体来对自然实践地发挥作用。"②但是，在黑格尔的唯心主义目的论的绝对理念中，现实的个人的目的应该是受到绝对精神的约束的，是绝对精神理念所要扬弃的。黑格尔认为："其实哲学的教训正是要使人从那无穷的有限目的与个人愿望中解放出来，并使他觉得不管那些东西存在或不存在，对它简直完全无别。"③针对黑格尔的观点，马克思和恩格斯强调了人是自然的产物，

① 《马克思恩格斯选集》第1卷，人民出版社1995年版，第88页。
② ［德］A·施密特：《马克思的自然概念》，欧力同译，商务印书馆1988年版，第102页。
③ ［德］黑格尔：《小逻辑》，贺麟译，商务印书馆1980年版，第196页。

自然是人类赖以生存和发展的前提和基础；并指出，不管人类意识的能动性有多大，仍然不可能脱离自然界和客观体自然对其的制约和决定。"人直接地是自然存在物。人作为自然存在物，而且作为有生命的自然存在物，一方面具有自然力、生命力、是能动的自然存在物；这些力量作为天赋和才能，作为欲望存在于人身上；另一方面，人作为自然的、肉体的、感性的、对象性的存在物，同动植物一样，是受动的、受制约的和受限制的存在物，也就是说，他的欲望的对象是作为不依赖于他的对象而存在于他之外的；但是这些对象是他的需要的对象，是表现和确证他的本质力量所不可缺少的、重要的对象……人只有凭借现实的、感性的对象才能表现自己的生命。"①马克思认为，没有自然界，人类就失去生存的基础，更无从谈发展。"没有自然界，没有感性的外部世界，工人什么也不能创造。自然界是工人的劳动得以实现，工人的劳动在其中活动，工人的劳动从中生产出和借以生产出自己的产品的材料。但是，自然界一方面在这样的意义上给劳动提供生活资料，即没有劳动加工的对象，劳动就不能存在，另一方面，也在更狭隘的意义上提供生活资料，即维持工人本身的肉体生存的手段。"②马克思进一步指出，自然界具有独立于人的客观运行规律，其内在规律制约着人类社会及其生产的发展水平，"撇开社会生产的形态的发展程度不说，劳动生产率是同自然条件相联系的。这些自然条件都可以归结为人本身的自然（如人种等等）和人的周围的自然"③。

马克思指出，造成"颠倒的颠倒"的根基还是在于黑格尔的唯心主义哲学体系，"德国的批判，直至它最近所作的种种努力，都没有离开过哲学的基地。这个批判虽然没有研究过自己的一般哲学前提，但是它谈到的全部问题终究是在一定的哲学体系即黑格尔体系的基地上产生的。不仅是它的回答，而且连它所提出的问题本身，都包含着神秘主义。对黑格尔的这种依赖关系正好说明了为什么在这些新出现的批判家中甚至没有一个人

① ［德］马克思：《1844年经济学哲学手稿》，人民出版社2000年版，第105–106页。
② ［德］马克思：《1844年经济学哲学手稿》，人民出版社2000年版，第53页。
③ ［德］马克思：《资本论》第1卷，人民出版社2004年版，第586页。

试图对黑格尔体系进行全面的批判，尽管他们每一个人都断言自己已经超出了黑格尔哲学。他们和黑格尔的论战以及他们相互之间的论战，只局限于他们当中的每一个人都抓住黑格尔体系的某一方面，用它来反对整个体系，也反对别人所抓住的那些方面。起初他们还是抓住纯粹的、未加伪造的黑格尔的范畴，如'实体'和'自我意识'，但是后来却用一些比较世俗的名称如'类'、'唯一者'、'人'等等，使这些范畴世俗化。"① 显然，马克思由对黑格尔自然观的批判深入到对黑格尔体系进行全面批判，指出在目的论中，必然预设或蕴涵着一个主体，而黑格尔哲学的主体就蕴涵在目的论之中，"异化过程的唯一主体，是在它的目的论中的过程本身"，而"如果将目的论去掉，那就会剩下马克思所继承的哲学范畴：无主体的过程的范畴。"② "结构主义者的行为理论不是把人类看作历史的真正扮演者，而是看作他们不能控制的那些力量和关系的代理人。"③ 黑格尔的目的论中预设的主体是虚构出来的，现实的生活实践中并不存在。马克思指出人民群众才是历史的创造者，并通过将虚构的目的论主体转化为现实的人，把现实人的实践活动视为历史的真正发源，从而消除了历史自身就是主体的谬论，并由此终结了历史目的论。马克思进一步指出："历史什么事情也没有做，……创造这一切、拥有这一切并为这一切而斗争的，不是'历史'，而正是人，现实的、活生生的人。'历史'并不是把人当作达到自己目的的工具来利用的某种特殊的人格。历史不过是追求着自己目的的人的活动而已。"④ 因此，考察历史不能从先验的"历史目的"出发，不能是脱离现实而想象出来的，应该从现实的人的合目的性活动出发。此外，马克思认为除了人所规定的目的之外，虚构出来的目的是毫无意义的，"马克思不知道在这世界里除了人所规定的目的之外还有什么别的目的。因此，

---

① 《马克思恩格斯选集》第 1 卷，人民出版社 1995 年版，第 64 页。

② 张一兵：《文本的深度耕梨》，中国人民大学出版社 2004 年版，第 409 页。

③ ［英］乔治·莱尔因：《重构历史唯物主义》，姜兴宏等译，中国社会科学文献出版社 1991 年版，第 111 页。

④ 《马克思恩格斯全集》第 2 卷，人民出版社 1957 年版，第 118—119 页。

世界包含的意义无非就是人通过调节自己各种生活条件而达到目的，除此别无义。"①马克思这里批判的就是黑格尔唯心主义虚构的目的论观点。

第三，马克思对费尔巴哈的自然观批判。费尔巴哈承认自然界是人的生存和发展的基础和前提，但他认为人是被动依赖自然界而生存的，人与自然界是相互独立、单向反生作用，不是相互进行物质变换的活动。马克思批判地认为：首先，人同自然界是相互联系的，这种联系就等同于自然界同自身相联系。"自然界，就它自身不是人的身体而言，是人的无机的身体。人靠自然界生活。这就是说，自然界是人为了不致死亡而必须与之处于持续不断的交互作用过程的、人的身体。所谓人的肉体生活和精神生活同自然界相互联系，不外是说自然界同自身相联系，因为人是自然界的一部分"②；其次，人是能动性的存在物，人与自然相处具有主动性，人通过自然进行不断的物质变换来实现自在自然向人化自然的转变，来满足人类的实践活动需要。人类的活动肯定会受到自然条件的制约，特别是在人类社会发展早期，在生产方式越简单的社会，人类的实践活动就越受自然条件的约束，但人类并不像动物一样总是消极屈从于自然，做自然永远的奴仆，而是通过发挥主观能动性，有意识地总结实践活动，有目的性的作用于自然，不断地实现与自然进行物质变换活动。马克思认为"动物和自己的生命活动是直接同一的。动物不把自己同自己的生命活动区别开来。它就是自己的生命活动。人则使自己的生命活动本身变成自己意志的和自己意识的对象……正是由于这一点，人才是类存在物……仅仅由于这一点，他的活动才是自由的活动。"③马克思进一步指出，人正是通过发挥意识的能动性，作用于客观环境，认识了客观自然，懂得自然规律，使人类在实践中变得更加自由，使环境更加合乎人性。"既然人的性格是由环境造成的，那就必须使环境成为合乎人性的环境。"④

①　［德］A·施密特：《马克思的自然概念》，欧力同译．商务印书馆 1988 年版，第 26 页。
②　［德］马克思：《1844 年经济学哲学手稿》，人民出版社 2000 年版，第 56—57 页。
③　［德］马克思：《1844 年经济学哲学手稿》，人民出版社 2000 年版，第 57 页。
④　《马克思恩格斯全集》第 2 卷，人民出版社 1957 年版，第 167 页。

马克思直接批评了费尔巴哈的直观唯物主义自然观，认为它不是从感性的人的活动而是从直观的或机械的形式去理解自然界或对象世界，主张发挥人的意识能动性。当然，我们今天在理解马克思生态思想中的自然观，人作用于自然的主体能动性应建立在理性的基础上，这种理性的基础是"生态理性"，而不是工具理性，更不能盲目的、任意的、毫无节制的，甚至是不择手段地作用于自然。因为这样势必会对自然界产生严重的危害，形成人与自然的对抗矛盾，产生生态危机。

把自然当作对象物的目的论是造成人与自然关系紧张的重要原因，也是生态危机的重要理论支撑。一方面，人类把自然当作目的的对象物，初衷目的是寻找出其规律和奥秘，人类可以把自然界作为对象。从理论上讲，随着工具——技术系统的发展，人类可以征服和改造任何自然物，但"因此我们每走一步都要记住：我们统治自然界，决不是像征服者统治异族人那样，决不是像站在自然界之外的人似的，——相反地，我们连同我们的肉、血和头脑都是属于自然界和存在于自然之中的"[①]。另一方面，在目的论思想的指引下，人类把自然资源唯目的化，追求生产无限扩张，意味着掠夺大量自然资源。在资本逻辑作用下，目的论必然追求利润的最大化，造成自然异化，造成环境污染和生态危机的加剧，使人类逐步失去了赖以生存的地球家园。

第二节　马克思对几种思潮的批判

在马克思主义创立的过程中，马克思对马尔萨斯的理论、蒲鲁东的"普罗米修斯主义"和"真正的社会主义"思潮等进行了的批判，剖析了他们在人与自然关系上的错误观点，肃清了他们在历史观和自然观领域的恶劣影响，推进了现代性批判思想的转型，也充分体现出了马克思对人与

[①]《马克思恩格斯选集》第 4 卷，人民出版社 1995 年版，第 383–384 页。

自然关系的高度关注。"马克思唯物主义历史观和唯物主义自然观发展史上具有标志性意义的时刻，因此可以借助于马克思对**这些思潮的批判**与同其决裂这个角度来观察历史唯物主义这种与众不同的研究社会的方法的出现。"① 可以说，马克思的自然观和历史观的形成是马克思从事社会实践和对各种思潮的批判与决裂中形成的。

一、对马尔萨斯维护"自然的剥削制度"的批判

马克思不但批判马尔萨斯的人口论及其悲观主义的发展论，而且批判马尔萨斯把土地视为自然对资本的馈赠思想，指出其实质是在维护宗教自然观，维护资本主义对自然的剥削制度。

1.批判马尔萨斯的人口论及其悲观主义的发展观

马尔萨斯认为人口增长呈几何级数递增，而人的生存所需的物质资料也需要随着人口增长呈几何级数递增，但自然资源是有限的，如果人口无节制的增长，人为了生存势必会向自然界不断索取资源，造成资源耗竭、环境破坏，产生生态危机。马克思指出："马尔萨斯人口论"是不顾历史条件的变化而认为人口原理适用于任何时间和任何地点，其理论逻辑是"当地球上还只有一个人的时候，就已经人口过剩了"，并且"由此就可以得出结论：正因为穷人多，所以，除了尽量减轻他们在饿死过程中的痛苦并使他们相信这里的一切都无法改变的，他们整个阶级的唯一出路就是尽量减少生育，此外就不应该为他们做任何事情"。② 马克思指出：马尔萨斯的人口理论"是过去一切学说中最粗暴最野蛮的一种学说"，"是一种绝望的学说"。"马尔萨斯在断定总有'过剩人口'存在，断定世界上的人总是太多的时候，也是能自圆其说的；只是当他断定世界上的人多于现有生活

---

① J.B.Foster: *Marx's Ecology: Materialism and Nature*，Monthly Review Press，2000，p.105.

② 《马克思恩格斯全集》第 1 卷，人民出版社中文第 1 版，第 618 页。

资料所能养活的人的时候，他就错了"①。

马尔萨斯由人口论衍生出了悲观主义的发展观，他认为由于人口增长的速度快于食物供给增长的速度，势必会由于食物不足而引起贫困、饥饿等恶习，并且认为只有通过限制结婚，抑制人口增长，通过繁重的劳动以及战争等手段来消灭社会"下层"，才能削弱这个规律的作用。马尔萨斯显然把社会发展问题都归结人口增长的结果，他甚至反对人类为了解决人口需要的食物进行耕种或养殖家畜，认为那是无济于事的。马克思批判他的这种观点是一种悲观主义的发展观，指出他的错误就在于把问题"归因于造物主储藏的不足，而不是归因于人类法则，即与造物主的法则相对立的法则"②，批评他看不得人类社会的所有进步，包括科学技术发展，并认为："面对科学进步人们没有理由感到沮丧"，"科学同人口一样有按几何级数增长的驱使，使农业产品以及其他生产都发生革命性的变化，这样生产食物的能力就可以得以提高"③。

2. 批判马尔萨斯维护自然的剥削制度

马克思在批判马尔萨斯维护自然的剥削制度时，先对马尔萨斯把土地作为自然对资本的馈赠思想进行了批判，通过阐述劳动创造财富，自然资源在劳动创造过程中的作用来说明导致人贫穷的原因在于自然法则背后的人的法则。

第一，人类的生存和发展离不开劳动，而劳动又总是和自然环境结合在一起的。"劳动首先是人和自然之间的过程，是人以自身的活动来中介、调整和控制人和自然之间的物质变换的过程。""劳动过程……是人和自然之间的物质变换的一般条件，是人类生活的永恒的自然条件……它为人类生活的一切社会形式所共有……一边是人及其劳动，另一边是自然及其物质。"① 劳动创造财富，但劳动创造财富必须依赖于外在的自然环境条件，

① 《马克思恩格斯全集》第 2 卷，人民出版社中文第 1 版，第 365、573 页。

② J.B.Foster: *Marx's Ecology: Materialism and Nature*，Monthly Review Press，2000，p.108.

③ J.B.Foster: *Marx's Ecology: Materialism and Nature*，Monthly Review Press，2000，p.107–108.

① ［德］马克思：《资本论》第 1 卷，人民出版社 2004 年版，第 207–208、215 页。

"外界自然条件在经济上可以分为两大类：生活资料的自然富源，例如土壤的肥力、鱼产丰富的水域等等；劳动资料的自然富源，如奔腾的瀑布、可以航行的河流、森林、金属、煤炭等等。在文化初期，第一类自然富源具有决定性的意义"②。劳动在自然环境作用下，不但可以创造财富，也能产生剩余价值，"绝对必需满足的自然需要的数量越少，土壤自然肥力越大，气候越好，维持和再生产生产者所必需的劳动时间就越少。因而，生产者在为自己从事的劳动之外来为别人提供的剩余劳动就可以越多"③。

第二，自然资源是有价的，不是给资本的"免费馈赠"。西方部分学者批评马克思的生态自然观，认为马克思有关劳动创造财富的思想把自然界看作是对资本提供无偿的、"免费的馈赠"资源的天然场所，否认自然界在财富创造中的作用。显然，这些批评者是建立在对马克思政治经济学误读的基础之上的。马克思早在批判马尔萨斯的人口论和土地论的时候指出："把土地作为自然对资本的'馈赠'，这种思想是马尔萨斯在马克思很久之前就提出来的……马克思再三批判了马尔萨斯，认为他退回到把环境看做'自然对人类的恩惠'的'重农学派的观点'，但却没能觉察到这与资本所形成的特定的历史社会关系是如何相联系的。"④马克思不但认为自然环境资源是有价的，而且在生产要素的作用下，可以产生更多财富，"在生产一种使用价值、一种物质产品例如小麦时，土地是起着生产要素的作用，但它和小麦价值的生产无关。就小麦上体现着价值来说，小麦只是被看做一定量的对象化社会劳动。"⑤

第三，劳动是实现使用价值与价值形成的基础。劳动是财富的源泉，财富由使用价值构成的，自然界不能直接给人类提供现成的生产和生活用品。人类必须通过劳动，从自然的提供的物质原料中进行加工、改造、创

---

② ［德］马克思：《资本论》第1卷，人民出版社2004年版，第586页。

③ ［德］马克思：《资本论》第1卷，人民出版社2004年版，第586页。

④ ［美］约翰·贝拉米·福斯特：《马克思的生态学：唯物主义与自然》，刘仁胜、肖峰译，高等教育出版社2006年版，第185—186页。

⑤ 马克思：《资本论》第3卷，人民出版社2004年版，第924页。

造，转化为人类所需要的物质财富。物品的价值只有通过交换，才能实现其价值，劳动创造的财富才能体现出来，但在资本主义社会，劳动被用来追逐资本的剩余价值，资本主义通过经济理性，把通过劳动手段的改进和提升，作用于自然和进行生产所节省下来的劳动时间却用于追逐利润的最大化，尽一切可能利用劳动，使其生产出更多的剩余价值，资本主义追求利润的动机与资本主义的经济理性密切配合，加剧了对自然的索取，造成了人与自然关系的紧张，形成严重的生态环境问题，使人的生存和社会可持续发展面临严重的生态环境危机。

第四，马尔萨斯认为穷人的境况是自然法则造成的，而不是把原因归结于自然法则背后人的法则。马克思指出，马尔萨斯之所以要突出自然法则而无视人类法则，根本目的就是要维护对自然的剥削制度。他指出人与自然并不是天然对立的，人与自然对立源于"私有制的最初结果"，"就是生产分为两个对立面（自然的方面和人的方面），即分为土地和人的活动。土地没有人耕作仅仅是不毛之地，而人的活动的首要条件恰恰就是土地"①。马克思对蕴含在"自然法则背后的人的法则"的原因揭示，指出造成人的贫困，不是"自然"提供不了相对过剩人口的食物，而是在资本主义工业社会，市场需求不支持劳动力就业而产生"产业后备军相对过剩"，出现"人口过剩"的制度造成。这种"人口过剩"是相对于就业过程，而不是相对于人口的食物供应过剩，因此，人类的苦难不是由于人太多这个"自然"原因。工人阶级也不是多余的，应"坚决相信，他们有勤劳的双手，他们正是必不可少的人，而无所事事的有钱的资本家先生们，才真正是多余的"②，工人阶级和广大劳动者是改变"自然法则背后的人的法则"的真正力量所在。

二、对鲁道夫·蒙特等"真正的社会主义"的批判

"真正的社会主义"又称"德国的社会哲学"，是 19 世纪 40 年代流行

---

① 《马克思恩格斯全集》第 1 卷，人民出版社 1957 版，第 612 页。
② 《马克思恩格斯全集》第 2 卷，人民出版社 1957 版，第 573 页。

于德国的小资产阶级社会主义思潮，他们的哲学基础是黑格尔的思辨哲学和费尔巴哈的人本主义哲学，他们的思想来源都是一些卑鄙龌龊的令人委靡的文献。"真正的社会主义""它发展到最后，就直接反对共产主义的'野蛮破坏的'倾向，并且宣布自己是不偏不倚地超乎任何阶级斗争之上的现今在德国流行的一切所谓社会主义和共产主义的著作，除了极少数的例外，都属于这一类卑鄙龌龊的、令人委靡的文献。"①

1. 批判鲁道夫·蒙特的"自由的自然"

鲁道夫·蒙特（Rudolf Mundt）不是"真正的社会主义"者，马克思对以他为代表的一些观点进行批判，主要是因为鲁道夫·蒙特的观点与"真正的社会主义"有共同点，而且其危害不小，表现在：其一，他们的观点在当时德国知识分子中广受传播，特别是鲁道夫·蒙特在著作《社会主义的建筑基石》一文中的观点误导人们走入"自由的自然"的王国，以期用自然本身所提高的精神力量来跨越人类对自然的异化。其二，他们对当时的工人运动的领导人有深刻的影响。这些工人运动的领导人，像威廉·李卜克内西（Wilhelun Liebkueckt），鲍威尔（Powell）等人没有认识到"真正的社会主义"的反动本质和对工人运动的危害性，因而对它采取了调和、妥协的态度。其三，他们通过许多报刊和媒介散布自己的观点。受他们左右的刊物有：《特利尔日报》、1845年的《德国公民手册年鉴》、《莱茵社会改革年鉴》、《社会明履》月刊、《威斯特伐里亚汽船》月刊等。因此，马克思为了使人们认识"真正的社会主义"的本质，就展开了对他们的批判，而实际上，马克思的唯物主义历史观正是在对"真正的社会主义者"著作中的关于自然和历史的"非历史的、神秘的"观点的批判中逐步趋向完善的。

马克思在批判"真正的社会主义"思潮时，特地引用了鲁道夫·蒙特的一段话："人能不能重新把人间作为自己的幸福的国土来欢迎？他知不知道人间就是他最初的故乡？为什么他继续把生活和幸福分开？为什么他

---

① 《马克思恩格斯选集》第1卷，人民出版社1995年版，第301页。

还不消灭把人间生活分裂为两个敌对部分的最后一道障碍？"①鲁道夫·蒙特这里借用"人间"比作"自然"，构造了一个所谓"自由的自然"，认为借助于自然本身的某种力量可以克服由人造成的自然的异化，这实际上意味着自然史与人类史是分离的，马克思指出，这是一种"哲学神秘主义"，是"用神秘化的自然观创造出神秘化的社会观"。

马克思指出，在社会发展过程中，人类史和自然史是相互制约的，唯物主义自然观和历史观之间也是相互联系的；而"真正的社会主义者"不能正确区别自然存在与社会存在，把自然存在和社会存在等同于具体的跳蚤、墩布、石头等物体，他们把人类与跳蚤、墩布、石头完全同一而语，他们不能理解人类史和自然史的本质，不懂人类通过社会实践活动，与自然进行物质变换活动，人类通过劳动改变了与自然的关系。他们所祈求的也无非是让人与跳蚤、墩布、石头获得平等地位。因此，恩格斯用一句话总结他们的反动本质："'真正的社会主义'从头到脚都是反动的。"②

2. 批判道梅尔的"自然崇拜论"

马克思和恩格斯也对"真正的社会主义者"的格奥尔格·弗里德里希·道梅尔 (George Friedrich Daomeier) 的"自然崇拜论"进行了批判。道梅尔以诗歌的形式表达了其对自然的崇拜，并且认为："我们看到，自然崇拜不过是小镇居民礼拜天散步时看到杜鹃把卵产在别的鸟窠里，看到眼泪有使眼睛表面保持润湿的作用等诸如此类的事情而像孩子一样表示惊奇不已，并且在最后敬畏战栗地向他的孩子朗读克洛普什托克的春天颂。现代自然科学和现代工业一起变革了整个自然界，结束了人们对于自然界的幼稚态度和其他的幼稚行为，而对于这样的现代自然科学却只字未提。相反的，我们却听到些神秘的暗示和关于诺斯特拉达莫斯的语言、苏格兰人的洞察力以及动物的磁性等令人不解的庸人猜测。巴伐利亚落后的农村经济，即僧侣和道梅尔之流都同样可以滋生的土壤，现在已是用现代农作技

---

① J.B.Foster: *Marx's Ecology: Materialism and Nature*, Monthly Review Press，2000, p.123.
② 《马克思恩格斯全集》第 4 卷，人民出版社 1958 年版，第 48 页。

术和现代机器来加以耕耘的时候了。"①马克思指出，道梅尔对自然的崇拜，实际上是一种对自然的伤感主义态度，是一种封建小农思想意识的体现。他对现代自然科学和现代工业发展带来的进步感到害怕，企图开历史的倒车，退回到落后、原始的社会关系中去。马克思认为，对道梅尔"自然崇拜"的反动思想观点必须抛弃，并指出建立在私有制基础上的关系相对于农民与土地的"反动的现代关系"是一种进步。因此，马克思不但不拒斥农民与土地的关系走向"现代化"，而是更积极倡导走向建立在公有制基础之上的进步的现代关系。

三、对蒲鲁东"普罗米修斯主义"的批判

蒲鲁东 (Proudhon, Pierre-Joseph) 为了解释他的观点，通过拟人化的方式，即以"普罗米修斯"的名义来描述社会及人的活动，其实质是用一些编造神话的办法，来对他不知道历史来源的经济关系的起源作历史哲学的说明。这是把历史事实和事物根源神秘化，是对历史真相的歪曲，从而也否定了历史发展的真实性和特殊性。

1. 批判蒲鲁东对"机器盲目崇拜"

蒲鲁东通过对"普罗米修斯"的崇拜来表达对机器的崇拜，表达他对现代化生产历史进步性的赞扬。但蒲鲁东在理解现代生产关系时，把隐藏在机器背后的生产和剥削的社会关系分离出来，只强调造成无产阶级贫困的原因是由于劳动分工造成，并把消除分工寄托于"机器"，认为"机器的采用使分工劳动者恢复原状，减轻工人的劳动强度"，"机器能活跃各种价值的交流，促进新发明和提高公共福利"。"机器是蒲鲁东机械的普罗米修斯主义的体现，是通往进步和天命的钥匙"②。马克思坚决反对蒲鲁东把机器作为解决劳动分工所带来的弊端的"合题"的观念。马克思

---

① 《马克思恩格斯全集》第 7 卷，人民出版社 1959 年版，第 241 页。

② J.B.Foster: *Marx's Ecology: Materialism and Nature*，Monthly Review Press.2000，p.129.

认为"把机器的产生看做一般分工的结果，是再荒谬不过的了。"① 这类似于把抽象的的物质概念等同于现实中的一个具体物，即"给机器一个具体的'普罗米修斯'特征，并且抛弃机器的历史起源和条件"，这是一种"错误的、机械的目的论"，这是"最糟糕的资产阶级意识形态的特征"。马克思把这种以"机器盲目崇拜"为主要特征的机械的"普罗米修斯主义"看作为"物化"的一种形式，即把现实的人类关系转化为物与物之间的关系的一种形式，从而也是一种通过强化现状来使人们产生历史性的遗忘的一种形式。②

2. 批判蒲鲁东的天命思想

蒲鲁东在其《经济矛盾体：或贫困的哲学》中，开篇以天命思想开始，结尾是以天命思想为结束。蒲鲁东认为人类"以自比于绝对物的奇妙假设，本身就包含着自然规律和理性规律的同一性"，"我们的灵魂与无限之间存在着一种神秘的关系，整个大自然也通过我们的灵魂与无限之间存在着一种神秘的关系"，"上帝的假说"在一种不再否定上帝的文明中的存在是必要的，由此可以理解历史的天命本质。③ 马克思在《哲学贫困》中批判了蒲鲁东的天命思想，认为这只是当前用以说明历史进程的一个响亮的字眼，其实这个字眼不能说明任何问题，它至多不过是一种修辞形式，是冗长地重述事实的若干方式之一。并指出蒲鲁东是用"天命"的形式来掩盖了"天命"背后的内容，马克思进一步指出，如果有人要说"羊群赶走人就是苏格兰土地私有制度的天命目的，那末，你们就会得到如此天命的历史"④ 的形式与内容。也就是说，在纯粹的"天命"这个词汇背后，隐藏着土地私有制的扩展、羊毛的生产、耕地变成牧场、小农庄的清除、地产的集中，以及租佃者离开家园的全部历史，而事实上，这就是历史的真正物质内容和过程。马克思批判地指出，蒲鲁东由于无法对私有制起

---

① 《马克思恩格斯全集》第 27 卷，人民出版社 1972 年版，第 480 页。

② 陈学明：《谁是罪魁祸首：追寻生态危机的根源》，人民出版社 2012 年版，第 107 页。

③ J.B.Foster: *Marx's Ecology: Materialism and Nature*, Monthly Review Press，2000, p.129.

④ 《马克思恩格斯全集》第 4 卷，人民出版社 1958 年版，第 153 页。

源、资本积累的历史来源等问题作出正确说明，所以才把历史事实和事物根源神秘化，进行胡乱编造来歪曲历史的真相，蒲鲁东在把天命思想置于其理论中心的过程中，采取了一种神学的立场，换句话说，他发明了一种对待自然和社会的目的论方法。

第三节　马克思对资本逻辑原则的批判

马克思认为："资本不是物，而是一定的、社会的、属于一定历史社会形态的生产关系。"① 资本反映的是一定历史时期的社会关系，"自从资本来到人间，特别是当它成为现代性的本质范围，成为现代社会的基本建制以后，它对人类社会，对自然界起着决定性的作用。而这种作用的性质正是由其社会性，即由其作为一种社会存在物的基本属性所支配的"②。 资本是如何产生的？ 马克思指出，"资本的发展不是始于创世之初，不是开天辟地就有。这种发展作为凌驾于世界之上和影响整个社会经济形态的某种力量，实际上最先出现于 16 世纪和 17 世纪"③。这是因为，在 16 世纪、17 世纪，资本的原始积累、圈地运动等促使自由劳动力的出现，劳动力一旦成为商品，在雇佣关系的基础上，又使货币得以转化为资本。因此，资本的本质不是物，而是一种关系，一种以雇佣劳动为基础的关系，所以马克思说，"要在一极使社会的生产资料和生活资料转化为资本，在另一极使人民群众转化为雇佣工人"④， 离开了雇佣劳动关系也就无所谓资本。

何为资本逻辑？ 所谓的资本逻辑是指资本作为一种客观存在，在现代生产关系中处于支配地位，为实现利润的最大化，控制和支配着现代生产

---

① 《马克思恩格斯全集》第 46 卷，人民出版社 2003 年版，第 922 页。
② 陈学明：《谁是罪魁祸首：追寻生态危机的根源》，人民出版社 2012 年版，《前言》第 2 页。
③ 《马克思恩格斯全集》第 46 卷，人民出版社 2003 年版，第 461 页。
④ 《马克思恩格斯选集》第 2 卷，人民出版社 1995 年版，第 266 页。

关系及其交换活动，在运行过程中具有某种必然的运动轨迹和发展规律。资本逻辑作为一种逻辑，体现为主体客体化的过程，表现为资本作为一种关系、运动和价值，在支配权利和组织人的社会化过程中，最终形成一种生产、交换的矛盾对抗原则和体系。

资本逻辑通常又可称为"资本运行逻辑"、"资本的扩张逻辑"和"资本的经济理性"逻辑等。资本有其历史进步作用，具有伟大的历史功绩，马克思指出："只有资本才创造出资产阶级社会，并创造出社会成员对自然界和社会联系本身的普遍占有。由此产生了资本伟大的文明作用。"① 资本逻辑的历史作用似乎与理性化的发展密不可分。首先，从积极方面来看，资本逻辑在冲破陈旧生产和落后观念过程中，对人们的思想解放，对世界的祛魅化，推动社会的科学化、理性化发展具有不可磨灭的历史功绩。在现代性发展中，为稳固资本主义社会意识形态和价值体系起了一定作用。马克思指出："一切固定的僵化的关系以及与之相适应的素被尊崇的观念和见解都被消除了，一切新形成的关系等不到固定下来就陈旧了。一切等级的和固定的东西都烟消云散了，一切神圣的东西都被亵渎了。人们终于不得不用冷静的眼光来看他们的生活地位、他们的相互关系。"② 其次，从消极方面来看，资本逻辑支配下的理性化发展产生了"现代性问题"，使理性向片面化、绝对化、极端化的方向发展，使理性发展为工具理性，造成了理性的分裂和分化，也就是"现代性悖论"。"启蒙过程从一开始就得益于自我持存的推动，但这种推动使理性发生了扭曲，因为它只要求理性以目的理性控制自然和控制冲动的形式表现出来，也就是说，它只要求理性是工具理性。"③ 使理性的价值受到压抑和贬斥，进而造成异化和物化现象。恩格斯曾指出了理性分裂化发展的情景："当法国革命把这个理性的社会和这个理性的国家实现了的时候，新制度就表明，不论它较之旧制度

---

① 《马克思恩格斯全集》第 30 卷，人民出版社 1995 年版，第 390 页。

② ［德］马克思、恩格斯：《共产党宣言》，人民出版社 2017 年版，第 30–31 页。

③ ［德］哈贝马斯：《现代性的哲学话语》，曹卫东等译，译林出版社 2004 年版，第 128 页。

如何合理，却决不是绝对合乎理性的。理性的国家完全破产了。……同启蒙学者的华美诺言比起来，由'理性的胜利'建立起来的社会制度和政治制度竟是一幅令人极度失望的讽刺画。"① 令人值得深思的是，造成理性分化不是别的因素所致，正是看似合理性的东西，但"合理性不仅包含着观念中的自我毁灭趋势，也包含着实际上的自我毁灭趋势，而且从一开始就这样，而不是在自我毁灭趋势出现之后才是如此。"② 从理性自我分裂，蜕化为"工具理性"的发展情景来看，正是在于资本逻辑支配下的理性内生性的结果。因此，马克思对资本逻辑原则进行批判，是对资本逻辑支配下的"工具理性"进行批判，因为，资本的逻辑原则最终将理性作为工具、手段，以实现追求利润最大化的目的，这势必会造成人与自然关系的对抗矛盾发生，最终引发生态危机。

一、对资本增殖原则的批判

马克思为什么要对资本进行批判？因为资本在本质上具有反生态性，其主要体现在资本的逻辑原则中。资本的第一个原则是增殖原则，资本来到世间，就是为了积累财富，在此基础上能使资本增殖，使钱能生钱，如果不能增殖的资本就不能成为真正意义上的资本。"资本害怕没有利润或利润太少，就像自然界害怕真空一样。一旦有适当的利润，资本就胆大起来。"③ 资本就是为了能增殖，资本与增殖在一定意义上是同名词。马克思指出，"对资本来说，任何一个对象本身所能具有的唯一的有用性，只能是使资本保存和增大。"④ 资本以获取利益为目的和动力，资本具有贪得无厌的本性，为了追求高额利润，盲目扩大生产，为了获得更多的利益，甚

---

① 《马克思恩格斯选集》第 3 卷，人民出版社 1995 年版，第 722—723 页。

② ［德］马克斯·霍克海默、［德］西奥多·阿道尔诺：《启蒙辩证法》，渠敬东、曹卫东译，上海人民出版社 2006 年版，第 5 页。

③ ［德］马克思：《资本论》第 1 卷下，人民出版社 1975 年版，第 275 页。

④ 《马克思恩格斯全集》第 30 卷，人民出版社 1995 年版，第 227 页。

至是不择手段。资本增殖原则必然导致生态环境的恶化，为了资本的增殖，把自然资源当作其发家的基础，使自然界丧失其自身的价值而成为一种具有单纯的交换价值、变成被奴役的对象。因为资本增殖的本性具有无限性，因而，在进行生产和扩大再生产时必定会对自然资源的利用也是无限度的、无止境的，由此造成对自然界的破坏是无休止的。"这样一来，生产只要不以被压迫者的最贫乏的生活需要为限，统治阶级的利益就会成为生产的推动因素。在西欧现今占统治地位的资本主义生产方式中，这一点表现得最为充分。支配着生产和交换的一个个资本家所能关心的，只是他们的行为的最直接的效益。不仅如此，甚至连这种效益——就所制造的或交换的产品的效用而言——也完全退居次要地位了；销售时可获得的利润成了唯一的动力。"① 资本主义生产方式中对生产的盲目扩大，造成资本追求增殖的无限性；生产的无限扩张与生态环境资源的有限性的矛盾，是产生生态危机的根本原因。

马克思指出："在资本的简单概念中已经潜在地包含着以后才暴露出来的那些矛盾。"② 马克思这里指的矛盾，是指资本追求利润的无限性与自然资源的有限性之间的矛盾，"资本主义按其本性是个非均衡的体系，也就是说资本的扩张总受阻于内在的限制，但是我们不能把此理解为资本扩张到一定程度会自行'适可而止'不再扩张了，而是说资本扩张到某一点上因为平衡破坏而走向自我毁灭"③。资本不断体现在增殖原则上的无限性，与人们的消费欲望的无止境是相辅相成、相互促进的。为了获得更大的利润，资本家不断地扩大生产；为了能实现资本的不断增殖，资本家要通过各种方式和手段把生产的商品卖出去，让人们拼命消费，甚至超前消费，一件能穿三年的衣服，穿半年就让它"过时"了。马克思指出，"当资本家为追逐资本增殖而使劳动者成为生存的奴隶时，人与人的社会关系不可能表现为人们在自己劳动中的直接的社会关系，而是表现为人们之间的物

---

① 《马克思恩格斯选集》第4卷，人民出版社1995年版，第385页。
② 《马克思恩格斯全集》第30卷，人民出版社1995年版，第395页。
③ 陈学明：《谁是罪魁祸首：追寻生态危机的根源》，人民出版社2012年版，第8页。

的关系和物之间的社会关系。"① 通过刺激消费欲望，鼓励大量消费，大量抛弃，这样才能保证大量生产得以顺利进行，才能使资本增殖的链条能循环发展。"处于这种状态下的消费者并不是为了满足自己的真实需要而在进行消费，而只是充当了一种消费机器，为了消费而消费。大量生产是对人们真实需要的背离，而大量消费同样是对人们真实需要的背离"②。马克思曾对资本背离人的真实需要的消费刺激，以达到自身增殖的目的的行为进行了深刻的批判，他把资本通过刺激人的全面物质欲来达到增殖目的的行为归纳为三个方面："第一，要求扩大现有的消费量；第二，要求把现有的消费推广到更大的范围，以便造成新的需要；第三，要求生产出新的需要，发现和创造出新的使用价值。"③ 这就指出了资本增殖原则与生产无限扩大、人的消费欲望之间的内在逻辑关系；生产扩大的无限性、消费欲望的无止境必然导致自然资源的消耗和浪费的无限扩大。

资本增殖的秘密不在其表面掩盖下的神秘的非自然化，而是理性化的过程，是根源于社会的现实需要，企图把现实的需要无止境地转化为资本增值的欲望，并使其合理化。在资本主义社会，资本增值的合理化掩盖下的目的就是资本家为了对剩余价值无休止的追求。"力图超越自己界限的一种无限制的和无止境的欲望。"④ 资本的这种增殖欲望并非是一种非理性的冲动，而是展现为"合理化了的欲望"，马克思指出，"资本的自行增殖——剩余价值的创造——是资本家的决定性的、占统治地位的和包罗一切的目的；资本家活动的绝对欲望和内容，实际上只是货币贮藏者的合理化了的欲望和目的"⑤。当然，资本要实现增殖，一方面以需要"合理性"为掩盖；另一方面，这种"合理性"也并非是盲目性、冲动性，而是一种"理性"。因为它需要合理的计算和规划，如何去最大限度地节省成本，以

---

① ［德］马克思：《资本论》第 1 卷，人民出版社 1975 年版，第 654 页.
② 陈学明：《谁是罪魁祸首：追寻生态危机的根源》，人民出版社 2012 年版，第 8–9 页。
③ 《马克思恩格斯全集》第 46 卷上册，人民出版社 1979 年版，第 391 页。
④ 《马克思恩格斯全集》第 30 卷，人民出版社 1995 年版，第 297 页。
⑤ 《马克思恩格斯全集》第 49 卷，人民出版社 1982 年版，第 49 页。

最低的成本达到追求最高的利润为目的，"只有在资本主义制度下自然界才真正是人的对象，真正是有用物；它不再被认为是自为的力量；而对自然界的独立规律的理论认识本身不过表现为狡猾，其目的是使自然界（不管是作为消费品，还是作为生产资料）服从于人的需要"①。要实现这个"合理性"需要通过精确严格的核算，包括成本进行核算，对生产时间等进行精确计算，对资源进行有效配置，才能提高生产效率，提高剩余价值率，这样才能使投入的资本最大化的增殖。马克思认为，"资本有一种趋势，要在直接使用活劳动时，把它缩减为必要劳动，并且要利用劳动的各种社会生产力来不断缩减生产产品所必要的劳动，因而尽量节约直接使用的活劳动，同样，它还有一种趋势，要在最经济的条件下使用这种已经缩减到必要程度的劳动，也就是说，把所使用的不变资本的价值缩减到它的尽可能最低的限度"②。资本增殖的理性化过程贯穿于现代社会之中，成为资本主义社会发展的一条主线，正如韦伯所说的，"资本主义和具有资本主义性质的企业绝不仅仅是各自为战的单独事业，它的存在完全要依赖于资本运作的不断延续和经济行为的可持续性"③。资本的自我增殖是以理性化作为手段，资本增殖的过程伴随着理性化的发展过程，而理性化的进程又不断向经济、政治、文化和社会生活等各个领域扩展，"而整个社会生活的理性化，又从各个层面为资本逻辑的持续运行提供了有效的结构性条件和制度性保障"④。因此，在资本主义社会，资本的发展已经形成完整的体制和机制，而且"资本信奉的是'越多越好'，可以把资本比喻为癌细胞，它自身就蕴含着源源不绝、不绝如缕。正是这一原则决定了资本对自然界的这种利用绝对不会是有限度的，资本追求的是无限的增殖，从而它对资

---

① 《马克思恩格斯全集》第 30 卷，人民出版社 1995 年版，第 390 页。

② 《马克思恩格斯全集》第 46 卷，人民出版社 2003 年版，第 101–102 页。

③ ［德］韦伯：《新教伦理与资本主义精神》，马奇炎、陈婧译，北京大学出版社 2012 年版，第 9 页。

④ 郁戈：《资本逻辑与理性的自我分裂》，《现代哲学》2010 年第 6 期。

本的利用也是无止境的，由此带来的对自然界的破坏也是没有尽头的"①。

二、对资本效用原则的批判

资本的第二个原则是**资本效用原则**。马克思指出："如果说以资本为基础的生产，一方面创造出普遍的产业劳动，即生育劳动，创造价值的劳动，那么，另一方面创造出一个普遍利用自然属性和人的属性的体系，创造出一个普遍有用性的体系，甚至科学也同一切物质的和精神的属性一样，表现为这个普遍有用性体系的体现者，而在这个社会生产和交换的范围之外，再也没有什么东西表现为自在的更高的东西，表现为自为的合理的东西。"②这表明，资本自诞生以后，逐渐成为这个时代和世界的普世标准，成为衡量其他体系的原则，"在社会生产和交换的范围之外"再没有比资本更有合理性的评价标准和原则，一切存在物都得依附于资本这一体系，资本成为评价和审判其他一切的法庭和普世体系。而这一切的评价方法的依据是一方面是要求资本追求利润最大化时，尽可能节约成本，精确计算，精打细算，发挥每个环节的效率，物尽其用；另一方面，资本把一切存在物都当成有用物来使用，包括人与物。显然，自然界也必然成为其有用物的来源和对象，甚至不择手段使之成为掠夺的对象，理性在资本逻辑的支配下也变为工具理性，使理性成为作用于自然界的工具。自然界一旦成为资本有用性的对象；原有对自然的神圣和崇拜随之挥去，神秘的面纱也被揭去。"一切以前的社会阶段都只表现为人类的地方性发展和对自然的崇拜。只有在资本主义制度下自然界才真正是人的对象，真正是有用物；它不再被认为是自为的力量；而对自然界的独立规律的理论认识本身不过表现为狡猾，其目的是使自然界（不管是作为消费品，还是作为生

---

① 陈学明：《谁是罪魁祸首：追寻生态危机的根源》，人民出版社 2012 年版，《前言》第 2 页。

② 《马克思恩格斯全集》第 30 卷，人民出版社 1995 年版，第 389—390 页。

产资料）服从于人的需要。"①于是"资本的生产一方面力图发展和提高生产力的强度，一方面又追求劳动部门的无限多样化，也就是追求生产内容的全面性，使自然界的一切领域都服从于生产"②，资本使自然界变成了被奴役的对象，使其失去了神圣的光辉，也是人类失去了对自然的敬畏和崇拜，自然界成了真正的有用物，成为真正是人的对象。资本按照其自身运行的逻辑，日益把"自在自然"逐步转化为"人化自然"，在这过程中，或者确切地说，在资本成为时代的原则后，自然被祛魅化，人类开始热衷于对自然界的开发和利用，唯一遵循的原则就是资本原则，即"资本效用"原则。"从一切方面去探索地球，以便发现新的有用物体和原因物体的新的使用属性"或者是"采用新的方式（人工的）加工自然物，以便赋予它们以新的使用价值"③。资本的效用原则也驱使着人们不断地探索自然界的规律，但其最终目的也是为了使之更好地服务于人的需要，使之发挥出其工具功能的作用。

在资本追求利润最大化的目的下，资本驱使一切人和物变成工具，为其所用，实现其增殖。资本效用原则会导致两种严重的后果：一是资本拜物教；二是异化，这里的异化又包括人的异化和自然的异化。马克思认为，资本的效用性的实质体现在资本的"金钱性"，即资本能生钱。资本把包括自然物在内的世间一切存在物都变成商品，变成赚钱的工具，取代一切神，自己登上了神的宝座。资本的逻辑体现出对利润最大化的追逐，金钱是资本的货币化表现形式，对资本的崇拜就演变为金钱拜物教。马克思早在《论犹太人问题》时就指出："金钱是以色列的妒忌之神；在他面前，一切神都要退位。金钱贬低了人所崇拜的一切神，并把一切神都变成商品。金钱是一切事物的普遍的、独立自在的价值。因此它剥夺了整个世界——人的世界和自然界——固有的价值。金钱是人的劳动和人存在的同人相异化的本质；这种异己的本质统治了人，而人则向它顶礼膜拜。犹太人的神

---

① 《马克思恩格斯全集》第 30 卷，人民出版社 1995 年版，第 390 页。
② 《马克思恩格斯全集》第 47 卷，人民出版社 1979 年版，第 555 页。
③ 《马克思恩格斯全集》第 46 卷上册，人民出版社 1979 年版，第 392 页。

世俗化了，它成了世界的神。票据是犹太人现实的神。犹太人的神只是幻想的票据。"① 资本要能生钱，就需要用最小的成本获得最高额的利润；而当自然物的价值转化为资本的利润价值，即交换价值后，自然物或其他存在物就被当作废物被抛弃了。因而，在资本取得绝对地位后，社会世俗化了，世界去意义化了。自然界的价值被剥夺了，其存在物就失去利用的价值，就被抛弃了。资本主义生产追求的就是交换价值：一方面，它导致对自然进行疯狂索取和掠夺，形成大量生产，生产出来的产品为了实现其交换价值，通过广告、媒介鼓吹大量消费，当存在物的价值被转化或失去交换价值后又被大量抛弃，造成自然的异化，同时，形成了资本主义生产方式的恶性循环。另一方面，大量生产——大量消费——大量抛弃，必然造成生态环境污染，造成人与自然关系的对抗和矛盾加剧，产生生态危机也就成为资本逻辑支配下的资本主义生产方式的必然结果。不仅仅是自然界的价值被剥夺了，造成自然满目疮痍，人的价值同样变成了赤裸裸的金钱交易，"资产阶级在它已经取得了统治的地方把一切封建的、宗法的和田园诗般的关系都破坏了。它无情地斩断了把人们束缚于天然尊长的形形色色的封建羁绊，它使人和人之间除了赤裸裸的利害关系，除了冷酷无情的'现金交易'，就再也没有任何别的联系了。它把宗教虔诚、骑士热忱、小市民的伤感这些情感的神圣发作，淹没在利己主义打算的冰水之中。它把人的尊严变成了交换价值"②。人的异化与自然的异化一定程度上都根源于资本的效用性原则，自然的异化会对人的异化造成一定的影响，在资本效用原则的驱使下，通过直接或间接方式造成人的价值不断丧失，同时不断地制造出更多的人的异化和自然的异化，人的异化直接反射于自然，而自然的异化反过来加剧了人的异化。只要资本逻辑不改变把自然界单纯视为可以利用的"客体"的态度，就无法改变对自然界效用的目的论做法，按照资本逻辑的这种效用原则的运行法则，其结果必然会走向"作为人类与地球基本联系的土地就蜕变成了最高出价人可以随意买卖的纯粹地产"，

---

① 《马克思恩格斯全集》第 3 卷，人民出版社 2002 版，第 194 页。
② 《马克思恩格斯选集》第 1 卷，人民出版社 1995 年版，第 274—275 页。

"人们被迫将其有关的自然界一切，如地球上的土地、河流、自然资源都作为单纯的商品，都可以为了获取更大的利润而加以开发利用"，导致"将自然界的一切都蜕变为经济价值"①。不仅仅如此，在资本效用原则支配下的资本主义社会里，造成人与自然相互对立，形成彼此分割的"第一自然"和"第二自然"。这里的"第二自然"指的是资本效用原则支配下形成的以交换价值形式出现的虚拟世界，在这个虚拟世界里资本是以虚拟资本的形式呈现出来，"主要是为了交换价值而生产的商品，而一种商品的交换价值可能根本没有自然自身的内容。在资本主义制度下，几乎所有的使用价值都有一个价格标签，也就是说，都是以交换价值的形式出现。任何东西都是一种商品，甚至连'舒适和审美享受'这样的东西也在旅游业中被预先包装和明码标价为商品"②。在这一意义上，"在资本主义社会中，在'第一自然'和'第二自然'之间加以区分已不再有效，因为已不存在任何'第一自然'了，'第一自然'的所有东西都被商品化了，所有的'第一自然'都变成了'第二自然'了"③。因为资本的效用原则已经"把一切都变成'有用的体系'，正是这一原则使自然界失去了'感性的光辉'，它成了仅仅是有用性的某种具体体现者而已。自然界和世界上任何存在物一样都只能在资本的法庭面前为自己的存在辩护"④。

三、对资本生产原则的批判

生产原则又可以称为生产逻辑，指的是人类为了生存和发展以及延续人类社会的存在而进行的生产劳动，为了获得物质生活资料的生产实践形成的运动轨迹和发展规律。这里的资本生产逻辑是指在生产逻辑发展到资

---

① J.B.Foster: *Ecology Against Capitalism*, Monthiy Review Press, 2002, p.88.
② 陈学明：《谁是罪魁祸首：追寻生态危机的根源》，人民出版社 2012 年版，第 7 页。
③ David Pepper: *Eco-Socialism*: *From Deep Ecology to Social Justice*, London and York, Rout-ledge, 1993, p.117.
④ 陈学明：《谁是罪魁祸首：追寻生态危机的根源》，人民出版社 2012 年版，第 2 页。

本主义阶段出现的资本逻辑。人类实践活动包含两个层面：一是生产实践；二是交往实践。生产实践又可以分为两个方面，一是人的自身生产，即人类的繁育，这是生产实践活动得以继续的前提；二是生产劳动资料实践。马克思对生产原则是这样表述的："人们生产他们所必需的生活资料，同时也就间接地生产着他们的物质生活本身。……因此，他们是什么样的，这同他们的生产是一致的——既和他们生产什么一致，又和他们怎样生产一致。"① 生产逻辑是人类生存和发展的基本逻辑，它贯穿于人类社会发展的历史过程中。但在资本主义生产方式下，把降低成本追求利润最大化看得比保护生态环境更重要，甚至不择手段获得自然免费资源，花最少的成本生产出最大限度的交换价值，在资本主义社会，资本逻辑支配了生产原则，这样的生产逻辑就转变为资本的逻辑或资本的生产原则。一旦人类社会的发展逻辑由生产逻辑下降为资本逻辑，呈现在人们面前的景象就被改变了，人们进行生产劳动的模式、规律就转变成为一种遵从资本的运作方式，以追求剩余价值的最大利润为目标的资本逻辑。

生产原则下降到资本逻辑之后，从一个不沾染任何污尘的生产环节转变成一个"从头到脚，每个毛孔都滴着血和肮脏的东西"②。为了追求利益的最大化，一方面，资本逻辑支配下的生产原则会使资本家想尽办法最大限度地发挥资本的功能，因为利润的驱使必然使资本家不停地变革、不停地创新，这是积极的一面；另一方面，资本呈现出其奴役性和贪婪性。不但迫使劳动者被压迫、被奴役、被强制，成为新式奴隶；同时由于资本具有无限的欲望，促成资本产生无限扩张权力的需求，使资本变得贪得无厌。资本的贪婪性是资本逻辑追求财富的无限欲望的表现，资本的贪婪性会渗透到文化、教育、政治和社会生活的各个领域，产生腐败；也会对人们的价值观产生冲击，腐蚀人们的理想和信念，使人唯利是图，奉行拜物教和金钱至上，人与人之间变成赤裸裸的金钱关系，产生两级分化和社会贫富分化，进而产生不公平、不平等、不和谐等社会问题。

---

① 《马克思恩格斯全集》第 3 卷，人民出版社 1995 年版，第 24 页。
② ［德］马克思：《资本论》第 1 卷下，人民出版社 1975 年版，第 277 页。

在生产实践中，资本逻辑还会产生"物化"和"异化"现象，使人在生产劳动中产生了人的外在世界与人的内在世界的分裂。"一切发展生产的手段都转变为统治和剥削生产者的手段。"① 这样，资本就成为了现代社会同时控制外部和内部自然的"客体的权力"②，使人不是自由自觉的劳动，使劳动对象化的感性自然界与作为人的感性生命体之间发生了严重的对峙和分裂。"资本主义生产方式按照它的矛盾的、对立的性质，还把浪费工人的生命和健康，压低工人的生存条件本身，看作不变资本使用上的节约，从而看作提高利润率的手段。"因而，"资本主义生产尽管非常吝啬，但对人身材料却非常浪费。"③ 资本家对生产成本的节约是建立在对工人苛刻的基础上的，是以牺牲工人的生活条件和身心健康为代价的。"资本主义生产比其他任何一种生产方式都更加浪费人和活劳动，它不仅浪费人的血和肉，而且浪费人的智慧和神经。"④ 这样就形成了资本增殖的合理性与工人劳动异化的反理性的矛盾：追求高额利润，在资本增殖看来，需要无限制的成本节约，是真正的合理性；而对于生产资料再生产来说，给工人提供最基本的生活、工作条件有与无限制的成本节约相悖，体现出一种反理性的异化。"在工人即活劳动的承担者这一方和他的劳动条件的经济的，即合理的节约的使用这另一方之间，存在着异化和毫不相干的现象。"⑤ 资本的生产逻辑使人的异化，"人征服了自然，却成了自己所创造的机器的奴隶。他具有关于物质的全部知识，但对于人的存在之最重要、最基本的问题——人是什么、人应该怎么生活、怎样才能创造性地释放和运用人所具有的巨大能量——却茫无所知"⑥。 这是资本逻辑下的物化和人的异化的表现。资本逻辑下的人与物的对抗关系会不断扩张，并产生人与自然的关系对抗，最终也会形成人与人关系的对抗，进而产生对抗的社会制度，资

① 《马克思恩格斯全集》第 44 卷，人民出版社 2001 年版，第 743 页。
② 《马克思恩格斯全集》第 30 卷，人民出版社 1995 年版，第 267 页。
③ 《马克思恩格斯全集》第 46 卷，人民出版社 2003 年版，第 101 页。
④ 《马克思恩格斯全集》第 47 卷，人民出版社 1979 年版，第 190 页。
⑤ 《马克思恩格斯全集》第 46 卷，人民出版社 2003 年版，第 101 页。
⑥ ［美］埃利希·弗洛姆：《为自己的人》，孙依依译，三联书店 1988 年版，第 25 页。

本逻辑在对抗的社会关系中会不断再生产与自己相对抗的社会关系，当这种对抗关系达到一定程度，或超出一定的界限，就会被一种新的对抗关系所超越。马克思指出，"资本不可遏制地追求普遍性，在资本本身的性质上遇到了界限，这些界限在资本发展到一定阶段时，会使人们认识到资本本身就是这种趋势的最大限制，因而驱使人们利用资本本身来消灭资本"①。 马克思认为这种资本逻辑的本性是有界限的，而且这种界限到了一定的历史发展阶段可以被超越的，最终是可以被消灭的。这说明根源于资本本性的逻辑也是具有历史局限性的，是暂时的，可以被超越的。马克思认为应该消除资本逻辑的内在对抗性矛盾，如何消灭呢？就是要实现资本逻辑还原于生产逻辑，使生产逻辑超越资本逻辑。当然，马克思主张将资本逻辑还原于生产逻辑，并不是简单的还原，而是要使生产逻辑超越资本逻辑的存在。因为资本不仅仅是一种社会关系，而是一种特定的社会生产关系，而且在生产过程中，资本还是重要的生产资料，作为生产的物质要素存在。因此，说明资本逻辑本身也存在于在生产逻辑之中，而且是生产逻辑运行必不可少的要素，体现出一种内含的关系。从生产发展史来看，资本逻辑也是生产逻辑发展到特定历史阶段的产物，是生产逻辑发展到资本主义阶段呈现出来的形式。所以，实现生产逻辑超越资本逻辑不但是可能的，而且是历史发展的必然；实现对资本逻辑的超越不但是"还原"生产逻辑，而且将会发展成为一种更为成熟的阶段——"生态逻辑"。因此，只要人类生存于地球一天，人类就得进行生产劳动，生产逻辑就会以变化了的各种方式存在并伴随着人类社会文明的发展而发挥它的作用。而资本逻辑作为一种特定阶段的历史发展产物，从现代性视阈来看，资本逻辑"既来之"，我们就要使它"则安之"。"在实际社会历史创造中，我们必须遵从资本逻辑。但从价值上要摒弃资本逻辑所带来的负面效应。在经济上，要承认资本，利用资本，驾驭资本，鼓励资本在法律的范围内发展、壮大。在这个以资本为轴心的当代社会，中国要发展，离不开世界，更离不

---

① 《马克思恩格斯全集》第 30 卷，人民出版社 1995 年版，第 189 页。

开资本，辩证的对待资本逻辑，将其看成生产逻辑在人类社会中的一个阶段性产物，那么资本逻辑将不再神秘，不再可怕。"①

马克思对资本逻辑的批判对于我们今天如何对待资本逻辑，如何消解资本逻辑的这种内在对抗性，以及如何消解生态危机有重要的指导意义。这也表明，我国进行社会主义生态文明建设不但不要惧怕资本，而且可以利用资本，发展资本为社会主义建设服务，但要尽量避免资本逻辑带来的消极和负面的影响，消除对抗性矛盾，实现人与自然的和解，促进人与社会和谐发展。

小　结

马克思对目的论的批判和各种思潮的批判，从自然观和历史观方面揭示了产生人与自然关系对抗的缘由。马克思通过阐述资本的增殖原则、效用原则和资本的生产原则三者之间的关系，对资本逻辑进行了批判，揭示出了产生生态危机的根源所在。

资本逻辑的作用，在资本主义社会的发展过程中发挥过积极的历史作用。资本逻辑驱使资产阶级为了获得高额利润，不停地变革和创新，"资产阶级除非对生产工具，从而对生产关系，从而对全部社会关系不断地进行革命，否则就不能生存下去"②。但在资本逻辑的作用下，理性发生自我分裂，片面发展为"工具理性"，对自然的掠夺和破坏；主体性分裂为"异化主体"，造成"自然异化"和"人的异化"，造成了人与自然关系的紧张，形成人与自然的对抗性矛盾，产生了威胁人类生存与发展的严重危机。

资本逻辑是产生生态危机的根源，马克思现代性思想对资本逻辑的批判就是对产生生态危机的根源的批判，体现在：一方面要合理利用资本，

---

① 郗戈：《资本逻辑与理性的自我分裂》，《现代哲学》2010 年第 6 期。
② 《马克思恩格斯选集》第 1 卷，人民出版社 1995 年版，第 275 页。

充分利用资本为社会发展服务；另一方面要对资本逻辑进行超越，消除资本逻辑矛盾带来的消极和负面的影响，消除对抗性矛盾，实现人与自然和解的生态图景。

第四章　马克思现代性思想
——化解生态危机的思考

资本追逐利润的最大化，追求利润的无限性，导致生产的无限扩大，对自然资源无限需求，对自然的掠夺也永无止境。在资本主义条件下，资本是产生生态环境破坏的原动力。这自然仅仅是资本追逐剩余价值的出发点，而不是其归宿。随着资本的扩张与发展，资本逻辑必然由经济领域向政治、精神、观念、自然等领域的渗透与扩展。

马克思现代性思想的生态意蕴主要体现在对资本逻辑的批判。资本逻辑是造成资本主义生产无限扩大与自然界有限承载能力之间的矛盾根源，也是产生生态危机的根源所在。自现代性开启以来，主体性原则和理性原则一直是贯穿于现代社会发展的核心原则，但在资本逻辑的支配下，理性逐步向片面性、虚无性、绝对化方向发展，使理性发展成为"工具理性"。近代以来，理性"万能论"加强了理性的"工具化"的发展。资本逻辑支配下的理性"工具化"，造成了人与自然关系的紧张，产生人与自然的对抗性矛盾，是"自然异化"和"人的异化"的重要原因。马克思针对理性的"工具化"发展造成的人与自然的对抗性矛盾，主张依据"两个制约"，实现"两个和解"，以实现"工具理性"向"生态理性"转向，进而协调人与自然的关系。资本逻辑支配下的主体性，逐步向抽象性、孤立性、虚妄性的方向发展，造成人的自我分裂，使主体变成"异化主体"。针对资本逻辑支配下造成的"自然异化"和"人的异化"现象，马克思提出实现人的"两次提升"，使主体性实现由"异化主体"向"全面自由人"转变，使人类的主体能动性转化为作用自然的现实力量，以实现人和自然矛盾的"真正解决"，实现由必然王国向自由王国的过渡。

第一节　两个制约——自然史和人类史的相互制约

马克思从社会基本矛盾的运动中把握人与自然的对立统一的关系，考察两者在历史发展中呈现出的系统整体性。在他看来，人和自然的关系以及人和人的关系，是同一生产过程中不可分割的两个方面，一部人类社会发展史，就是一部自然发展史，自然史与人类史相互制约。

一、自然史与人类史互为基础与前提

马克思认为，与人类相对应而存在的是自然，与个人相对应而存在的外部世界，包括自然和人类社会。物质生活资料的生产劳动，表现出了双重关系，即一方面是自然关系，另一方面是社会关系。马克思从人与自然的关系来研究人与人、人与社会的关系，从这种关系中考察人与自然的关系，强调自然史和人类史是相互制约的。"历史可以从两方面来考察，可以把它划分为自然史和人类史。但是这两方面是密切相连的：只要有人存在，自然史和人类史就彼此相互制约。"①

人类出现以后，"生命的生产，无论是通过劳动而到达的或自己生命的生产，或是通过生育而达到的他人生命的生产，就立即表现为双重关系：一方面是自然的关系，另一方面是社会关系：……因而，始终必须把'人类的历史'同工业和交换的历史联系起来研究和探讨"②，人类生命生产的

---

① 《马克思恩格斯全集》第 3 卷，人民出版社 1960 年版，第 20 页。
② 《马克思恩格斯选集》第 1 卷，人民出版社 1995 年版，第 80 页。

双重关系把地球自然界发展演化史与人类社会发展史紧密结合起来。恩格斯说："历史中的决定性因素归根结蒂是直接生活的生产和再生产。但是，生产本身又有两种。一方面是生活资料即食物衣服、住房以及为此所必需的工具的生产；另一方面是人自身的生产，即种的繁衍。一定历史时代和一定地区内的人们生活于其下的社会制度，受着两种生产的制约：一方面受劳动的发展阶段的制约，另一方面受家庭的发展阶段的制约。"①

首先，生命的生产和社会发展必然以自然界为基础和前提。人与自然关系直接表现为各种自然条件——地质条件、地理条件、气候条件以及其他条件对于人的生存的影响。"全部人类历史的第一个前提无疑是有生命的个人的存在。因此第一个需要确认的具体事实就是这些个人的肉体组织，以及由此产生的个人时其他自然的关系。……任何历史记载都应当从这些自然基础以及它们在历史进程中由于人们的活动而发生的变更出发。"②人与自然之间的物质、能量、信息交换的活动构成了人类生存的前提。"我们开始要谈的前提并不是任意提出，……这是一些现实的个人，是他们的活动和他们的物质生活条件，包括他们已有的和由他们自己的活动所创造出来的物质生活条件。"③

其次，地球自然的发展演化已经深深打上人类活动的烙印，纳入了社会历史进程。人类的力量已经成为地球自然进化的主导因素，马克思重点分析了资本主义条件下所形成的人类与自然关系的新特点。19世纪上半叶，资本主义工业革命"产生了大工业——把自然力用于工业目的，采用机器生产以及实行最广泛的分工"④，极大地提高了社会生产力，主体的能动作用得到充分的展示，改变了人类在与自然交往中屈从自然、臣服于自然的状态：一方面，资本主义的发展带来一系列日益严重的生态环境问题，直接造成对新兴无产阶级的生活与健康的损害，并可能对人类社会造成长远

---

① 《马克思恩格斯选集》第4卷，人民出版社1995年版，第2页。
② 《马克思恩格斯选集》第1卷，人民出版社1995年版，第67页。
③ 《马克思恩格斯选集》第1卷，人民出版社1995年版，第66–67页。
④ 《马克思恩格斯选集》第1卷，人民出版社1995年版，第113页。

而持久的危害；另一方面，资本主义"首次开创了世界历史，因为它使每个文明国家以及这些国家中的每一个人的需要的满足都依赖于整个世界，因为它消灭了各国以往自然形成的闭关自守的状态"①。

最后，人与自然的关系是随着人类实践活动的历史发展而变化的。"正像一切自然物必须产生一样，人也有自己的产生活动即历史，但历史是在人的意识中反映出来的，因而它作为产生活动是一种有意识地扬弃自身的产生活动。历史是人的真正的历史。"②从自然史过渡到人类史是一个过程，这个过程的完成是通过劳动实践的中介产生现实的个人的结果。"劳动越不发展，劳动产品的数量、从而社会的财富越受限制，社会制度就越在较大程度上受血族关系的支配。然而，在以血族关系为基础的这种社会结构中，劳动生产率日益发展起来。"③人和自然的关系以及人和人的关系，是同一生产过程中不可分割的两个方面，一部人类社会发展史，就是一部自然发展史，自然和人类史的相互制约，通过文明的传承而构成统一的人类发展史的基本线索。然而，人类史的发展在不同历史阶段呈现出不同特质，在马克思的时代，资本主义制度促进经济社会发展的同时，不仅加深了资产阶级与无产阶级的对立与对抗，而且造成了不同民族与国家之间在经济社会发展方面的矛盾与差距。马克思从生态哲学视野批判了资本逻辑支配下的"销售时可获得的利润成了唯一的动力"④的资本主义生产方式，在其生产、分配、交换和消费过程**一方面加速资源的消耗与枯竭，另一方面造成日益严重的环境污染与生态破坏。**他指出一部分民族、国家利用了发展的时间差，在全球范围肆无忌惮地掠夺资源的基础上率先进入现代工业文明，从而造成资源短缺、生态破坏和环境污染，削弱了其他后发民族和国家发展的基础。

马克思主义创始人追究了资本对资源、生态破坏作用的原动力：自然

① 《马克思恩格斯选集》第1卷，人民出版社1995年版，第114页。
② 《马克思恩格斯全集》第3卷，人民出版社2002年版，第326页。
③ 《马克思恩格斯选集》第4卷，人民出版社1995年版，第2页。
④ 《马克思恩格斯选集》第4卷，人民出版社1995年版，第385页。

仅仅是资本追逐剩余价值的出发点，而不是其归宿。他在讨论土地资源时强调，土地资源是人类共有的，任何时代的任何人都不是土地所有者。这就从只拥有土地使用权切入揭示了掠夺性滥用土地与土地资源应当属于人类共有存在的深刻矛盾，"从一个较高级的社会经济形态的角度来看，个别人对土地的私有权，和一个人对另一个人的私有权一样，是十分荒谬的。甚至整个社会，一个民族，以至一切同时存在的社会加在一起，都不是土地的所有者。他们只是土地的占有者，土地的利用者，并且他们必须像好家长那样，把土地改良后传给后代"[1] 马克思敏锐地洞察到资源环境开发利用方面的"代内公平"和"代际公平"问题，提出了人类对于资源持续利用的历史责任问题。这些前瞻性思想无疑是难能可贵的，即使在 21世纪的当代，对那些就土地等自然资源不负责任式的开发滥用的人们，无疑也是一个巨大的心灵震撼。

二、人类实践水平制约人与自然的关系

长期以来，制约人与自然的物质变换的主要因素在于人类自身的能力，如何突破自身这种有限的物质力量的限制，扩展人与自然之间的物质变换，满足人类不断增长的基本需求，成为人与自然物质变换关系的主导方面。"人类社会的适应是用技术装备来适应的。人类社会在自己的技术装备中给自己造成人工的器官体系；这些器官也就表现出社会对于自然界的直接的、积极的适应。"[2] 人对自然界低水平的作用能力与低水平的社会形态是相互适应的，在人类社会早期，人与自然的关系呈现出的是人对自然的依赖关系。随着人类生产实践的发展，工具——技术系统的不断改进与发展，人类在开始支配越来越多的自然力的同时，也越来越摆脱了对自然的依赖关系，"征服自然""控制自然"成为工业文明的主旋律。

---

[1] 《马克思恩格斯全集》第 25 卷下，人民出版社 1974 年版，第 875 页。

[2] ［苏联］尼·布哈林：《历史唯物主义理论》，李光谟等译，人民出版社 1983 年版，第 128 页。

　　工具——技术系统的发展为人类提供了有效突破了自身自然束缚的现实手段，以借助外部自然的力量实现与自然物质变换的升级。工业文明开启了全面开发、利用各类自然资源的新时代，人与自然关系之间的"征服—惩罚"的特点更加突出。人类迷信理性的力量，对自然的征服、掠夺达到登峰造极的程度，同时也为此付出沉重的代价。

　　人与自然和人与人、人与社会的关系是相互联系的有机统一整体。这种统一是在人的实践发展中历史地形成的，是"人和自然以及人与人之间在历史上形成的关系"①。马克思通过对既往文明中人与自然关系的反思与批判中，探讨了私有制条件下人对人的剥削与人对自然的剥夺之间的相关性。当社会发展被一部分人所"强制和垄断"，而另一部分人不得不为此牺牲自己利益的时候，人与自然的关系就不可能是合理的，而当人与自然的物质变换尚不具备"合理性"的时候，自发发展的文明带给人类的只能是荒漠。**马克思描述了在未来的共产主义社会实现文明自觉发展的转型，以及人与自然的和解与和谐的现实可能性**，认为只有当"人类本身的和解"真正实现的时候，"社会上的一部分人靠牺牲另一部分人来强制和垄断社会发展（包括这种发展的物质方面和精神方面的利益）的现象将会消灭"②。从而，**马克思进一步推论出在新的历史条件下，实现社会变革，建立能够适应社会发展客观要求的新的社会制度或文明新形态**："需要对我们的直到目前为止的生产方式，以及同这种生产方式一起对我们的现今的整个社会制度实行完全的变革。"③通过彻底的社会变革，实现人与人的和解，为人与自然的和解创造必要的社会前提与基础。"历史是人的真正的自然史"④，"整个所谓世界历史不外是人通过人的劳动而诞生的过程，是自然界对人来说的生成过程"⑤，"历史本身是自然史的即自然界成为人这一过程的一个现实部分"⑥，自

① 《马克思恩格斯全集》第 3 卷，人民出版社 1960 年版，第 43 页。
② 《马克思恩格斯全集》第 25 卷下，人民出版社 1974 年版，第 926 页。
③ 《马克思恩格斯选集》第 4 卷，人民出版社 1995 年版，第 385 页。
④ 《马克思恩格斯全集》第 3 卷，人民出版社 2002 年版，第 326 页。
⑤ 《马克思恩格斯全集》第 42 卷，人民出版社 1979 年版，第 131 页。
⑥ 《马克思恩格斯全集》第 42 卷，人民出版社 1979 年版，第 128 页。

然史必然要走向人类史，人与自然的和谐是人类历史发展的必然趋势。

人与自然的和谐关系只能由全面发展的自由人来创造，马克思描述的自由人首先是要摆脱强制分工制约下的奴役劳动，这必须以人类实践水平的提高为前提和基础。认识水平的提高是人们能够透过现象深入到本质，认识自然的规律为我所用；生产力的高度发展缩短了满足人们生存与发展的物资资料生产的时间，使得人们获得充裕的闲暇时间，实现个性基础上的全面发展。

但是，在资本逻辑支配下，提高生产力水平的目的却是为了满足企业获得尽可能多的利润，当资本对利润的追逐与环境保护发生矛盾的时候，置于优先地位加以考虑的往往是利润。19 世纪中叶，恩格斯曾经尖锐地批判了西班牙种植场主糟践自然的粗暴行为，他们"在古巴焚烧山坡上的森林，以为木灰肥料足够最能盈利的咖啡树施用一个世代之久，至于后来热带的倾盘大雨竟冲掉毫无掩护的沃土而只留下赤裸裸的岩石"[①]，他们怎么会关心到，以后这种谋取眼前直接利益的短视行为在私有制社会具有相当的普遍性，"到目前为止的一切生产方式，都仅仅以取得劳动的最近的、最直接的效益为目的。那些只是在晚些时候才显现出来的、通过逐渐的重复和积累才产生效应的较远的结果，则完全被忽视了"[②]。这就揭示了资本逻辑支配下的生产方式在本质上对自然极具危害。一个多世纪过去了，恩格斯的上述论述并没有过时。20 世纪中叶以来，愈演愈烈的全球性生态环境问题并没有阻止谋取利润的冒险；50 年代末，参加美国反对污染、保护环境工业会议的 200 家最大的垄断资本家发表声明，断言保护自然界的措施可能延缓技术进步，破坏企业制度的竞争结构，因而不愿支付保护环境的经费。20 世纪 80 年代以来，世界性废弃物船运出口事件有禁无止，愈演愈烈，发达国家的工业、生活垃圾大量转移，后果堪忧。20 世纪 90 年代以来，发达国家出现了一股反对环境保护的思潮，他们认为所谓环境问题是环境保护主义者臆造出来的产物，整个地球状态安好，因此，政府的

---

① 《马克思恩格斯选集》第 4 卷，人民出版社 1995 年版，第 386 页。
② 《马克思恩格斯选集》第 4 卷，人民出版社 1995 年版，第 385 页。

环境保护投入是一种可耻的浪费；针对政府的环境保护措施，他们提出，如果我们能就此醒悟并且使政府不去干预公司的话，情形就会变得更好。以上事实说明以追求利润、实现增殖的资本在本质上与环境保护全球化是相互矛盾的。事实上，某些资产阶级的思想家和政治家们也意识到了这一点，祭起环境保护大旗的前美国副总统戈尔，以造成肥沃表土层损失的美国农场水土流失为例，分析为什么没有"在小小水沟生成之前加以阻止"的原因，指出"部分答案在于：租用土地以求短期赢利的人们往往不在乎土地的未来"。[①] 他们也提出采用国家调节方法作为形成"社会——自然"关系的资本主义市场机制的补充，加强国家对自然资源利用的干预，加强管理，以达到促进人类国家合理利用自然资源的目的。但是，在一个充满利益冲突的社会里，剥夺者不仅剥夺他人，而且剥夺自然。在资本逻辑支配下的社会体制下，人们渴望的满足公共利益、保护公共草地的整体和全球要求的环境政策究竟能够存在吗？在农耕时代，保护古老的农村公共用地只需不同利益方之间的相互协调，而保护全球公共用地——世界海洋和大气空间依赖超越所有权利方之上的强有力机构。从迄今为止的历史经验表明，人们很难想象此类有贯彻力度的机构的存在。

　　当国家对主导经济的干预手段越来越不得力时，对在环境政策中采取与市场协调的措施的呼声亦越来越高。事实上的理由很确凿：工业知情人要比国家的监督官员明白得多，在生产过程中存在哪些能源节约潜力以及怎样阻止有害物质产生。最有效的措施通常是由经济从自身的利益出发而非在条款的执行中完成的。经验告诉我们，只有当国家威胁要进行干预时，经济才会在环保领域有所作为。现代工业从未主动采取减少烟雾的预防措施，虽然它们能够处理改善燃料的利用状况，能产生经济利益的环境技术主要是管道终端预防措施，这种措施仅仅转移了有害物质，使之离开人们的视线，但同时也带来了新的问题。

---

① ［美］阿尔·戈尔：《濒临失衡的地球——生态与人类精神》，陈嘉映等译，中央编译出版社1997年版，第15页。

三、人与自然物质变换对社会发展的制约

马克思从人与自然关系的历史发展考察人类文明的发展进程，他根据社会生产的发展，特别是根据工具——技术系统的进步，借鉴摩尔根 (Thowas Huwt Morgan) 的研究成果，强调人与自然的物质变换方式制约着人类文明的发展水平。恩格斯说"现在我们可以把摩尔根的分期法概括如下：蒙昧时代是以获取现成的天然产物为主的时期；人工产品主要是用作获取天然产物的辅助工具。野蛮时代是学会经营畜牧业和农业的时期，是学会靠人类的活动来增加天然产物生产的方法的时期；文明时代是学会对天然产物进一步加工的时期，是真正的工业和艺术产生的时期。"①

1. 采集天然物的蒙昧时代

成文史前的原始社会时期，人类经历着生命史上最为漫长和曲折痛苦的艰难创业历程。砾石工具的制造使用说明，当时存在着称得起是人的第一批动物；火的使用和弓箭的制造是早期人类最惊人的发明。以采集食物和猎取动物相结合的方法获取生存资料被认为是"人类采取的最为成功、最具灵活性，也是对自然生态系统损害最小的生存方式。这使得他们能够扩散开来，穿越地球的表面，进入到每一种陆地生态系统之中，不仅在容易获得食物的有利地区能够生存，而且在北极、冰期欧洲的苔原和澳大利亚及南非这样干燥地区的严酷条件中也可以生存"②。对于使用简陋工具从事采集狩猎生产而刚刚脱离动物界的早期人类而言，绝大多数群体只能依靠着很少的物质以生存下来，因为他们可以得到的食物总量很少。人对自然界低水平的作用能力必然承受着强大的外部自然力的高度制约。"自然界起初是作为一种完全异己的、有无限威力和不可制服的力量与人们对立的，人们同自然界关系完全像动物同自然界的关系一样，人们就像牲畜一样慑服于自然界，因而，这是对自然界的一种纯粹动物式的意识（自然宗

---

① 《马克思恩格斯选集》第 4 卷，人民出版社 1995 年版，第 24 页。
② ［英］E·库拉：《环境经济学思想史》，谢杨举译，上海人民出版社 2007 年版，第 21 页。

教）。"[1] 人类早期与自然的原始和谐与统一的本质是人对自然的高度依附，人与自然界存在的"自然宗教"关系表现为"依附—臣服"的特点。

第一，由于社会生产力极其低下，原始人的生存活动囿于狭窄的范围和孤立的地点，个体的生存依赖于部落，人们的交往局限在家庭、部落等特定共同体内部的成员之间，形成以血亲为纽带的协作集体，实现与自然的物质变换。"全盛时期的氏族制度，……其前提是生产极不发展，……人类差不多完全受着同他异己地、对立着的、不可理解的外部大自然的支配，这也反映在幼稚的宗教观念中。部落始终是人们的界限，……他们都仍然依存于……自然形成共同体的脐带。"[2]

第二，原始人类与自然的和谐以人对自然的臣服为代价，自然产物的有限性限制着人口的数量。个体和群体的生存依赖于自然的产出。臣服于自然的人类为了生存，不得不采取各种措施以控制人口数量，保持较小规模的群体，以便不过分地榨取所处生态系统的各种资源，来减轻对生态系统的压力。通过一些为当时部落公众所普遍接受的社会习俗，如杀婴、弃婴、丢弃病弱的老人等途径，减少人们对食物的需求以保持人口与食物来源之间脆弱的平衡。这种在文明时代被视为极其野蛮的手段在当时却是符合道德的，因为，通过限制人口数量来限制食物需求总量是人们在特定区域持续生存的必要前提。

第三，人类社会实践的目的表现为与自然抗争、克服自然压力，以满足生存的直接需要。在相当长的历史时期中，面对着庞大的地球自然界及其丰富的资源，面对着异常强大的、外在的自然力，满足需求与发展的社会目的的实现形式主要表现为如何向自然界索取财富。至于人类作用于自然的行为所引起的危及自然的消极后果则无关紧要，似乎与需求的满足、社会的发展关系不大。在科学技术发展水平不高、社会生产力低下并且人口规模相对比较小的蒙昧时代，简化人与自然的互动关系，突出人作用自然的社会定位的单向性，似乎有其合理性。"在启蒙时代开始，人类就只

---

① 《马克思恩格斯选集》第 1 卷，人民出版社 1995 年版，第 81–82 页。
② 《马克思恩格斯选集》第 4 卷，人民出版社 1995 年版，第 96 页。

不能在生产和消费所带来的尽情享乐中寻找他们的人生目的和意义，人们的需要和欲望、梦想和渴求，都囿于对物质利益的追求之中了。"① 但是，这种特定条件下具有一定合理性的观点无疑给人们**追逐短期利益提供了思想保证**，导致了人类的不当行为对生态环境的破坏。历史的考察证明了这样的事实，采集狩猎群体对环境的最大影响是通过不加控制地捕杀动物，可能在整个大陆范围内对动物数量产生影响，甚至造成物种的灭绝，从而影响了食物的供给，并最终导致了对生存与发展这一社会目的的背离。

第四，原始人类征服自然力的理想借助于虚幻的形式展现出来。原始人并不甘心臣服于自然，他们缺乏作用于自然的现实力量，而只能应用人类理性的狡黠在想象中征服自然，以作为人与自然臣服关系的补充。对原始人来说，巫术和原始宗教是人类能够借以向外部世界施加影响，并按照他们自己的需要和意愿来塑造外部世界的手段。尽管手段是非现实的，影响是虚幻的，却表现了原始人类渴望挣脱巨大的自然力的束缚，并去控制、支配自然力的愿望，超越自我的追求。在这种似乎是野蛮与粗陋的形式下，蕴涵着一股无可遏制的冲力，剖开巫术神秘的外衣，我们可以看到以虚幻的形式表现出来的是人类的主体能动作用。

2. 自然物增殖的"野蛮时代"

新石器时代发生了人类文明史上第一次伟大的技术革命，特殊农业工具如锄头、镰刀、连枷、手磨等，陶瓷制造、采矿、石器制作、纺织技艺等相互联系的发明像潮水一样涌现，为人们清理耕地、耕种、田间管理与收割和照管家畜等提供了工具技术方面的支持。**人类的主体能动性转化为作用自然的现实力量**。禽畜养殖、农田开发与农作物栽培促进了农业、畜牧业的形成与发展，人们通过家畜的饲养、作物的栽培和陶器的制作，有意识地创造新的物品，农业文明悄然而至。作为更多努力的回报，农业文明在发展中实现了自然物的增殖，可以在一个较小的土地面积上提供更多的食物，标志着人类社会由拾取自然物、顺从生物环境到控制生物环境、

---

① ［美］杰里米·里夫金，［美］特德·霍华德：《熵：一种新的世界观》，吕明 袁舟译，上海译文出版社 1987 年版，第 22 页。

实现自然物增殖的转变，初步改变了人对自然的依附地位。

首先，农业生产方式极大地促进社会生产力的发展，导致了人与自然之间本质上的新关系的形成。一旦人们从土地种植中获得的食物超过在广大地面上猎获和采集的数量，人类对天然食物的依赖就大大减少了。人们就不再寄生于动物和植物，长期以来控制、支配自然力的追求已经部分成为现实。

其次，生产力的发展促进了交往与分工。[①] 马克思指出："从前者产生了发达分工和贸易的前提，从后者产生了地方局限性。在前一种情况下，各个个人必须聚集在一起，在后一种情况下，他们已作为生产工具而与现有的生产工具并列在一起。因而，这里出现了自然产生的生产工具和由文明创造的生产工具之间的差异"（《马克思恩格斯全集》第 3 卷，人民出版社 1960 年版，第 73 页。）当工具从"自然产生的生产工具"进至"由文明创造的生产工具"时，以各个个人受自然界支配为基础的"主要是人和自然之间的交换"也就进至人们受劳动产品支配的"主要是人与人之间所进行的交换"[②]。"当人的劳动的生产率还非常低，除了必须的生活资料只能提供微少的剩余的时候，生产力的提高、交换的扩大、国家和法律的发展、艺术和科学的创立，都只有通过更大的分工才有可能，这种分工的基础是，从事单纯体力劳动的群众同管理劳动、经营商业和掌管国事以及后来从事艺术和科学的少数特权分子之间的大分工。"[③] 随着农业生产效率缓慢地增长，有组织的社会的发展及其越来越强的能力，就能够支持越来越多的人不去直接从事粮食生产，这就构成了后来人类所有文化和科学发展的基础。如果没有农业的发展，那些人类重大的文化进步和智力进步，没有一样是可能的。

第三，生产力发展催生了阶级社会和民族国家。农业文明时期，劳动生产力得到了极大的提高，劳动产品的剩余直接引发了社会内部的压迫和战争，推动了部落共同体的解体，催生了以剥削为标志的阶级社会。农业

---

① 《马克思恩格斯全集》第 3 卷，人民出版社 1960 年版，第 73 页。
② 《马克思恩格斯全集》第 3 卷，人民出版社 1960 年版，第 73 页。
③ 《马克思恩格斯选集》第 3 卷，人民出版社 1995 年版，第 525 页。

的发展，带来的是强度更大的粮食生产方式和定居社会。就本质而言，它对世界所有地方都产生了同样的作用。剩余粮食用来养活越来越多的宗教和政治上层人物，以及手工艺人阶层。剩余粮食的重新配置要求一个广泛的控制机制来管理运输、储存和再次分配，这就导出了社会内部一些强有力的中央机构。原本广泛平等的社会已经被界限分明、在拥有财产上极为不同的社会所取代。"当人的劳动的生产率还非常低，除了必须的生活资料只能提供微少的剩余的时候，生产力的提高、交换的扩大、国家和法律的发展、艺术和科学的创立，都只有通过更大的分工才有可能，这种分工的基础是，从事单纯体力劳动的群众同管理劳动、经营商业和掌管国事以及后来从事艺术和科学的少数特权分子之间的大分工。"[①]

第四，农业生产力的提高及其对土地资源的依赖，随之而来的两种直接后果——定居社会和逐渐增加的人口——对周围环境施加了越来越大的压力。人口生产对土地的压力一开始只是局部的，但是随着农业的扩展，它的效应也在扩展。这种扩展会对自然环境产生巨大影响，也会对环境产生巨大改变，这种改变会导致环境的巨大性破坏。例如，农民为了得到土地，不得不进行大量开垦砍伐，砍伐森林导致森林被毁，破坏植被导致土壤侵蚀，扰乱土壤营养循环过程土地盐碱化等等，实际上，人类是在创造人工环境来巩固定居生活。"创造人工环境来生产粮食和定居社会的增多，不仅把人类活动对环境的影响集中到一起来了，而且也意味着对人类社会来说，要逃脱自己活动所带来的后果是更为困难得多了。在那些特别敏感的生态系统中，在那些人类活动对环境的干扰特别集中的地区，社会的基础也就被破坏，最终导致它的崩溃。"[②]在农业文明社会，生产力的发展是空前的，也是有限的，自然物的增殖无法摆脱对生物，水，土等资源的依赖，难以满足日益增加的人口数量的需求，并付出了生态环境被破坏的代价。

---

① 《马克思恩格斯选集》第 3 卷，人民出版社 1995 年版，第 525 页。
② ［英］E·库拉：《环境经济学思想史》，谢扬举译，上海人民出版社 2007 年版，第 77—78 页。

3. 自然物加工的文明时代

在工业文明社会中生产力高度发达，创造的财富超过以往人类社会创造的财富总和的上百倍，改变了整个世界的面貌。蒸汽机技术、内燃机技术、电力技术等奠定了近代工业文明的技术基础，使大规模的生产不仅可能而且必要，工业化的大生产极大提高了劳动生产率，新产品不断制造出来，财富像泉水般从地下不断涌现出来，极大地提高了现有土地的人口承载能力。工业文明的到来是与资本主义的崛起分不开的，资本对利润的追逐成为推动工业生产发展的重要动力。马克思主义创始人分析了**资本逻辑支配下的理性化发展**对自然物的加工在资源开发利用的破坏性特点，批判了利益集团掠夺全球性资源的行为，违背了社会公正性。

首先，世界历史性存在促进了人与自然交往并使人与自然的交往成为普遍性。工业化大生产的发展需要开拓世界市场，使全球范围内的普遍交往不仅成为可能，而且成为必要，"各个相互影响的活动范围在这个发展进程中越是扩大，各民族的原始闭关自守状态由于日益完善的生产方式、交往以及因交往而自然形成的不同，各民族之间的分工消灭得越是彻底，历史也就越是成为世界的历史。"①

资本主义"首次开创了世界历史，因为它使每个文明国家以及这些国家中的每一个人的需要的满足都依赖于整个世界，因为它消灭了各国以往自然形成的闭关自守的状态。"②在大工业条件下形成的世界历史性存在是基于全球性的自然条件基础上，全球性分工条件下的生产与世界性消费必然使大工业所依赖的自然资源和所影响的外部环境愈来愈具有全球性的性质，不同群体与自然的交往关系愈来愈突破局部地域的局限，而且愈来愈受到他人与自然交往的影响。全局上看，人类全体与地球自然愈来愈具有普遍性的交往并不断地突破已有的活动领域。

其次，资本掠夺资源的必然性。马克思指出，在资本逻辑支配下，以

---

① 《马克思恩格斯选集》第 1 卷，人民出版社 1995 年版，第 88 页。
② 《马克思恩格斯选集》第 1 卷，人民出版社 1995 年版，第 114 页。

"销售时可获得的利润成了唯一的动力"①的资本主义生产方式，在其生产、分配、交换和消费过程加速资源的消耗与枯竭，导致环境严重污染的必然性。他从资本追逐利润的本性追问其掠夺资源、破坏生态、污染环境的原动力，指出在资本主义制度下，祛魅的自然仅仅是资本追逐剩余价值的出发点，而不是其归宿。"在各个资本家都是为了直接的利润而从事生产和交换的地方，他们首先考虑的只能是最近的最直接的结果。一个工厂主或商人在卖出他所制造或买进的商品时，只要获得普通的利润，他就满足了，不再去关心以后商品和买主以后将是怎样的。人们看待这些行为的自然影响也是这样。"②人类作为地球生物进化过程质变的产物，不仅共同拥有土地与资源，而且共同依赖于土地与资源，资本对利润的追逐连他人的健康与生命都可以牺牲，掠夺性开发、滥用人类共有资源恶劣行径的存在更是不言而喻的。

最后，资源开发占有的不平衡性。在马克思和恩格斯的时代，欧洲和北美的发达国家在工业革命进程中加大了资源开发利用的强度，他们采取了经济和非经济的手段肆无忌惮地占有全球性资源、利用全球性环境容量，以超强的资源消耗和生态环境破坏为代价，率先进入现代工业文明时代。当全球性资源被一部分人所"强制和垄断"——即资本逻辑支配下的"工具理性"对自然掠夺、占有的表现，也就意味着其他民族、国家和阶级发展的自然资源的基础遭受侵蚀，当大多数人不得不为他人的发展牺牲自己发展的权益时，人与自然的关系就不可能是合理的，即人就不可能在最无愧于和最适合自己本性的条件下与自然进行物质变换。而当人与自然的物质变换尚不具备"合理性"的时候，"社会上的一部分人靠牺牲另一部分人来强制和垄断社会发展"的现象就不可能完全消灭。因此"需要对我们直到目前为止的生产方式，以及同这种生产方式一起对我们的现今的整个社会制度实行完全的变革"③。马克思在深入分析资源占有不平衡的祸害的基础上，符合逻辑地提出了打碎旧的社会制度或体制，实现社会变革，建

---

① 《马克思恩格斯选集》第 4 卷，人民出版社 1995 年版，第 385 页。
② 《马克思恩格斯选集》第 4 卷，人民出版社 1995 年版，第 386 页。
③ 《马克思恩格斯选集》第 4 卷，人民出版社 1995 年版，第 385 页。

立能够适应社会发展客观要求的新的社会制度或文明新形态的必要性。这对于今天实现人与自然和谐的社会制度建构有重要的理论旨向和实践意义。

第二节　两个和解——人与自然的和解及人与人的和解

马克思、恩格斯通过考察人类活动的历史来认识人与自然和解所追求的社会目的和内在诉求，将满足人类生存与发展的需求置于优先地位。人与自然的同质性决定了人与自然和解的可能性，人与自然的异质性决定了其现实性和复杂性。资本逻辑支配下的工具理性，造成人与自然关系的紧张，社会实践中的人是消除人与自然关系的紧张，实现人与自然和解的主导力量。人类必须深化对制约发展的环境因素的认识，承担起对地球生态环境的责任。

从自然界中分化出来的人类实现了生物进化史上的质变，既是自然的，又超越了自然。人与自然的同质性决定了人与自然和解的可能性，而人与自然的异质性又决定了人与自然和解的现实性。人与自然和解的基础是人的活动规律和自然的客观规律的统一，人与自然和解的实质就在于："人同自然界的完成了的本质的统一，是自然界的真正复活，是人的实现了的自然主义和自然界的实现了的人道主义"。①

一、人与自然和解的社会目的

全部人类历史的第一个前提无疑是有生命的个人的存在。唯物史观的"第一个需要确认的事实就是这些个人的肉体组织以及由此产生的个人对其他自然的关系"②。生存与发展是人类社会实践的最终目的，满足人类生存与发展的需求是人与自然和解所追求的社会目的。

---

① ［德］马克思：《1844 年经济学哲学手稿》，人民出版社 2000 年版，第 83 页。
② 《马克思恩格斯选集》第 1 卷，人民出版社 1995 年版，第 67 页。

1. 实现发展社会目的的回归

要实现人与自然和解将满足人们的需求置于优先地位，以克服资本逻辑支配下的理性对人类生存与发展的社会目的的背离，实现发展的社会目的的回归。但是，后来这种片面性观点与"工具理性"的不谋而合，给人们追逐短期利益提供了合理性的保证；在人类具有强大的改造自然的能力之后，加剧了人类的不当行为对生态环境的破坏，导致人与自然关系尖锐对立、对抗，背离了生存与发展的社会目的。农业文明和工业文明是在人与自然力量对比处于劣势下发展起来的，它们具有物质性、理性与进攻性的特征。人与自然和解既要否定工业文明以来形成的物质享乐主义和对自然的掠夺，又必须强调以满足人类需求为基础和前提——包括衣、食、住、行和就业等基本需求和进一步提高生活质量的需求，突出保障人的生存权和发展权，并赋予发展主体的社会目的的极端重要性。

2. 实现人与自然和解的必由之路

坚持在发展中满足人们生存发展的需求，是实现人与自然和解的必由之路。人与自然和解以有生命的个人的存在，即满足人们的生存需要为基本前提。解决贫困问题是实现人与自然和解的应有之义。满足生存需求有时候是不考虑道德层面的。人们为了生存，首先考虑的是如何通过各种手段，甚至是不择手段地从自然中获取生存必需品。马克思、恩格斯当年已经提醒人们，物质生活条件对于社会生存与发展的极端重要性，在极其贫困的条件下，人们就"必然重新开始争取必需品的斗争，也就是说，全部陈腐污浊的东西又要死灰复燃"[1]，进一步掠夺、剥夺自然也就难以避免。深陷困境的人们为生存而付出昂贵的环境代价，而环境的破坏又使贫困人口陷入更加恶劣的生活环境之中，进一步加剧人与自然的对立，这种"贫困——破坏——贫困"的恶性循环最终将削弱人类全体生存与发展的基础而导致危机。马克思对处于贫困状态下的人们在生存压力下的艰难抉择深表同情，只有通过发展社会生产力，以极大丰富的社会产品满足人们的基

---

① 《马克思恩格斯选集》第 1 卷，人民出版社 1995 年版，第 86 页。

本需求，才有望破解贫困与环境恶化恶性循环的怪圈。

人与自然和解的社会目的的定位，强化了人类在人与自然系统中的主导地位，赋予人与自然的关系这个古老而又常新的课题以崭新的内涵，突出了发展的主体只能是人，揭示了这一社会目的的系统整体性和历史发展性，从而为人们争取生存与发展的"代间公平"与"代际公平"奠定了基础。

二、人与自然和解的主导力量

人与自然和解需要实现观念的变革：从自然的历史演化中理解人类支配权的暂时性，从自然的普遍联系中理解人类支配权的相对性，从而赋予自然资源与环境容量在人与自然关系中的基础地位。我们现在已经无法改变祖先们对于环境的所作所为，也解决不了子孙后代的环境问题，但是我们有责任改变我们的生活方式，把现在就能解决的问题解决掉，不应该也不允许进一步增加子孙后代的负担。协调人与自然关系是满足生态文明建设的社会目的的内在诉求，经济社会的发展与生态环境的保护具有高度相关性，生态文明强调人类必须在人与自然关系中发挥主导作用。

1. 深化对制约发展的环境因素的认识

人与自然和解强调人类文明的基础是人类现实的自然界，它有唯一性、有限性的特点。马克思主义认为，人类现实的自然界构成人类社会生存与发展的基础和前提，而纳入社会历史进程的外部自然界，一方面作为人的直接的生活资料和人的生命活动的材料、对象和工具，变成人的无机的身体；另一方面作为认识的对象成为人类精神的无机自然界。在人与自然关系的历史发展过程中，人类与自然交往的范围经历了外延不断扩张的进程。而当今人类遭遇难以逾越的障碍——地球空间的限制。1969 年，"阿波罗"计划的成功表明人类可以克服地心引力而飞向太空其他星球，但是天文数字般的高昂费用使得移居球外天体只能是极少数人的一种奢望。同时，"生物圈二号"实验的失败证明了这样一个无情的事实：人类在现有技术条件下难以营造一个适合人类生存的"地球二号"。在无边无际、无穷无尽的茫茫宇宙中，人类没有可以召唤的近邻，没有可以停靠的现成空间基地。在特定的时空范围内，适合人类生存的场所只有一个："我们的宇宙"即人类现实的自然界——就是人类赖以生存的地球。人类社会的发展无法突破地球环境的容量、地球生物圈的再生能力和承受能力。深化对制约发展的环境因素的认识，不仅定性而且定量地考察环境的容量、生物圈的再生能力和承受能力，才能为实现持续性发展提供可靠的科学依据。因此，人类有必要依靠消耗最小力量来进行人与自然的物质变换，以最低的资源消耗实现人与自然之间的物质变换，取得最大的经济、社会、环境效益，降低物质变换对环境的负面影响。科技进步是近代以来人类社会最引为自豪的成就，对于提高人与自然物质、能量、信息变换的效率，实现人类与自然之间合理物质变换，促进生产从资源耗费型向资源节约型的转变，发挥着无法替代的重要作用。

2. 克服人与自然的对立而走向和谐

人与自然和解引导人们克服人与自然的对立与对抗而走向和谐。人从自然界分化产生出来，在完全异己的、有无限威力和不可制服的强大自然力的压迫下，作为自然界的对立物，"人们同自然界的关系完全像动物同自然界的关系一样，人们就象牲畜一般慑服于自然界。"[①] 为了克服早期人类对自然界的恐惧与崇拜心理，基督教义赋予人以仅次于神的地位，从而拥有对自然的无上权利。《圣经》告诉人们，自然被创造出来的目的性、存在的合理性在于满足人类的需要。近代科学的兴起否定了关于人与自然关系的神学假定，却把生机盎然的自然界描绘成沉默、僵死、被动的世界，将其分解为一组组可以操纵的客体，在理性的基础上进一步强化了自然存在的合目的性——满足人的需要。两者异曲同工之妙表现为致力于确立人对自然的主体地位，使人与自然关系成为一种征服与被征服的关系。"文明人走过地球表面，在他们足迹所过之处，留下一片荒漠。"[②] 印度河畔

---

① 《马克思恩格斯选集》第 1 卷，人民出版社 1995 年版，第 81 页。

② ［美］弗·卡特、［美］汤姆·戴尔：《表土与人类文明》，庄崚、鱼姗玲译，中国环境科学出版社 1987 年版，第 3 页。

的巴哈马文明、南美洲的玛雅文明的突然消失，曾经对世界文明发展做出巨大贡献的两河流域的衰退，文明人留下一串串荒漠化的足迹始终伴随着人类的历史发展。工业革命急剧扩张了人作用自然的规模，从而使人类行为对自然的负面影响具有全局性与长期性的特点。经过一百多年的积淀，终于形成急剧改变地球的环境趋势，演化成为当前的全球性环境问题。发生于 20 世纪中叶的"十大公害"事件，20 世纪末以来愈演愈烈的全球性环境问题，足以警醒世人：生态环境问题不仅直接制约着当代社会的发展，而且对未来人类的生存与发展构成了威胁；不仅威胁着人类社会的生存与发展，而且威胁着地球上生命系统的存在与演化。在 21 世纪，科学家再次发出警告：处于生物链顶端的人类正在主导第六次物种大灭绝，当然也难逃其它物种所面临的厄运。人类必须改变生活方式和消费方式，把自身视为自然界的一部分，才能和自然和谐相处。

3. 确立整体主义的价值目标

人与自然和解追求的是人类整体的生存与发展，具有系统性、整体性特点。以人类整体的生存和发展为追求，必须确立整体主义的价值目标。一部分人的生存与发展不应以损害另一部分人生存与发展的权利为代价；享有平等的发展机会不仅是人们应该拥有的权利，而且是协调人与自然关系、保护生态环境的必要前提。假如一部分人生存与发展的权利受到损害，会影响这一区域局部人的生存与发展，通常情况下，区域或局部会影响整体性的利益；况且共同的发展、共同的环境使人们之间的联系更为紧密。人类应该树立整体主义价值目标，因为我们都属于一个比我们更广大的世界。早期人类社会在对局部利益、短期利益的追逐过程中，人类整体的概念实际上是一个空洞的抽象概念，仅仅是分解为各个具体的社会共同体的算术和。随着生产、分工、交往的发展，特别是随着资本主义商品经济的发展，本来各自相对孤立的社会共同体逐步联系起来了，人们的生产、消费及其依赖的环境都成为世界性的了，形成一个在各个方面互相交往的、互相依赖的世界联系总体系、世界交往总链条，人类的命运、人类的生存与发展已经构成一个整体。然而，由于体现人类整体利益的生态环境效益在时间和空间上具有滞后性的特点，由于各个不同的个体、群体、地区、民族、国家仍然有各自独立的利益，对人类整体的生存与发展的思考被追逐局部利益、短期利益的阴影所掩盖。生产资料的私人占有和资本追逐剩余价值的本性进一步加剧了这一矛盾，破坏了人类整体生存和发展的能力。如果说，人类共同利益的主体具有广泛性、不确定性的特点，与具体行为的主体现实利益产生矛盾，使实现人类共同利益成为具有普遍性意义的动力机制具有相当的难度，那么，以包括人在内的地球生态系统的共同利益为目标的价值体系的建立则更是困难重重。

人与自然和解的现实主体是社会实践中的人，强调人在与自然关系中的主导作用，人类必须承担起对地球生态环境的责任。在长期的进化过程中，人类作为地球生物圈特殊的智慧生命，已经成为地球自然进化的主导因素，必须承担起与这种作用相适应的责任。环境和环境保护不仅是人类生存和发展的基本前提，而且是人类生存和发展的内在诉求。

三、人与自然和解的理想路径

马克思通过探索在物质生产的实践活动中寻求人与自然和解的理想路径，要求联合起来的生产者，"合理地调节他们和自然之间的物质变换，把它置于他们的共同控制之下，而不让它作为盲目的力量来统治自己；靠消耗量小的力量，在最无愧于和适合于他们的人类本性的条件下来进行这种物质变换"[1]。

1. 劳动产生人与自然和解的基础

马克思在分析人和自然之间的物质变换时，强调人在改变自然的同时，也会改变人自身的自然，也就是使人自身的体力更强健、头脑更灵活。他说："劳动首先是人和自然之间的过程，是人以自身的活动来中介、调整和控制人和自然之间的物质变换的过程。人自身作为一种自然力与自

---

[1] 《马克思恩格斯全集》第 25 卷，人民出版社 1974 年版，第 926-927 页。

然物质相对立。为了在对自身生活有用的形式上占有自然物质，人就使他身上的自然力——臂和腿、头和手运动起来。当他通过这种运动作用于他身外的自然并改变自然时，也就同时改变他自身的自然。"① 人首先是自然界长期发展的产物，而且始终是自然存在物，是自然界的一部分。马克思指出："自然界，就它自身不是人的身体而言，是人的无机的身体。人靠自然界生活。这就是说，自然界是人为了不致死亡而必须与之处于持续不断地交互作用过程的、人的身体。所谓人的肉体生活和精神生活同自然界相联系，不外是说自然界同自身相联系，因为人是自然界的一部分。"② 自然界的先在性、决定性是毋庸置疑的，只有神学历史观才否定自然界的先在性，否定自然界对人的生存和发展的基础性意义。

在人类思想史上，几乎所有的唯物主义者都强调自然界的先在性，坚持物质本体论的基本立场。马克思是这个传统的继承者，当然，马克思并不是毫无批判地继承这个传统。在《关于费尔巴哈的提纲》中，马克思就批判了一切旧唯物主义的根本缺陷，指出它们的问题不在于坚持物质本体论，而在于对对象、现实、感性，对物质本体"只是从客体的或者直观的形式去理解，而不是把它们当作人的感性的活动，当作实践去理解，不是从主体方面去理解"③。换言之，"旧唯物主义的物质本体论缺少辩证法和实践的内涵，因而无法解决自然世界如何过渡到人类世界的问题，无法正确解释人类的历史。"④

在《德意志意识形态》中，马克思和恩格斯提出了"人化自然"的思想，他们批评费尔巴哈"没有看到，他周围的感性世界决不是某种开天辟地以来就直接存在的、始终如一的东西，而是工业和社会状况的产物，是历史的产物，是世世代代活动的结果"。⑤"这种活动、这种连续不断的感性

---

① ［德］马克思：《资本论》第 1 卷，人民出版社 2004 年版，第 207–208 页。
② 《马克思恩格斯选集》第 1 卷，人民出版社 1995 年版，第 45 页。
③ 《马克思恩格斯选集》第 1 卷，人民出版社 1995 年版，第 58 页。
④ 叶汝贤：《现实的人及其历史发展的科学》，《哲学研究》2008 年第 2 期。
⑤ 《马克思恩格斯选集》第 1 卷，人民出版社 1995 版，第 76 页。

劳动和创造、这种生产，正是整个现存感性世界的基础，它哪怕只中断一年，费尔巴哈就会看到，不仅在自然界将发生巨大的变化，而且整个人类世界以及他自己的直观能力，甚至他本身的存在也会很快没有了。"[①] "当然，在这种情况下外部自然界的优先地位仍然会保持着。"[②] 自然界对人的这种优先地位不仅指人是自然的产物，而且指自然条件直到今天仍然决定着人类的发展或不发展。他们进一步指出："一当人开始生产自己的生活资料的时候，这一步是由他们的肉体组织所决定的，人本身就开始把自己和动物区别开来。"[③] 从自然史过渡到人类史是一个过程，这个过程的完成是通过劳动实践的中介产生现实的个人的结果。《德意志意识形态》坚持自然界的基础地位，但又强调人的实践能力的创造性、人对自然地改造与利用，同时指出，人的实践活动、能力不能超越自然界所设定的前提、界限和条件。人类的力量不是表现在对自然的征服与统治，而是表现在对自然的热爱、敬畏、协调与和谐，表现在能够认识和正确地利用自然规律——这才是人与自然的正确的关系。

在《1844年经济学哲学手稿》中，马克思初步表述了劳动实践在人的自我产生过程中的作用。他指出，人直接地是自然存在物，但却是"能动的自然存在物"[④]。这表明马克思的认识仍未摆脱抽象的性质。而随后在《神圣家族》中的探讨无疑是一个里程碑。马克思批判了旧唯物主义敌视人的性质；恩格斯则阐述了人的实践活动创造历史的伟大作用，并指出："创造这一切、拥有这一切并为这一切而斗争的，不是'历史'，而正是人，现实的、活生生的人。'历史'并不是把人当作达到自己目的的工具来利用的某种特殊的人格。历史不过是追求着自己目的的人的人活动而已。"[⑤]

在《自然辩证法》中，恩格斯根据自然科学的实证材料，阐明自然界

① 《马克思恩格斯选集》第1卷，人民出版社1995版，第77页。
② 《马克思恩格斯选集》第1卷，人民出版社1995版，第77页。
③ 《马克思恩格斯选集》第1卷，人民出版社1995版，第67页。
④ 《马克思恩格斯全集》第3卷，人民出版社2002版，第324页。
⑤ 《马克思恩格斯全集》第2卷，人民出版社1957年版，第118-119页。

本身的辩证发展历程——从无机界到有机界、从有机界到动物界、再从动物界到人类世界的过程，明确指出"劳动创造了人本身"。这是唯物史观的根本出发点，这个出发点的基本观点是在《德意志意识形态》中首先确立的。"已经得到满足的第一需要本身、满足需要的活动和已经获得的为满足需要而用的工具又引起新的需要，而这种新的需要的产生是第一个历史活动。"[①]人的需要永不停止，从而人为了满足需要而进行的活动也永不停止；人的生存与发展的需要是人的行动、生产实践的动力——人类就是这样在生存与发展的需要的推动下进行生产劳动，生生不息。"每日都在重新生产自己生命的人们开始生产另外一些人，即繁殖。这就是夫妻之间的关系，父母和子女之间的关系，也就是家庭。这种家庭起初是唯一的社会关系，后来，当需要的增长产生了新的社会关系，而人口的增多又产生了新的需要的时候，这种家庭便成为从属的关系了（德国除外）。"[②]以上这些论述表明，人类历史的产生根源在于人类的生产和再生产。换言之，人类的生产活动产生了现实的人，产生了人与人的社会关系，产生了人类的历史。

2. 社会交往是人与自然和解的现实前提

人通过劳动实践实现自我创造，使人脱离动物过渡到人类世界；人类通过类群交往，与自然和谐相处，产生"现实的人、社会的人"，现实的个人的产生标志着人类史的开始。在人与自然的交往关系中，实现人类历史的演进和发展。马克思和恩格斯在论及物质生产活动是人类区别于其他动物的根本标志、交往是人所特有的存在方式时，特别指出："全部人类历史的第一个前提无疑是有生命的个人的存在"[③]，"这里所说的个人不是他们自己或别人想象中的那种个人，而是现实中的个人，也就是说，这些个人是从事活动的，进行物质生产的，因而是在一定的物质的、不受他们任意支配的界限、前提和条件下活动着的。"[④]

---

① 《马克思恩格斯选集》第 1 卷，人民出版社 1995 年版，第 79 页。
② 《马克思恩格斯选集》第 1 卷，人民出版社 1995 年版，第 80 页。
③ 《马克思恩格斯选集》第 1 卷，人民出版社 1995 年版，第 67 页。
④ 《马克思恩格斯选集》第 1 卷，人民出版社 1995 年版，第 71–72 页。

　　个人是社会的细胞和分子，人类历史的演进发展就是建立在有机个体存在的基础之上的。"现实的人"的存在是和他的生活状况密切联系着的。"现实的人"不是宗教意义上的"原人"或"神人"，而首先是自然中存在的、活生生的人。《德意志意识形态》强调人首先是"有血有肉"的存在，是针对那种"口头上说的、思考出来的、设想出来的、想象出来的"[①]人提出来的。现实的人具有动物性的需要，这种需要是由人的肉体组织、由人的生命的生产与延续决定的。这是现实的个人的肉体的、活生生的存在，因而是个人的现实性的一种表现。

　　"现实的人"既是自然的存在，也是实践的存在；更是自然的存在与实践存在的统一。人们之所以区别于动物，就在于人能生产满足自己需要的生活资料。"人们生产自己的生活资料，同时间接地生产着自己的物质生活本身。"[②]人生产自己的生活资料的方式也就是他们的一定的生活方式和存在方式。反过来说，人们的生活方式、存在方式也"同他们的生产是一致的——既和他们生产什么一致，又和他们怎样生产一致"[③]。那么，人们是怎样生产的呢？马克思和恩格斯认为，这取决于人们进行生产的物质条件，其中一个重要的因素就是人口的增长"这种生产第一次是随着人口的增长而开始的"[④]，为什么人口因素对生产有着如此重大的意义呢？因为"生产本身又是以个人彼此之间的交往 [Verkehr] 为前提的"[⑤]。

　　恩格斯认为，要从费尔巴哈抽象的人转到现实的、活生生的人，就"必须把这些人作为在历史中行动的人去考察"[⑥]，只有这样，才能认识什么是"现实的人"、现实的人的本质。从历史行动中去考察，还会进一步发现，人不只是自然的和实践的存在物，而且是处在社会关系中的存在物。"生命的生产，无论是通过劳动而达到的自己生命的生产，或是通过生育而达

---

① 《马克思恩格斯选集》第 1 卷，人民出版社 1995 年版，第 73 页。
② 《马克思恩格斯选集》第 1 卷，人民出版社 1995 年版，第 67 页。
③ 《马克思恩格斯选集》第 1 卷，人民出版社 1995 年版，第 68 页。
④ 《马克思恩格斯选集》第 1 卷，人民出版社 1995 年版，第 68 页。
⑤ 《马克思恩格斯选集》第 1 卷，人民出版社 1995 年版，第 68 页。
⑥ 《马克思恩格斯选集》第 4 卷，人民出版社 1995 年版，第 241 页。

到的他人生命的生产，就立即表现为双重关系：一方面是自然关系，另一方面是社会关系；社会关系的含义在这里是指许多个人的共同活动，至于这种活动在什么条件下、用什么方式和为了什么目的而进行，则是无关紧要的。"① "人对自身的关系只有通过他对他人的关系，才成为对他来说是对象性的、现实的关系。"② 马克思指出："这种交往的形式又是由生产决定的。"③ 显然，这里的"交往形式"绝不仅指物质生产交往一种，而是包括人们之间的所有的交往活动。它存在于人们的日常生活的各个方面，具有广泛的社会性和普遍性，各种各样的交往关系就构成了人们之间的社会关系。这里不仅不是循环论证，而且恰恰是对二者实际状况的辩证说明。马克思在 1846 年 12 月 28 日给帕·瓦·安年科夫的信中讲了交往对人类文明的作用后紧接着写道："我在这里使用'Commerce'一词是就它的最广泛的意义而言，就像在德文中使用'Verkehr'一词那样。例如：各种特权、行会和公会的制度、中世纪的全部规则，曾是唯一适应于既得的生产力和产生这些制度的先前存在的社会状况的社会关系。"④ 这封信的写作时间与《德意志意识形态》基本上是同期，因而可以判断马克思所说的交往概念指的是人们的各种社会关系，包括物质和精神的交往过程，是人与人之间交往活动、能力及其成果的过程。

现实的人不是孤立的、与世隔绝的个体，而是处在一定社会关系中的人；孤立的个人无法进行生产。一定方式的生产必然会提出与之相适应的生产者的数量和质量等方面的要求，会形成生产者彼此之间的不同的联系和关系。人与自然的和解通过人与自然进行物质变换的现实的人来实现，现实的人必然存在于现实的社会交往中，社会交往构成人与自然和解的形式前提。

---

① 《马克思恩格斯选集》第 1 卷，人民出版社 1995 年版，第 80 页。
② 《马克思恩格斯选集》第 1 卷，人民出版社 1995 年版，第 49 页。
③ 《马克思恩格斯选集》第 1 卷，人民出版社 1995 年版，第 68 页。
④ 《马克思恩格斯选集》第 4 卷，人民出版社 1995 年版，第 533 页。

第三节 两次提升——人从物种和社会关系方面的提升

实现人类史和自然史的统一必然以人的在社会关系方面从动物界的全面提升为基础，而实现人的提升是解决资本逻辑支配下人的异化发展的重要方法。马克思、恩格斯从哲学高度对人类社会历史发展进行宏观的理论阐述，指出人类历史发展将实现由必然王国向自由王国的过渡，即人们由处在一直统治着历史的客观的异己的力量的控制之下，向完全自觉地自己创造自己的历史的过渡。马克思、恩格斯把这一过渡过程划分为两个阶段，概括为人类从自然界的两次提升。

一、人的两次提升的内涵及生态意义

第一次提升指的是"一般生产曾经在物种关系方面把人从其余的动物中提升出来"[①]。人类整体是地球生物长期进化的产物，是古猿在特定的内外部条件下进化而来的。物质生产劳动使动物变成人，在劳动中形成人自己的社会化类本质——手脚的分工、语言的形成、思维能力的提高、工具的制造使用等，使人成为一个具有新质的自然存在物而区别于动物种群。"动物仅仅利用外部自然界，简单地通过自身的存在在自然界中引起变化；而人则通过他所作出的改变来使自然界为自己的目的服务，来支配自然界。"[②]然而，在现代公有制产生以前的相当长的历史时期，不能预见的作用在历史发展中占了优势，不能控制的力量比有计划发动的力量强得多。这一阶段人类历史发展的必然性是以盲目作用的形式出现的。

第二次提升指的是人从社会关系方面把自己从动物中提升出来，"在社会关系方面把人从其余的动物中提升出来"。[③]实现第二次提升需要社会

[①] 《马克思恩格斯全集》第 20 卷，人民出版社 1971 年版，第 375 页。

[②] 《马克思恩格斯选集》第 4 卷，人民出版社 1995 年版，第 383 页。

[③] 《马克思恩格斯全集》第 20 卷，人民出版社 1971 年版，第 375 页。

关系的变革。只有一种能够有计划地生产和分配的自觉的社会生产组织，才能在社会关系方面把人从其余的动物中提升出来。随着社会的进步，"历史的发展使这种社会生产组织日益成为必要，也日益成为可能。一个新的历史时期将从这种社会生产组织开始。在这个新的历史时期中，人们自身以及他们的活动的一切方面，包括自然科学在内，都将突飞猛进，使以往的一切都大大地相形见绌"①。

两次提升的"全部人类历史的第一个前提无疑是有生命的个人的存在"②，"应当确定一切人类生存的第一个前提，也就是一切历史的第一个前提，这个前提是：人们为了能够'创造历史'，必须能够生活"③。"为了生活，首先需要吃喝住穿以及其他一切东西"④。自然界不能自动为人类提供现成的生活资料，人类只有依靠改造自然界才能生存，只有在发展中才能摆脱匮乏与贫困、实现与自然的和解。贫困意味着削弱了人类生存的基础，构成了人与自然和解的障碍。在极其贫困的条件下，人们会为了眼前利益而不惜牺牲环境，这种选择的后果导致环境的破坏，同时使贫困人口陷入更加恶劣的生活环境之中。统筹解决人与自然的关系，破解贫困与环境恶化的恶性循环是人类自我提升的先决条件。

二、人的社会关系的提升是通向"自由王国"的基础

两次提升现实的外部基础是地球的自然系统。人类只有一个地球，作为唯一适合人类生存的场所，地球的自然系统具有唯一性、有限性和不可逆性的特点。人类在脱离动物界的奋斗过程中，已经对所赖以现实提升的地球造成严重伤害，进而面临生存的危机。面对两难困境，目光短浅的"顺其自然"将是致命的；人类在自我提升的过程中，应当承担起对地球自然

---

① 《马克思恩格斯全集》第 20 卷，人民出版社 1971 年版，第 375 页。

② 《马克思恩格斯选集》第 1 卷，人民出版社 1995 年版，第 67 页。

③ 《马克思恩格斯选集》第 1 卷，人民出版社 1995 年版，第 79 页。

④ 《马克思恩格斯选集》第 1 卷，人民出版社 1995 年版，第 79 页。

系统的责任。人类应当准确认识自己在地球生态系统中的位置：人类不应再是自然的征服者，而是自然的消费者和管理者，与自然共命运的利益攸关者；人与自然处在同一个利益共同体之下，人类行为对自然破坏越大，自然报复人类的后果就越严重；反之，人类发挥主体能动性，维护和管理好自然，地球自然将成为人类实现两个提升历史使命的"福地"。今天，我们在认识方面，应当跨越人类时间尺度，揭示生态破坏、环境污染、资源短缺指数增长趋势的隐蔽性背后的欺骗性。同时，我们也要"未雨绸缪"，透过"八大公害"事件和 20 世纪末的全球性生态环境问题，清醒地认识到自然界潜伏着的巨大危机。"西方信仰的'发展'观，因为它是一种迷思，一种意识形态，一种世界未来观，一种表述模式，或者说是决定着世界全盘市场化实践的话语形态。关键问题不在于这个或那个'发展计划'的成败，而在于如何确立我们这个星球上的一切居民及其后代平等地和谐共处的全球模式。"[①]因此，在实践方面，应当采取切实有效的措施，实现人类历史发展向人与自然和谐的方向转变，推进人类自身的第二次提升的进程。人类应当善于把握自然规律、抑制生产的盲目性，通过控制人与自然的物质变换方式来达到挣脱盲目的自然力量的束缚，控制不利于人类生存与发展的自然力量。"人在生产中只能像自然本身那样发挥作用，就是说，只能改变物质的形态。不仅如此，他在这种改变形态的劳动中还要经常依靠自然力的帮助"[②]。

两次提升的历史过程，就是人不仅从物种关系方面而且从社会关系方面把自己从动物中提升出来，最终揖别自然界而驾驭自然界的过程。人的发展经过两次提升，不仅意味着人离开狭义的动物愈来愈远，也意味着这人越来越有意识地自己创造自己的历史，更意味着人的主体性地位的真正的确立，使人回归至"全面自由发展"的主体。通过将以往异化的社会关系置于自己的控制之下，变成"自由自觉的人"，使人类真正掌握自己社会行动的规律，合理地调节人类与自然相互关系，真正实现人与自然的和

---

① ［瑞士］吉尔贝·李斯特：《发展的迷思——一个西方信仰的历史》，陆象淦译，社会科学文献出版社 2011 年版，《译序》第 4—5 页。

② 《马克思恩格斯全集》第 23 卷，人民出版社 1972 年版，第 56—57 页。

解，为人类从必然王国向自由王国的过渡奠定基础。

简短小结

主体性和理性原则是现代性的核心原则，也是贯穿现代社会发展一直贯穿的核心理念。马克思现代性思想不但秉承了现代性的核心理念，而且在对资本现代性的批判中实现了对"传统理性"的扬弃和超越，蕴含着协调人与自然关系的生态思想。在资本逻辑支配下的"理性"片面发展成为"工具理性"，导致"自然异化""人的异化"，产生人与自然的对抗性矛盾。马克思针对资本逻辑支配下的"自然异化"和"人的异化"的现象，提出了依据"两个制约"，实现"两个和解""两次提升"来协调人与自然关系思想。

马克思、恩格斯通过考察人类活动的历史来认识人与自然和解所追求的社会目的和内在诉求。人与自然的同质性决定了人与自然和解的可能性，人与自然的异质性决定了其现实性和复杂性。他们在深入分析资源占有不平衡的祸害的基础上，指出在资本逻辑支配下，提高生产力水平的目的是为了满足企业获得尽可能多的利润，当资本对利润的追逐与环境保护发生矛盾的时候，置于优先地位加以考虑的往往是利润。而全球性资源被一部分人所"强制和垄断"正是资本逻辑支配下的"工具理性"对自然掠夺、占有的表现，也就意味着其他民族、国家和阶级发展的自然资源基础遭受侵蚀。当大多数人不得不为他人的发展牺牲自己发展的权益，人与自然的关系就不可能是合理的，即人就不可能在最无愧于和最适合自己本性的条件下与自然进行物质变换。

马克思、恩格斯在对既往文明中人与自然关系的反思与批判的基础上，探讨了私有制条件下人对人的剥削与人对自然的剥夺的相关性，符合逻辑地提出了实现社会变革，建立能够适应社会发展客观要求的新的社会制度或文明新形态的思想，对于今天实现人与自然和谐的社会制度建构有重要的理论和实践意义。

第五章　马克思现代性思想视阈下的当代生态实践

当今社会仍然属于现代性范畴，虽然我们所处具体的社会环境和历史条件与马克思的时代不同，但在时代的性质和本质上仍然是一致的，"只要时代性质没有实质性的改变，只要资本的逻辑依然存在，从大的历史尺度看，马克思与我们就可以说是处于'同时代'，或者说，都生活在'现代化'过程之中，只不过马克思生活于现代社会的早期阶段，而我们则处于现代社会比较成熟的阶段。因此，尽管马克思关于现代社会的一些具体看法不一定适用于今天的发展现实，但其有关现代性的基本立场和基本观点对于当代中国现代性建构有着重要的方法论意义。"[①] 针对现代性在早期历史阶段呈现出的特质，马克思曾指出"销售时可获得的利润成了唯一的动力"[②] 的资本逻辑是产生生态环境问题的重要原因，揭示出资本追逐利润的本性和资本现代性发展的动力源泉。马克思现代性思想蕴涵着资本逻辑支配下的生产方式是造成生态环境危机及其化解生态危机的思想。马克思主义创始人提出了扬弃和超越资本逻辑，实现社会变革，建立能够适应社会发展客观要求的新的社会形态或体制，形成了对化解生态危机具有指导作用的马克思现代性思想。这对于我们探索人与自然和解的社会主义生态文明建设具有重要的理论旨向和实践意义。

本章试图运用马克思现代性思想，对资本的扩张出现的"经济增长"

---

① 丰子义：《马克思现代性思想的当代解读》，《中国社会科学》2005 年第 4 期。

② 《马克思恩格斯选集》第 4 卷，人民出版社 1995 年版，第 385 页。

和"消费异化"等现实问题进行考察和反思，探索如何摆脱生态危机，走文明自觉发展之路。中国进行社会主义生态文明建设需要处理好资本与市场经济的关系，保持资本逻辑与社会主义市场经济发展之间的张力，实现由"经济理性"向"生态理性"的转变，实现包容性增长，走生态化科技创新之路，建设社会主义生态文明。

第一节　马克思现代性思想视域下的现实问题考察

只有运用马克思现代性思想考察、分析现实生活中现代性的变化与发展，才能更好地把握时代的主流、发展的本质。发展是现代性的产物，发展成为现代社会的核心概念。"从本质上讲，发展概念是一个现代性概念"，"发展概念是产生于现代社会，并专属于现代社会的一个概念"。[①] "发展"成了我们这个时代的主题，"发展"也构成了当今世界每个国家不可剥夺的权利，特别是对于发展中国家和欠发达国家，发展仍是摆脱贫困、消除动荡，走向繁荣富强的根本途径。"正因为发展是一个现代性概念，因而在发展概念中所包含的'价值前提预设'是'现代性的价值前提预设'。"[②] 发展是具有现代性价值预设的概念，但如今的"发展"却成为现代社会一个根本性的问题，因为现代社会把发展的价值预设往往定位于"经济增长"的发展模式，资源、环境和生态等因素不在其考量之中。这一点具体体现在对单纯的 GDP 增长的追求上，认为"经济增长"了，国民生产总值提高了，国民收入增加了，人们生活水平就提升了，国家就发展了，社会就进步了。因此，在现代社会中，"经济学是凌驾于生态学之上的，经济学成

---

①　刘福森：《西方文明的危机与发展伦理学——发展的合理性研究》，江西教育出版社 2005 年版，第 2、4 页。

②　刘福森：《西方文明的危机与发展伦理学——发展的合理性研究》，江西教育出版社 2005 年版，第 6—7 页。

了解释一切人类行为、指导人类文明的学问"①。

但是随着现代性的"发展观"指引下单纯追求"经济增长"的发展模式日益暴露出的许多问题，引发人们深思："当今世界最重要的问题之一，是现代性问题。当代人最大的困惑之一，是如何对待现代性。无疑，已经实现了现代化的国家和正在朝现代化发展的国家都有这样的困惑。"②"我们惟一最严重的危机主要是工业社会意义上危机。我们在解决'如何'一类的问题方面相当成功"，"但与此同时，我们却对'为什么'这种具有价值含义的问题，越来越变得糊涂起来，越来越多的人意识到谁也不明白什么是值得做的。我们的发展速度越来越快，但我们却迷失了方向"。③

一、现代"发展观"之反思

"发展"的概念本质上是一个现代性的概念，古代社会没有现代意义上"发展"的概念及其观念，现代的发展观产生于欧洲文艺复兴和启蒙运动时期反叛中世纪基督教神学观和禁欲主义的历史观。古代社会的发展观是一种循环论，认为社会历史发展与自然界的发展规律一样是循环、轮回发展的。"直至 17 世纪晚期，这个词才逐渐形成它的现代含义，开始指一种经历一些可以识别的阶段的有序变迁过程。"④ 现在我们理解的"发展"是指朝着未来向前不断的运动、变化的过程，是持续变化和增长的过程，是线性、非循环的运动轨迹。

---

① ［美］加里·S·贝克尔：《人类行为的经济分析》，王业宇、陈琪译，上海三联书店 1995 年版，第 11 页。

② 陈学明、王凤才：《西方马克思主义前沿问题二十讲》，复旦大学出版社 2008 年版，第 119 页。

③ ［波］维克多·奥辛廷斯基：《未来启示录》，徐元译，上海译文出版社 1988 年版，第 193 页。

④ ［美］E·拉兹洛：《进化——广义综合理论》，闵家胤译，社会科学文献出版社 1988 年版，第 1 页。

中世纪的欧洲，神学的禁欲主义从灵魂深处剥夺了人创造和发展自己历史的可能性，更不可能形成现代意义上的进步和发展观念。文艺复兴和启蒙运动的目的就是要冲破宗教神学思想束缚，把人从对上帝和神圣的崇拜中拉回现实的世俗生活，从禁欲主义的束缚中解放出来，恢复人的地位和尊严。

现代性的开启，把人从宗教的束缚中解放出来，解开了心中禁欲的魔咒，只有摒弃了禁欲主义的生活方式之后，人们才能开始关心自己，关注自己的世俗生活，才有发展物质生产的欲望和动力。当人们把物质享乐当作人生追求的基本价值，把人变成了"无所不做、无所不能、无所不有"的绝对主体时，标志着现代意义的"发展"观诞生了，随之而来的现代精神赋予了发展的现代性价值。"发展所追求的价值就是现代性价值，'发展精神'就是'现代性精神'。"[①]"在发展概念的血管中流淌着现代精神的血脉；发展概念的灵魂就是现代性的灵魂。现代性的基本价值的确立，就为现代发展概念提供了价值论的基础。"[②]

现代发展观具有时间和方向性意义，体现价值预设，既有方向性的意义，是指从原起点朝着某种特定方向运动和变化；也体现了时间上的某种"价值预设"。以当下的起点为参照标，之前走过的岁月称为过去的发展，之后继续发展的叫未来的发展；向前的发展表示进步，向后的发展表示落后；发展不仅包含某种价值预设，也包括实现这个进步的过程和人的行为与实践共同参与的结果。发展是人类有意识、有目的的一种自觉活动。如人们为了达到某种发展目标，制定远景规划或短期规划，然后依据既定的目标去实施自觉的活动。

现代发展观使发展与进步成为人们心中的核心信念，人们相信只要发展了，社会就必然会进步；只要物质财富发展了，精神、文化等方面就会

---

① 刘福森：《西方文明的危机与发展伦理学——发展的合理性研究》，江西教育出版社 2005 年版，第 7 页。

② 刘福森：《西方文明的危机与发展伦理学——发展的合理性研究》，江西教育出版社 2005 年版，第 6 页。

跟着进步；只要社会的财富越来越多，人们的生活就会越来越幸福。所以，人们坚信"发展就是好的"，"发展就是合理的"，只要是发展，人们就"幸福"了。但随着时间的推移，现代性的发展观指引下的现代社会的发展逐步暴露出许多问题，世人越来越清醒地认识到现实与希望的背离。国与国之间，国家内部的不同地区之间贫富差距不但没有缩小，反而加剧扩大。经济危机、能源危机、金融危机、气候危机和生态危机接踵而至，随着全球化的扩展，波及世界每个角落，尤其是欠发达国家和发展中国家深受其害。人们不得不思考一个貌似简单的问题？随着科学的发展、技术的进步，人的生存应该会变得越来越容易，生活总的来说会越来越幸福。但是，事实却并非如此，反思其原因，关键是我们一直遵循的发展体系依旧是老一套的模式和过时的发展观念。"西方发达国家也是依靠变卖'家底'，也就是说依靠挥霍由不可再生资源构成的人类共同的'自然资本'来保障其生活的优裕地位的。"① 而这跟西方工业化经济发展道路与现代性发展观是分不开的。西方社会的发展一直是以消耗自然资源的传统经济增长方式来取得社会的发展，"全球 20% 的人消耗了我们这个星球的 80% 的资源，而且为了维持体现的运转不得不进一步刺激经济增长，再动员至少 4 倍于此的额外资源"② 原本"发展是各个国家和民族借以对自身做出评估并自然决定应该达到的目标的过程"，"现代化不应当背离一个民族的文化"，所以"在国内生产总值增长之外，政府领导人还应该关注用什么样的手段进行生产和付出多大的社会和生态代价"③。从根本上说，这种工业化经济增长模式是以自然资源无价为前提，以消耗自然资源为支撑的传统发展模式，并造成了资源的日益枯竭，环境问题越来越严重。

---

① ［瑞士］吉尔贝·李斯特：《发展的迷思——一个西方信仰的历史》，陆象淦译，社会科学文献出版社 2011 年版，（译序）第 3 页。
② ［瑞士］吉尔贝·李斯特：《发展的迷思——一个西方信仰的历史》，陆象淦译，社会科学文献出版社 2011 年版，（译序）第 3 页。
③ ［瑞士］吉尔贝·李斯特：《发展的迷思——一个西方信仰的历史》，陆象淦译，社会科学文献出版社 2011 年版，（译序）第 2 页。

二、现代"经济增长论"之反思

"经济增长论"是现代性发展观的重要概念，在一定程度上反映出了人们对经济增长带动社会物质财富增长的希望；人们把对社会的进步和幸福生活的向往寄托于"经济的增长"。"经济增长论"是 20 世纪 50 年代世界经济发展的产物和表现。"经济增长论"是以诺贝尔奖获得者英国经济学家 W·A·刘易斯 (William Artwur Lewis) 和美国经济学家 W·罗斯托 (Walt Whitwan Rostow) 的观点最具代表性。二战后，西方主要资本主义国家开始致力于经济复兴，各国都需要资金来恢复和发展战后的经济。刘易斯针对当时世界经济发展状况，从乐观主义角度设想，认为只要解决了资本和投资问题，就能解决发展的主要问题。因此他提出把经济增长作为首要任务，把"国民生产总值及人均国民收入的增长作为评判发展的首要甚至唯一标准，把储蓄、投资的增加以及科技进步、知识增长等视为发展动力。这种发展理论认为，发展即是经济增长，亦即国民生产总值和人均国民收入的增长；发达的工业化国家的增长模式对于发展中国家来说具有普遍性，发展就是不发达国家加速经济增长，追赶发达国家"[1]的过程。这种经济发展理论是时代的产物，对当时世界经济的复苏无疑是一针强心剂，但此理论被西方发达国家通过意识形态推广后，成为一种具有普遍性意义的价值体系，使人们对发展的观念和意识局限于这种模式中，美国经济学家 W·罗斯托把经济增长理论具体化为"经济增长阶段"，认为国家一般都需经历经济增长的五个阶段："一是传统社会，即前工业社会，二是创造起飞条件，三是经济起飞，四是向经济成熟的过渡，五是大众消费阶段。发展问题在他的理论中也完全被归结为经济增长。"[2]显然，这种经济增长理论没能正确区分增长和发展两个不同的范畴，只看到人是通过消费产品得以维

---

[1]　刘福森：《西方文明的危机与发展伦理学——发展的合理性研究》，江西教育出版社 2005 年版，第 41 页。

[2]　转引刘福森：《西方文明的危机与发展伦理学——发展的合理性研究》，江西教育出版社 2005 年版，第 41 页。

持生命的存续和繁衍；国家似乎只要尽可能的通过生产物质产品来满足社会成员的需要而来刺激经济，国家就能发展起来。

国内生产总值（GDP）作为衡量社会发展的标准本身存在很多的缺陷："它不能反映生产的产品和劳务的类型，或从使用这些产品和劳务中所得到的福利情况。它也没有反映由于环境污染、城市化和人口增长给社会造成的不利因素。许多不通过市场的产品和劳务没有计算进去。另外，国内生产总值也不能反映收入的分配。很多国家的国民生产总值的增长很快，但是并没有取得普遍的社会进步。"① "经济增长"理论实质上是以单纯的经济增长为指标，不惜以牺牲环境和资源为代价盲目追求经济的高速发展，片面地把追求物质生活当作人类幸福的普遍标准。

在农业社会时期，生产基本上为了满足自给自足的需要，形成"需要——消费——生产"的模式。到了商品经济时代，这三者关系正好倒过来，形成了"生产—消费—需要"的模式，生产的目的不是为了纯粹的自给自足的需要，而是为了通过交换实现价值，这直接导致了生产同需要的内在关系的断裂，生产者不再是为了使用价值而生产，是为了物品的交换价值。在市场经济时代，随着资本的引入和参与，追求的交换价值就演变为剩余价值，交换价值被抽象后，由原来的"商品—货币—商品"交换的模式变成了"货币—商品—货币"的模式，其出发点和目的都是追求货币，货币变成了利润的抽象符号。为了获得更多的货币，生产环节就必须尽可能提高生产效率，无限制扩大再生产，以期获得更大的利润，消费环节也必须想尽办法打通销售渠道，追求更大的利润。因此，市场经济条件下，经济增长在"需要"之外获得了新的动力，即对利润的无限度追求，成为资本主义经济发展的原动力。

"经济增长论"用"经济增长的需要掩盖了一切，无论是熵的增大、自由能量向受限能量的转化、不可再生资源趋于枯竭，或者大气和水的污染、温室效应等严重问题的解决，大多停留在一纸空文或口水战上。为了

① 刘福森：《西方文明的危机与发展伦理学——发展的合理性研究》，江西教育出版社 2005 年版，第 42 页。

维持当前体系的运转和生存，'发展'的信仰需要人人都能看得见的征象，而经济'奇迹'和技术'突破'圆满地发挥了这样的效应"①。实质上，经济增长体现了市场的需要和追逐利润的需要，在市场主导一切的前提下，其唯一的目标就是经济增长。于是"国内生产总值增长指标和速率成为一切国家引以为豪的实力和竞争力增长的主要依据，更是跻身于世界大市场的敲门砖"②。可以说，如今日益严重的生态危机是现代性发展观指引下的产物，造成这种发展困境的原因恰恰在于以经济增长为单一衡量指标的现代性发展观。

三、现代社会"消费异化"之反思

马克思指出，"人们为了能够'创造历史'，必须能够生活。但是为了生活，首先就需要吃喝住穿以及其他一切东西"③。一般地讲，生产是决定消费，但当"使用价值"和"需要"相脱离时，"需要"超越了使用价值，或出现"生产过剩"时，消费反过来决定生产，影响销售，消费环节成为影响整个社会发展的关键环节。一旦消费观念成为影响社会主流价值观念的主要形式，将影响和支配人们的消费观和价值观，社会的生产与消费的目的和走向。消费异化背离了人的正当需求，以及已经成为威胁人的生存的一种消费方式，实质反映的是虚假的消费需要。马尔库塞认为："虚假的消费需要"就是"为了特定的社会利益而从外部强加在个人身上的那些需要，使艰辛、侵略、痛苦和非正义永恒化的需要"④。

现代社会把消费主义视为社会的主流价值，已经渗透到政治、经济、

①　［瑞士］吉尔贝·李斯特：《发展的迷思——一个西方信仰的历史》，陆象淦译，社会科学文献出版社 2011 年版，（译序）第 3 页。
②　［瑞士］吉尔贝·李斯特：《发展的迷思——一个西方信仰的历史》，陆象淦译，社会科学文献出版社 2011 年版，（译序）第 4 页。
③　《马克思恩格斯选集》第 1 卷，人民出版社 1995 年版，第 79 页。
④　［美］赫伯特·马尔库塞：《单向度的人——发达工业社会意识形态研究》，刘继译，上海译文出版社 2006 年版，第 6 页。

文化、伦理、习俗和风尚等各个领域，已经成为人们的一种生活方式，影响人们的价值观和思维方式，成为人们评价社会进步、个人成功、生活质量、幸福程度、道德水准的尺度。人们逐步形成一种"越…，就越…"的思维模式，也逐步走向"越…，就越…"模式的陷阱，似乎"生产的东西越多社会就越进步，消费的越多人们就越幸福"的观念占据了统治地位。[①]

1. 消费异化的陷进

人类的消费观念随着人类社会历史的发展而变化，大致经历了"自然寡欲"消费观——"禁欲与贪婪"消费观——"大众化"消费观——"异化"消费观四个阶段，现代社会的"异化"消费观实质上是一种虚假消费设下的陷进。

（1）物质消费越多，生活质量就越高

异化消费的观念认为生活质量的高低取决于单纯的物质财富的多寡，因而，驱使人们拼命消费，把挥霍性消费与生活质量挂钩：你拥有的物质财富越多、越富裕、消费越多，生活质量就越高，这种说法本身就是一个陷阱。

其一，从人的基本需求来看，人为了满足健康需要和生存需要进行物质消费，物质消费只是其中的一部分；人应该要有超越物质财富之外的别的追求，物质需求的满足代替不了精神、文化等方面的需求。人有对情感的需求，对文学、艺术、宗教、哲学等精神文化的需求，同时还有对人生意义的追求，即对真、善、美的追求，对人生意义的追求，也是人类最根本的精神需求。

其二，消费主义模式诱导下，人的占有欲望无限膨胀，忽视了其赖以存在的基础和前提，导致对人类赖以生存的自然界的掠夺、对环境的破坏。"在美国，我们对地球固定的能源的利用量，相当于220亿人口的利用量。一张基于能源消费，而不是基于人口数量的世界人口图将显示，从能源枯竭的意义上出发，今日世界的最大人口问题正好出在美国。因此，

---

① 刘福森：《西方文明的危机与发展伦理学——发展的合理性研究》，江西教育出版社2005年版，第73页。

我们不仅要限制美国人口的绝对数字，还要大量限制能源的消费。"①

其三，异化消费往往体现在对物质财富的占有多寡作为生活质量高低的判断标准，忽视了精神消费也是评价人类生活质量的重要方面。精神消费不像物质消费，物质消费以能源的消耗为载体，随物品的使用价值的消耗而逐步消失。特别是时尚消费、追求"象征性"符号消费、挥霍性消费更是以消耗自然资源来追求符号的价值，最终造成人类的不可持续发展。精神消费则不一样，它不是一次性的消费，在某种意义上是无限的，永久的。比如，一本书作为精神食粮，虽然书本会随着翻看的次数和时间的持续受到损害，书中的精神会一代代传下去；再如，榜样的力量更能激烈无数辈人的奋斗，精神的力量在某种程度上可以成为超越物质的力量。况且，要从根本上缓解生态危机，应当更多提倡精神消费，精神消费至少不会造成物质资源的浪费。

（2）消费的越多，就越幸福

异化消费观认为，消费的越多，生活就越幸福。按照这种逻辑：消费1000元肯定比消费500元更幸福；消费90万美元的人，肯定要比消费9千美元的人要幸福100倍。因此，我们也可以这样推论，穿皮鞋的人肯定比穿布鞋的人要幸福；开宝马车的肯定要比骑自行车的人更幸福。这显然是以消费的多寡作为评价的尺度，把幸福指数与消费的数量视为有必然的联系。实际上，幸福往往体现在人们对来之不易的追求中所获得的东西，既包括物质方面的，也包括精神、价值层面的。美国学者艾伦·杜宁 (Alan Durning) 认为："在收入和幸福之间存在的任何联系都是相对的而非绝对的，人们从消费中得到的幸福是建立在自己是否比他们的邻居或比他们的过去消费得更多的基础上。"②他认为，幸福只是"消费的相对论"。消费的幸福只是相对的，如果一味地追求消费越多就越幸福，在精神消费也会陷入空虚，走向对迷信和巫术的崇拜，甚至被图谋不轨的人利用，成为他们

---

① ［美］杰里米·里夫金、《美》特德·霍华德：《熵：一种新的世界观》，吕明、袁舟译，上海译文出版社 1987 年版，第 202 页。

② ［美］艾伦·杜宁：《多少算够——消费社会与地球的未来》，毕聿译，刘晓君校，吉林人民出版社 1997 年版，第 20 页。

敛财的对象。

消费异化的"幸福"往往是通过对比，总是指向消费数量的多寡，今天的消费又与昨天和明天的对比，总幻想明天的消费数量能达到幸福的指数。"随着消费标准的不断提高，社会确确实实难以满足一个'体面的'生活标准的定义——在消费者社会处于良好地位的成员的生活必需品——无止境地向上移动。……而且随着经济的增长而逐步提高的。"① 一旦达到了明天的消费水平或消费数量后，从横向对比，发现身边又多出来新的比自己消费更高的"邻居"，又因为感觉处于一种"不如邻居"的状态而缺乏幸福感。因此，建立在消费相对数量上的满足感是永远不会幸福的，因为"消费就是这样一个踏轮，每个人都用谁在前面和谁在后面来判断他们自己的位置"②。

2. 消费异化的反思

马克思认为："人们为了能够'创造历史'，必须能够生活。但是为了生活，首先就需要吃喝住穿以及其他一些东西。因此第一个历史活动就是生产满足这些需要的资料，即生产物质生活本身"③，"没有需要，就没有生产"④。而消费则把需要再生产出来，消费异化颠倒了消费和需要的关系，把消费当成了需要和生产发展的目的，把消费当作是经济增长的手段，认为只要消费增加了，就必然推动经济的增长，需要就得以满足，需要与使用价值之间的关系以及生产发展与环境资源的关系不在其考虑之列。正是因为这种颠倒了的逻辑，人们往往被蒙蔽，不自觉地走向了消费异化的陷阱，值得人们深思。

首先，消费异化是对消费本质和价值的背离。消费本来的意义是以满足人的某种需要为目的，并通过物品的使用价值来体现，商品的使用价值具有满足人们生活的某种需要，也是"消费价值"的载体，是消费的本质

---

① ［美］艾伦·杜宁：《多少算够——消费社会与地球的未来》，毕聿译，刘晓君校，吉林人民出版社 1997 年版，第 21 页

② ［美］艾伦·杜宁：《多少算够——消费社会与地球的未来》，毕聿译，刘晓君校，吉林人民出版社 1997 年版，第 20 页。

③ 《马克思恩格斯选集》第 1 卷，人民出版社 1995 年版，第 79 页。

④ 《马克思恩格斯全集》第 12 卷，人民出版社 1962 年版，第 742 页。

意义所在。而消费异化却颠倒了"生产—消费—需要"的关系，用欲望取代需要，使需要与使用价值相分离，单纯追求交换价值，使消费变成一种符号的象征，使消费背离了人的需要、背离了消费的本质、背离了消费的价值，形成了异化消费。"小轿车、高清晰度的传真装置、错层式家庭住宅以及厨房设备成了人们生活的灵魂。"① 当这种关系完全被颠倒了，使消费背离了它本来的价值，失去了消费本来的意义，消费成为人生的唯一目的。

其次，消费异化把人的需要变成一种"消费符号"，以此来体现人的地位和价值。消费异化把人正当需要的消费变成一种符号的象征，使消费在追求时尚价值过程中产生对消费品使用价值的背离，使主观性价值衰减。消费不是在于满足实用和生存的需要，而是为了象征性地向人们炫耀消费者的财力、地位和身份，通过金钱货币符号消费来获得其"社会意义"。"我们是需要归属的人。在消费中社会，需要被别人承认和尊重往往通过消费表现出来。"② 消费活动本身是通过消费物品的使用价值来进行实用性体验和享受的过程。但时尚消费的追求已经使得消费价值只是一种"象征性消费"：人们在消费活动中通过消费炫耀性和攀比性的物品来向社会传达某种社会优越感，以显示或炫耀自己的身份、地位和财产，以此引起人们的注意，挑起人欲的羡慕和妒忌，以期获得人们认可和尊敬的社会意义。好比服饰是最容易体现一个人隐藏的社会信息，"有其他方法能有效证明一个人的金钱地位，且这些方法总是模棱两可。但在服装上的花费对比其他方法却有一个长处，那就是，我们的服装始终是一个证据，可以使看到我们的人一眼就看出我们的金钱地位"③。因此，"象征性消费"只是一种符号意义上的体现，"象征性正是通过符号得以标示的。消费的象征性是人们通过消费获得的'社会意义'。通过这种社会意义既把人们区别

---

① ［美］马尔库塞：《单向度的人——发达工业社会意识形态研究》，刘继译，上海译文出版社 2006 年版，第 10 页。

② ［美］艾伦·杜宁：《多少算够——消费社会与地球的未来》，毕聿译，刘晓君校，吉林人民出版社 1997 年版，第 20 页。

③ 王宁：《消费社会学》，社会科学文献出版社 2001 年版，第 209 页。

开来，又把人们聚合起来"①。"象征性符号消费"的社会意义就相当于封建社会的等级地位的划分，通过"消费"就能明显区分出人的身份和地位，获得社会的认可度，因为"象征性消费涉及到两种符号表现运动。一是'示同'；二是'示异'。所谓'示同'，就是借消费来表现与自然所认同的某个社会阶层的相同、一致和统一。所谓'示异'，就是借消费显示与其他社会阶层的不同、差别和距离。这二者的结合，就构成了消费时尚"②。

人是一种有归属感的理性动物，人的价值和地位需要得到社会的认可和尊重，通过社会的认可来提升自身的价值。"表面上以物品和享受为轴心和导向的消费行为实际上指向的是其他完全不同的目标：即对欲望进行曲折隐喻式表达的目标、通过区别符合来生产价值社会编码的目标。"③ 而社会的认可往往通过这些消费符号传递出来的社会信息编码来确认个人在社会的身份、地位等。"在此意义上，消费和语意一样，或和原始社会的亲缘体系一样，是一种含义秩序。"④

第三，消费异化扭曲了人的消费观念。在当代社会，由于人们的消费观受到扭曲，消费的评价尺度也发生根本转换。评价一个消费品不是以其使用价值的高低，不是看这个消费品是否耐用，而是看这个消费品漂不漂亮、是否时尚。"时尚"成为评价消费品的价值尺度，消费的趣味和标准也日趋统一，因此人们在购买商品时，主要是看这个商品是否最新款，是否"名牌"。这种消费心理很容易被商家利用，商家通过广告、媒介对其产品贴上了"名牌"这个时尚标志，在价格上翻了几十倍甚至是几百倍。人们购买消费品的时候已经不是在于物品本身，而是看其时尚的价值。

第四，消费异化是导致生态危机的重要根源。由于消费异化与当今社

① 刘福森：《西方文明的危机与发展伦理学——发展的合理性研究》，江西教育出版社 2005 年版，第 137 页。
② 王宁：《消费社会学》，社会科学文献出版社 2001 年版，第 206 页。
③ ［法］让·波德里亚：《消费社会》，刘成富，全志钢译，南京大学出版社 2000 年版，第 69 页。
④ ［法］让·波德里亚：《消费社会》，刘成富，全志钢译，南京大学出版社 2000 年版，第 70 页。

会的无限增长的经济发展模式和高消费的生活方式相联系，消费欲望的无限膨胀与自然资源有限性的矛盾，必然导致自然环境由于无法承受消费异化带来的破坏，从而引发了生态危机。

消费异化使消费变成对"消费符号"的一种追求，已经可以忽略消费品使用价值，无论这件商品是否还有使用价值，只要它脱离了时尚，就成为"过时"的东西，就面临着被淘汰，进入"垃圾"行列。"大量生产——大量消费——大量抛弃"是资本主义"过剩生产"的主要发展模式，超前消费、过度消费和挥霍性消费是支持"过剩生产"的价值论基础。这种"大量抛弃"是否意味着社会真的很富足了，人们的生活真的很富裕了？答案当然是否定的，因为"这种对超越使用价值的商品的占有和消费并不是富裕的表现。人们购买商品，并不是作为'被扔物品'的丰厚，因而它并不标志人们的财富的增加。购买商品的多少，仅仅标志着人们扔掉物品的多少，而并不标志人们对消费品的使用价值的积累和消费的多少，因而这种购买和消费并没有使人们更富裕。由于消费的异化，实际上，这些消费者在本质上也已经不再是消费者，而是过剩产品的'处理器'。消费者的社会功能就是尽快地把过剩的消费品扔掉，以支持着生产的持续进行"①。消费异化是建立在对自然资源占有和消耗基础上的消费活动，是一种把消费看成高于一切，并在相互攀比消费中对虚无主义价值的一种追逐，是通过对物的抛弃和毁灭来实现对人的身份和地位的一种追求。消费异化加剧了人与自然关系的紧张，是产生日趋严重的生态危机的重要根源。

第二节　文明自觉发展的思考

面对现代性发展日益暴露出的严重生态危机问题，使人们不得不思考

---

①　刘福森：《西方文明的危机与发展伦理学——发展的合理性研究》，江西教育出版社 2005 年版，第 143 页。

"我们为什么要发展？什么样的发展才是'好'的发展？我们应该追求什么样的发展？"[①] 当然，现代性发展产生的问题与工业化经济增长的模式、现代社会的消费形式和生活方式等有很大的关系，但根本的问题体现在对文明发展的价值追求和取向上。我们应该反思人类文明发展过程中出现的问题，改变工业文明发展的传统模式，实现文明自觉发展的转变，推进文明自觉发展的生态路径转型。

文明自觉发展之路是一项复杂的系统工程，不仅需要客观的物质条件，而且也需要自觉理念的形成、自觉的意识培养。中国共产党的十八大报告指出："树立尊重自然、顺应自然、保护自然的生态文明理念"，"形成节约资源和保护环境的空间格局、产业结构、生产方式、生活方式"，"自觉地珍爱自然，更加积极地保护生态，努力走向社会主义生态文明新时代"。[②] 文明自觉发展之路需要立足于社会、经济、文化的现实条件，实现人的思维方式、价值观念的转变，在更高层次上推进人与自然、环境与经济、人与社会的协调发展。文明的自觉发展应当立足于人的发展这个特殊中心，实现从人与自然的和解到人与人的和解的生态路径转型。

一、文明自觉发展的现实考量

"文明是一个对抗的过程，这个过程以其至今为止的形式使土壤贫瘠，使森林荒芜，使土壤不能产生其最初的产品，并使气候恶化。"[③] 马克思曾告诫后人：文明应该自觉的发展，否则留给人类自己的只是荒漠。"早期的生态圈文化，如美索不达米亚、罗马和玛雅文明，通过大规模剥夺人类和自然资源保持了数百年的繁荣。但最终这些文明都衰落了，部分原因就

---

① 刘福森：《西方文明的危机与发展伦理学——发展的合理性研究》，江西教育出版社 2005 年版，第 7 页。

② 胡锦涛：《坚定不移沿着中国特色社会主义道路前进，为全面建成小康社会而奋斗》，《人民日报》2012 年 11 月 18 日。

③ ［德］恩格斯：《自然辩证法》，人民出版社 1984 年版，第 311 页。

是它们破坏了自身生存的生态条件。南部意大利和北非生态系统的破坏导致了罗马的消亡。"① 现代文明发展的自觉之路在于我们能否吸取历史上某些古代民族的教训，化解文明过程中的人与自然的对抗，走文明自觉发展的道路，避免重演"文明人足迹所过之处，留下一片荒漠"的悲剧。美国学者阿尔温.托夫勒(Alvin Toffler)也指出："可以毫不夸张地说，从来没有任何一个文明，能够创造出这种手段，能够不仅摧毁一个城市，而且可以毁灭整个地球。从来没有整个海洋面临中毒的问题。由于人类贪婪或忽视，整个空间可以突然一夜之间从地球上消失。从未有开采矿山如此凶猛，挖得大地满目疮痍。从未有过的头发喷雾剂使臭氧层消耗殆尽，还有热污染造成对全球气候的威胁。"②

1. 文明的自觉发展应当立足于时代现实

在古代文明时期，由于人类囿于当时的历史条件，人类始终把自然视为活的有机体，充满神性和灵性的奥秘之源加以崇拜，自然之"附魅"伴随着人类走过漫长的岁月。随着新航线的开辟，新大陆的发现，文艺复兴启蒙运动共同开启了现代性，同时，揭开了宗教"神秘"的面纱，也使自然之"祛魅"。现代性给人类社会带来了巨大的发展和进步的同时，也产生了种种负面影响，形成了包括生态危机在内的现代文明的危机。正如美国学者威利斯·哈曼指出："我们惟一最严重的危机主要是工业社会意义上危机。"③ 现代文明危机其本质上是人与自然的关系、人与人的关系的危机在文明形态上的映射，康芒纳指出："环境危机告诉我们，在人类所占据的地方——地球之上，出现了严重的故障。错误不在于自然，而在于人。因为据我所知，还没有一个人能够说，最近发生在地球上的污染事件是由于与人没有关系的自然变化的结果。……环境的紊乱必然是因为人类在地

---

① ［美］约翰·贝拉米·福斯特：《生态危机与资本主义》，耿建新，宋兴无译，上海译文出版社 2006 年版，第 78 页。

② ［美］阿尔温·托夫勒：《第三次浪潮》，朱志焱译，三联书店 1984 年版，第 187 页。

③ ［波］维克多·奥辛廷斯基：《未来启示录》，徐元译，上海译文出版社 1988 年版，第 193 页。

球上的活动中的某种错误所引起的。"[1]

　　人类面对文明的高度危机，进入新世纪，面临文明发展道路的选择具有现实的紧迫性。"我们只有自己这样一个盟友，而同时我们自己就是敌人"[2]，人类必须克服自己的缺陷，依靠自己的努力，保护有限的资源，在可再生资源的再生能力范围内进行合理的发展，扭转现在所存在着的急剧改变地球和威胁地球上许多物种，包括人类的生命的趋势，以保持生产力不致下降，人类生活条件不致退化，乃至人类文明不致毁灭。围绕这个特殊时代背景来考察、处理、解决我们所面临的生态环境问题，寻求在利益机制和环境保护理想之间保持一种张力，兼顾当代人和子孙后代的利益，实现环境保护和经济社会可持续发展的双赢。

　　2. 文明的自觉发展立足于人与自然的和解的国情

　　当前，我国仍然处于资源型经济发展阶段，发展经济和摆脱贫困主要依赖对自然资源的开发。但是，地球留给我们的是特别狭小的生存空间、十分脆弱的生存环境和日趋贫乏的矿物资源。"大多数矿产资源人均占有量不到世界平均水平的一半，我国占有的煤、油、天然气人均资源只及世界人均水平的55%、11% 和4%。现在全国耕地保有量人均不到1.4 亩，是世界平均水平的1/3 ；我国的矿产资源总量丰富，但人均占有量不足，仅为世界人均水平的58%。"[3] 如果说，可持续发展是人与自然和解的社会标志，那么，我们还有很长的路要走。牛文元院士主持的《中国科学发展报告2010》通过长期追踪基本国情分析，建立模型并使用计算机进行有效运算和分析后，指出中国要实现绿色发展，必须有序地通过三大基本台阶，实现三大基本目标，即理论上所称的三大"非对称零增长时间节点"。一是到2030 年，实现人口数量和规模的"零增长"，同时在对应方向上实现

① ［美］巴里·康芒纳：《封闭的循环——自然、人和技术》，侯文蕙译，吉林人民出版社1997 年版，第99 页。

② ［美］阿尔·戈尔：《濒临失衡的地球——生态与人类精神》，陈嘉映译，中央编译出版社1997 年版，第243 页。

③ 牛文元：《中国科学发展报告2010》，科学出版社2010 年版，第159 页。

人口质量的极大提高；二是到 2040 年，实现资源和能量消耗速率的"零增长"，同时在对应方向上实现社会财富的极大提高；三是到 2050 年，实现生态环境退化速率的"零增长"，同时在对应方向上实现环境质量和生态安全的极大提高。①

在文明发展道路转型的关键时期，作为发展中国家和人口第一大国，我国存在着人的活动与有限的生态资源环境之间的突出矛盾：人口数量世界第一，自然资源总量大，人均量小，"我国以占世界 9% 的耕地、6% 的水资源、4% 的森林、1.8% 的石油、0.7% 的天然气、不足 9% 的铁矿石、不足 5% 的铜矿和不足 2% 的铝土矿，养活着占世界 22% 的人口"②。资源短缺已经对社会形成全面性的压力和危机，构成对我国实现现代化、摆脱贫困的进程的主要障碍，因此应该倍加珍惜与呵护我们狭小和有限的生存空间。我国面临着发展与环境的双重压力的基本国情，需要构建一种社会和谐、环境友好型的可持续发展模式，在经济社会的发展中协调人与自然的关系，探索并实践生态文明的自觉发展道路。

3. 文明的自觉发展立足于人与人、人与社会和解的现实

在人类历史上，由于人与自然的关系不和谐，往往会导致人与人的关系、人与社会的关系处于紧张状态。"环境因素虽然不是导致希腊罗马经济社会衰落的惟一原因，但的确是重要的原因，而其中最重要的是人为因素。"③"如果生态环境受到严重破坏，人们的生产生活环境恶化，如果资源能源供应高度紧张、经济发展与资源能源矛盾尖锐，人与人的和谐人与社会的和谐是难以实现的。"④

环境资源问题具有空间弥漫性、时间滞后性的边界自由的特点，随着生态环境问题的日益突出，现实的、具体的地区、集团的利益与未来的、

---

① 牛文元：《中国科学发展报告 2010》，科学出版社 2010 年版，第 151 页。

② 牛文元：《中国科学发展报告 2010》，科学出版社 2010 年版，第 158—159 页。

③ J.Donald Hughes, Pan's Travail: *Environmental Problems of the Ancient Greeks and Romans*，Baltimore: Johns Hopkins University Press, 1994, p.182.

④ 胡锦涛：《在省部级主要领导干部提高构建社会主义和谐社会能力专题研讨班上的讲话》，《人民日报》2005 年 6 月 27 日。

似乎抽象的全局利益的冲突将加剧，已经成为人与人和解的聚焦点。在环境保护利益和驱动机制的张力上，应当改变一切为了谋取利润的"盈亏底线专制"① 价值观。长期以来，"以金钱作为成功的标准"似乎已构成了全球性至高无上的价值观，并对导致人与自然关系的紧张和恶化负有道义上的责任。实际上，正是由于这种价值观在当今社会中得到如此高度的"制度化"，所以几乎"显示不出任何不道德的本性"，更体现不出文明发展的自觉痕迹，而"所有其它道德标准和共同体规范被迫在它面前让步"②。这种价值观又是"更高的不道德"③ 生产方式的体现。可以这么说，"盈亏底线专制"价值观、掠夺性思维模式造成的人与自然对抗的根源在于资本主义生产关系，生态危机本质上是资本主义追求利润最大化的必然后果。实现文明的自觉发展需要对金钱驱动的经济底线（the bottom line of the money-driven economy）的超越，改变金钱至上这一资本主义社会的基本价值观，变革"更高的不道德"生产方式。

二、文明自觉发展呼唤生态化科技创新

文明自觉发展需要对工业文明的传统发展方式进行批判和超越，需要运用绿色科技所提供的实践手段，寻求协调发展与环境的关系、实现社会

① "盈亏底线专制"：一词出自 Ralph W.Estes，*Tyranny of the Bottom Line*: *Why Corporations Make Good People Do Bad Things*，San Francisco；Berrett-Koehler，1996.

② J.B.Foster, *Ecology Against Capitalism* Monthly Review Press.2002, p88.

③ "更高的不道德"是美国著名的社会学家赖特·米尔斯提出的：是指我们这个社会中权力机构的"结构性不道德"，尤其指这种生产方式。赖特·米尔斯指出："在像美国这样企业盛行的现代社会，金钱成为一个明确的成功标志，成为最重要的美国价值。"这样一个政治精英支持的富人统治的社会，是一个"有组织的不负责任"的社会，在这里道德与成功脱离，知识与权力分离。大众传播不是为民主进行思想交流的基础，而是在很大程度上专注于"令人吃惊的大量商品宣传上，常常是着力于满足衣食需求而非精神需求上"。上述一切对公众的消极影响明显地体现在道德义愤的丧失、犬儒主义的增长和政治参与的减少。简而言之，更高的不道德招致有意义的道德和政治社会的消亡。参见 Mills, *The Power Elite* New York: Oxford University Press，1956，pp.338-61.

与自然的平衡，以摆脱工业文明下陷入困境的人与自然物质变换模式，为文明的自觉发展奠定物质技术基础。

18 世纪后半叶，以蒸汽机为代表的技术革命开启了人与自然物质变换的大工业模式，"利用自然力来为工业服务，采用机器生产以及实行最广泛的分工"[①]，赋予人们利用强大的自然力以对抗自然、向自然索取资源的手段。人类凭借工具——技术系统的进步，扩展了与自然物质变换活动的半径，丰富了与自然物质变换的内容，提升了人与自然之间物质变换的效率，地球历经亿万年演化存储积累的自然资源不断地纳入物质变换的进程，使天然自然不断纳入人类社会的历史进程，扩大了人类生存发展的物质基础。"在人类历史中即在人类社会的产生过程中形成的自然界是人的现实的自然界；因此，通过工业——尽管以异化的形式——形成的自然界，是真正的、人类学的自然界。"[②] 科学技术进步似乎成为推进人类物质文明的加速器。"工业化大生产通过不断加速人与自然的物质变换，把全球带进了工业文明的浪潮之中。

资本主义生产方式开启了大规模运用科学技术力量于人与自然物质变换的先河，"使自然科学从属于资本"[③]，生产实践中的科学技术应用"表现为自然力本身，表现为社会劳动本身的自然力"[④]。长期以来，资本支配下的传统技术创新注重于加速开发自然资源，并将其转化为占领市场的商品，以实现资本增值，获取剩余价值。但是，不断改进、完善的工具——技术系统成为不断扩张物质变换规模的利器，在普遍化的竞争中加剧了无节制的生产增长，同时加剧了全球性资源、环境与生态的严重危机。"只要当今这种组织形式的现代工业文明带着强大的技术力量作为一个整体继续遵循着这种思维模式前进，鼓励人们为短期利益、局部利益而去操纵自然界，榨取自然界，那么，这种无坚不摧的力量将继续其摧毁地球的进程

---

① 《马克思恩格斯全集》第 3 卷，人民出版社 1960 年版，第 67 页。

② 《马克思恩格斯全集》第 42 卷，人民出版社 1979 年版，第 128 页。

③ 《马克思恩格斯选集》第 1 卷，人民出版社 2012 年版，第 194 页。

④ 《马克思恩格斯全集》第 48 卷，人民出版社 1985 年版，第 41 页。

而不以任何人的所作所为而转移。"①

通过审视、反思科技成果的应用及其对生态、环境、资源造成的负面影响，国际上出现了一股否定科学技术的社会思潮，似乎科学技术应用已然成为生态环境恶化、资源枯竭的罪恶源头。"当前存在的许多问题起源于过去的技术进步的提法已经成为一股流行的游戏。"② 有学者或以"回归自然"的口号疏离科技，或以"绝圣弃智"的态度否定科技，似乎只要放弃现代科学技术，人类就可以摆脱生态环境危机。显然，科技应用导致的环境悲观论警醒世人，科学技术成果滥用存在无穷祸害，无疑是深刻的，可是，"因为技术的缘故，我们想要的生活质量的许多东西才可能存在"③。但是，这种放弃现代科学技术以解放自然的片面性思路将造成人类文明失去物质技术基础的支撑而极大地降低地球自然系统的人口承载能力，导致生存与发展的严重危机。自然的解放是按照人的本质实现对自然的人道的占有，诚如马尔库塞所言，"自然的解放并不是回到技术前状态，而只是推动它向前，以不同的方式利用技术文明的成果，以达到人和自然的解放，和将科学精神从为剥削服务的毁灭性滥用中解放出来"④。

文明自觉发展必然以工业文明所创造的高度发达的生产力为基础，其旨趣不在于回归采集与狩猎的原始生产方式，而在于超越工业文明的历史局限性，提升人与自然的物质变换效率，解决当前诸多人口、资源、环境等问题，不断创造着人与自然的积极平衡。人类文明的自觉发展需要以高度发达的科学技术为支撑，同时需要致力于消除科学技术成果的应用所带来的对生态环境的负面作用，使生态化成为科技创新的必然选择。

---

① ［美］阿尔·戈尔：《濒临失衡的地球》，陈嘉映译，中央编译出版社 1977 年版，第237 页。
② ［美］M·乔可斯基、L·弗莱特《科学的质量》，胡泳絮，林立，陈墀成译，科学技术出版社 1987 年版，第 104 页。
③ ［美］M·乔可斯基、［美］L·弗莱特《科学的质量》，胡泳絮，林立，陈墀成译，科学技术出版社 1987 年版，第 104 页。
④ ［美］赫伯特·马尔库塞：《工业社会与新左派》，任立编译. 商务印书馆 1982 年版，第 128 页。

工具——技术系统作为人与自然联系的中介，它是存在者之间的联系，既展现了自然存在的丰富性，也展现了主体能力的多样性。作为有理性的实践者，人类通过与自然界进行物质、能量、信息的变换活动而成为地球自然进化的主导因素。人类要在地球上诗意栖居，践行对自然的尊重，引导地球生态系统的动态平衡，承担其调控者和建设者的应有责任，就不仅需要进行社会体制与道德观念等方面的变革，而且需要通过科技创新的生态化转向，形成以生态合理性为科学依据，以充分利用资源和减少环境污染为导向，体现了人的生态性生存和科技化生存的实践性统一的工具——技术系统，在人与自然物质变换三个主要领域奠定以绿色技术为基础的物质变换方式。进入 21 世纪，新能源科学技术、新材料科学技术、信息科学技术等主导科学技术群落的迅速发展，分别对应着人与自然变换的三大要素，可以预期这些新的科学技术将提供人与自然物质变换的新途径、新形式，为建设生态文明新时代奠定的物质技术基础：将工业化"资源—生产—消费—废弃物排放"单向流动的线性生产方式改造为"资源—生产—消费—再生资源"反馈式流程的循环型生产方式，在技术层面上提供化解工业化进程中人与自然对抗、实现人与自然和解的现实手段。

第三节　我国生态文明建设路径探索

生态文明建设是人类文明史上的伟大创举。2007 年 10 月，党的十七大明确提出了"建设生态文明"的战略决策和奋斗目标，首次把"生态文明"写入党代会的政治报告，将建设资源节约型、环境友好型社会写入党章，把建设生态文明作为一项战略任务和全面建设小康社会目标首次明确下来，提出到 2020 年要使我国成为生态环境良好的国家。这就真正把生态文明建设融入到中国特色社会主义道路中，成为落实科学发展观、构建和谐社会、建设有中国特色发展道路的内在要求。建设生态文明不仅是中国特色社会主义理论的新发展，也是拓展和延伸中国特色社会主义道路的具体体现，更是发展中国特色社会主义的客观需要和历史的选择。

生态文明是以实现人与自然和人与人、人与社会和谐为目标，以实现社会、经济与自然的可持续发展为战略，以促进人的自由全面发展为宗旨的文明形态。生态文明正是基于人与自然关系和谐发展而产生的文明新形态，这种文明新形态要求超越工业文明的传统发展模式，要立足于"自然－人－社会"复合的整体性系统，以人类和其生存的生态环境协同演化与协调发展为价值取向来建构人与自然的关系。生态文明建设本身包含有如何应对生态危机和消解生态危机的内涵，消解生态危机也是生态文明建设的应有之意。包容性增长，作为对传统发展模式的一种超越，是消解生态危机的重要路径。包容性增长从根本上是与中国近年来提出的"和谐社会"和"科学发展"等思想是一脉相通的，融通于中国特色社会主义的发展战略之中，建设生态文明新时代是我国发展战略的转型，包容性增长要求实现经济增长方式的转变，是对传统发展模式的一种超越。

一、中国生态文明建设的指导思想

当代中国生态文明建设需要以马克思主义理论为指导，结合中国当代发展的实际，吸收借鉴传统文化的优秀成果。

1. 马克思主义中国化需要吸收和传承中华传统文化

马克思主义是发展的学说，与时代同行，与时间共进。马克思主义的生命力是科学理论的本质要求并随着时代的发展、时间的推移不断前进，必须与不同国家的实际相结合。从马克思主义形成、发展的历程来看，吸纳"世界文明"成果是其产生的历史前提，也是其发展的必由之路。马克思主义在各民族国家的传播和应用，与丰富多彩的各民族文化相结合，是其吸纳"世界文明"成果的具体体现，由此也必然产生出各具特色的"民族马克思主义"。列宁说："需要独立地探讨马克思的理论，因为它提供的只是总的指导原理，而这些原理的运用具体地说，在英国不同于法国，在法国不同于德国，在德国又不同于俄国。"① 他还指出，马克思的理论阐述的只是一般的任务，"而这样的任务必然随着历史过程中每个特殊阶段的具体的经济和政治情况而有所改变。"② 毛泽东也说过："离开中国特点来谈马克思主义，只是抽象的空洞的马克思主义。"③ 应该说，马克思主义中国化自从马克思主义传入中国以后就已经开始。从内容上看，马克思主义理论的社会性、革命性、实践性与中国传统文化的基本精神是相通的；从思想体系的特点来看，马克思主义与中国传统文化都具有独创性、开放性。与时俱进的理论品质使得马克思、恩格斯生态哲学与中华传统文化契合成为可能。

文化是发展和变化的，具有历史性。文化总是在一定的自然条件下，物质生产方式和社会生活方式等因素相互作用，体现并反映一定阶级关系的结果。这些因素相互作用形成一定的文化场，不同时期、不同的历史条件孕育和产生不同的文化场。党的十七大提出了"加强对外文化交流，吸收各国优秀文明成果，增强中华文化国际影响力"④ 的战略任务。当一种文化输入另一种文化的过程中会产生不同文化场之间的扩展、选择和重构，在新的文化形成之前必定会融合传统文化，而且传统文化也会发挥文化承受主体的能动作用，为文化输入提供丰沃的土壤。中国丰厚的本土文化土壤提供了吸纳马克思主义的条件。

文化不仅具有历史性，也有民族性。中华民族的历史和文化连续一贯，未曾间断。中华民族对外来文化总是以博大的胸襟和宽容的态度予以接纳。中华文化在悠久历史的融合过程中，不断地加入新的成分。中国的传统文化作为人类社会发展过程中最为优秀的文化之一，由中华民族几千

---

① 《列宁选集》第 1 卷，人民出版社 1960 年版，第 203 页。
② 《列宁全集》第 29 卷，人民出版社 1985 年版，第 136 页。
③ 《毛泽东选集》第 3 卷，人民出版社 1991 年版，第 820 页。
④ 胡锦涛：《高举中国特色社会主义伟大旗帜为夺取全面建设小康社会新胜利而奋斗》，《光明日报》2007 年 10 月 25 日。

年来逐渐发展演化而汇集成的表现中华民族特性的民族文化。不同的民族，由于人种的不同，所处的自然环境的不同，发展过程不同，而形成了自己的特点。金岳霖曾说："每一文化区有它的中坚思想，每一中坚思想有它的最崇高的概念，最基本的原动力……中国的中坚思想似乎儒道墨兼而有之。"① 可以这么说，中华传统文化已深深地融化在中国人的思想意识和行为规范之中，内化为人们的一种文化心理和性格，并渗透到社会生活的各个领域，成为中华民族的精神纽带和价值基础，并与国家政治、经济、社会、军事、文化等各项事业紧密结合，是影响社会历史发展的强大力量。

中华传统文化为马克思主义中国化提供了文化基础。"中国人特别是知识分子接受马克思主义，与中国传统文化也有密切关系。中国文化中本有悠久的唯物论、无神论、辩证法的传统，有民主主义、人道主义思想的传统，有许多历史唯物主义的思想因素，有大同的社会理想，如此等等。因而马克思主义很容易在中国土壤里生根。"② 中华传统文化内容是极为广泛的，不仅包含了知识，还包括思维方式等内容，是从思想观念一直到风俗习惯的总和。传统文化中，儒家学说占主导地位，是中国封建社会的意识形态的代表。除了儒家文化，还有其他文化形态，比如道家文化、佛教文化等等。中华传统文化的特点，总的来说，虽然有种种流派，但它们彼此之间不是势不两立的，人们在社会实践中各取所需，相互补充。马克思现代性思想需要吸收中华传统文化的合理成分，尤其是关于"天人合一"的思想，以此来抑制西方现代性发展中对自然的破坏。

2. 中国生态文明建设需要马克思现代性思想

生态是生存之基，环境是发展之本。在改革开放的 40 多年实践中，我国取得了举世瞩目的成就，但是，环境问题也日益凸显。资本主义发达国家经过二百多年的发展，生态产业革命的步伐明显加快，而中国则面临着工业革命和生态产业革命并存的双重任务。中国人均主要自然资源和人

---

① 金岳霖：《论道》，商务印书馆 1987 年版，第 16 页。

② 张岱年、程宜山：《中国文化与文化争论》，中国人民大学出版社 1990 年版，第 186 页。

均 GDP 都远低于世界平均水平。因此，发展是还是第一要务，但"先污染、后治理"的拼资源环境的老路是走不通的。所以，正确的选择就是走生态型工业化道路，可以说这是当代中国经济发展的中心任务。正视当代中国前进中面临的突出困难和现实问题，把"经济增长的资源环境代价过大"放在首位，进而把建设生态文明提到了发展目标的高度。我们要清醒地认识发展的自身条件、外部环境和全球趋势，以历史的主动精神去探索符合这三者要求的发展方式，抓住和用好发展的新机遇，主动融入，赢得发展的主动权。

"理论在一个国家实现的程度，总是决定于理论满足这个国家的需要的程度。"[①] 中国在原有的资本主义体系之下，无法实现本民族的独立与解放、走向现代化，而社会主义则为其提供了另一种实现现代化的路径选择，这正是马克思主义能够为中国人所接受并逐渐根植于中国的重要历史原因。马克思主义是随着实践的发展而不断发展着的科学。列宁说："现在一切都在实践，现在已经到了这样一个历史关头：理论在变为实践，理论由实践赋于活力，由实践来修正，由实践来检验。"[②] 马克思现代性思想作为马克思主义理论的重要内容，蕴含着丰富的生态哲学思想，既立足于现实问题的解决，又对未来社会发展具有生态向性作用。中国生态文明建设需要从各种不同的理论（包括中国传统思想）中吸取生态智慧，要在马克思主义理论为指导的基础上，扬弃、吸收和传承中华传统文化，使两者融合中互补，汲取彼此之精华。

二、资本逻辑与社会主义市场经济发展的张力

在当代中国，现代性已经取得长足的发展，但仍然包含着一些特殊的矛盾，最明显的就是"社会时空的重叠和市场经济的不完善性"[③]。改革开

---

① 《马克思恩格斯选集》第 1 卷，人民出版社 1995 年版，第 11 页。
② 《列宁全集》第 33 卷，人民出版社 1985 年版，第 208 页。
③ 郗戈：《"中国特色现代性"与马克思现代性思想的当代价值》，《教学与研究》2012 年第 10 期。

放以来，在发展市场经济过程中，面对引入资本，在如何处理好资本逻辑与社会主义市场经济的关系上存在着理论和实践上的难题。马克思现代性思想有助于保持经济逻辑与发展资本之间的张力，实现由"经济理性"向"生态理性"的转变，对于推进中国特色社会主义建设有积极的作用，为中国进行生态文明建设中规避资本逻辑带来的生态问题提供理论指导。

当代的生态危机主要根源于资本逻辑，资本主义的生产逻辑从根本上无法解决生态问题。资本主义社会中出现的各种生态问题都可以归结为资本逻辑支配下的利润动机和生产逻辑的结果。"在资本主义的生产条件下，把这些要素联合在一起就能生产出最大限度的利润"，"任何一个企业都对获取利润感到兴趣。在这种情况下，资本家会最大限度地去控制自然资源，最大限度地增加投资，以使自己作为强者存在于世界市场上"①。高兹认为，"资本主义的企业管理的首要关注的并不是如何通过实现生产与自然相平衡、生产与人的生活相协调，如何确保所生产的产品仅仅服务于公众为其自身所选择的目标，来使劳动变得更加愉快。他所关注的主要是花最少量的成本而生成出最大限度的交换价值。"② 因此，这种生产逻辑怎么不会与环境产生冲突、造成人与自然相对立呢？而且这种冲突和对立通过生态理性与经济理性的对立表现出来，经济理性是"以计算和核算为基础的，把由于劳动手段的改进所节省下来的劳动时间尽一切可能加以利用，让其生产出更多的额外价值"的资本主义理性③。只要资本主义存在一天就会不间断地贯彻经济理性，只要贯彻经济理性就必然要破坏生态环境，因此，在资本主义社会里不可能存在可持续发展。

资本逻辑与经济理性从资本主义生产方式的本性来看具有一致性，都是其利润动机使然，并且其运行遵循核算和效率原则，因此，在资本主义生产方式下，它们都是反生态的，与生态理性相矛盾、根本冲突的。经济理性和生态理性两者存在着本质上的不同，表现为：

---

① Anuré Gorz, Etology as Potitics, Borfon:South End Press, 1980,p.5.

② Anuré Gorz, Etology as Potitics, Borfon:South End Press, 1980,p.5.

③ André Gorz Critique of Econonic Reason, Verso, Lowlan and New York,1989,p.2.

第一，两者所属的理性类型不同。生态理性属于价值理性，经济理性属于工具理性。经济理性是近代形而上学的发展产物，其思维方式根源于机械力学和数学的精确化、机械化。高兹认为"我要指出经济合理性和'认识—工具理性'的共同根源，这些根源就在于思维的（数学的）形式化，把思维编入技术的程序，使思维和任何反思性的自我考察的可能性割裂开来，使思维与生活体验的确定性割裂开来。各种关系的技术化、物化和货币化在这种思维的技术中有其文化的基础，这种思维是在没有主体的参与下发挥作用的，也就无法说明自己。要说明这种冷酷的殖民化是如何组织自己，就要看它的冷酷的、功能性的、核算化和形式化的关系如何使活生生的个人对这个物化的世界成了陌生人，这个异化的世界却使他们的产品，与威力可怕的技术相伴随的是生活艺术、交往和自发性的衰落。"① 高兹这里指出的就是经济理性的根源和特点。生态理性则正好要限制经济理性的形式化、机械化和物化的方面，确认人的主体性地位，充分发挥人的主观能动性，使人摆脱工具理性的奴役，实现人的自由全面发展。在人与自然关系上，生态理性主张人与自然和谐相处，经济发展进行有计划、理性的规划，在自然资源的有限范围内合理利用资源。

第二，两者追求的目标和遵循的原则不同。经济理性以追求利润为目标，严格遵循"核算和计算"原则，力求以最低的成本获得最高的利润，精打细算，尽可能的节约可计算的成本，以获得资本的增殖为目的，而把"自然资源"作为"免费"的原料和成本。生态理性则以花费最少量的自然资源、成本和劳动，力求以最好的方式，生产出最大使用价值和最具耐用性的物品来满足人们的需要为目的，遵循合理性原则，有计划、理性地进行开发和利用自然资源，以人与自然关系和解为其追求目标。

第三，两者联系的制度和导向的结果不同。经济理性是与资本主义制度及其生产方式相联系的，以追求高额的利润为目标，受资本逻辑的支配，会大量投入、大量生产、大量抛弃，产生大量的浪费。大量生产需要

---

① Gorz, A, *Critique of Economic Reason*, Verso, London and New York,1989, p.124.

大量掠夺和破坏自然资源，必然造成与生态环境矛盾加剧，而资本主义生产方式下的生产线，需要节省成本，提高技术、增加劳动力的强度，也加剧了物化和人的异化。因此，经济理性与资本主义生产方式相联系，"在现行体制下保持世界工业产出的成倍增长而又不发生整体的生态灾难是不可能的。事实上，我们已经超越了某些生态极限。"[①] 其最终导向的结果就是生态灾难，只要不改变资本主义体制的运行机制，在经济理性的作用下，产生生态危机就不可避免。生态理性是建立在对自然资源有限性发展为前提，遵循生态规则，与社会主义制度相联系的，坚持的是可持续发展和人的自由全面发展。因此，生态理性导向的结果是人与自然和谐发展的生态图景。

经济理性和资本逻辑都与商品经济密切相关，离不开市场，在资本主义社会，一切商品都可以在市场上交易；劳动力也可以称为商品，当劳动力成为商品，并进入雇佣关系，货币才能转化为资本。在市场经济条件下，资本追逐利润最大化的本性必然使它不会安于现状，资本逻辑原则随着生产领域会扩展至自然、精神和文化观念领域，也会随着全球化的发展推向世界每个角落。"在地球上的资源越来越少，环境越来越恶劣的形势下，市场经济的这一特点无疑会对资源匮乏和环境危机火上浇油"，"由于市场经济超越了'需要'与'使用价值'，就使市场经济获得了高速和无限度增长的可能性。但同时也为进行无限度的挥霍性生产和挥霍性消费奠定了基础"[②]。中国在发展社会主义市场经济，建设生态文明的发展道路中如何应对资本逻辑带来的消极负面影响，保持资本逻辑与社会主义市场经济的张力？马克思指出："资本不可遏制地追求普遍性，在资本本身的性质上遇到了界限，这些界限在资本发展到一定阶段时，会使人们认识到资本本

---

① ［美］约翰·贝拉米·福斯特：《生态危机与资本主义》，耿建新、宋兴无译，上海译文出版社 2006 年版，第 38 页。

② 刘福森：《西方文明的危机与发展伦理学——发展的合理性研究》，江西教育出版社 2005 年版，第 73 页。

身就是这种趋势的最大限制，因而驱使人们利用资本本身来消灭资本。"③
马克思认为这种资本逻辑的本性是有界限的，而且这种界限到了一定的历史发展阶段可以被超越的，最终可以被消灭的。这说明根源于资本本性的逻辑也是具有历史局限性的，是暂时的，可以被超越的。因此，资本逻辑也是一定历史阶段的产物，马克思认为只要消除产生资本逻辑的内在对抗性矛盾，就能消除资本逻辑。如何消除？就是要实现资本逻辑还原于生产逻辑，使生产逻辑超越资本逻辑。当然，马克思主张将资本逻辑还原于生产逻辑，并不是简单的还原，而是要使生产逻辑超越资本逻辑的存在。因为资本不仅仅是一种社会关系；而是一种特定的社会生产关系，而在生产过程中，资本还是重要的生产资料，作为生产的物质要素存在。资本逻辑本身也存在于在生产逻辑之中，而且是生产逻辑运行必不可少的要素，体现出一种内含于的关系。从生产发史来看，资本逻辑也是生产逻辑发展到特定历史阶段的产物，是生产逻辑发展到资本主义阶段呈现出来的形式。所以，实现生产逻辑超越资本逻辑不但是可能的，而且是历史发展的必然，实现对资本逻辑的超越不但是"还原"生产逻辑，而且是将生产逻辑发展成为一种更为成熟的阶段——"生态逻辑"阶段。

对于具有晚发性和外生性特点的中国现代性，在发展社会主义市场经济中，引入资本、利用资本为社会主义建设服务的同时，也要驾驭资本，鼓励资本在社会主义的法律法规内发展。在经济上，不要惧怕资本，而要承认资本，对资本进行监管和规范；但在价值上要摒弃资本逻辑所带来的负面效应，消除资本逻辑形成的对抗性矛盾，促进人与自然的和解；在发展战略上，要改变传统的工业文明发展模式，实现包容性增长的发展之路。

三、包容性增长的生态化发展路径

马克思现代性思想实现了对传统现代性的主体性和理性的扬弃和超

---

③ 《马克思恩格斯全集》第30卷，人民出版社1995年版，第189页。

越，针对资本逻辑支配下的理性"工具化"发展造成的"自然异化"和"人的异化"现象，依据"两个制约"，主张实现"工具理性"向"生态理性"转向，实现"两个和解"，以协调人与自然的关系；实现主体性由"异化主体"向"全面自由人"转变，使人类的主体能动性转化为作用自然的现实力量，以实现人和自然矛盾的"真正解决"。

包容性增长这一概念自亚洲开发银行（Asian Deve Lopment Bank）于2007年首次提出后，引起广泛的关注，包容性增长是在经济高速增长的时期，在资源环境破坏严重、社会贫富差距加剧，自然资源、生产要素与生态环境对经济增长的约束、社会公平正义问题凸显，增长价值观出现紊乱的背景下提出的。包容性增长是指实现经济、社会的发展与自然环境之间相互包容，和谐发展。从其内涵来理解：一是包容，二是增长。包容强调的是在发展中要合理、公平、平等、和谐；增长虽然讲的是效率和效益，但需以环境资源的有限性为前提，以包容为基础，理性、规范性、合目的性的增长与发展，体现的是人与自然和人与社会关系的和谐发展。可见，包容性增长的思想从根本上与我国近些年来提出的"科学发展""和谐社会"等思想具有一致性，也是生态文明建设的应有之义。

（一）发展战略的转型需要实现包容性增长

建设生态文明是时代的必然选择，也是我国社会发展战略的重大转型。传统的经济发展模式，特别是以追逐利润最大化为导向，以消耗石化资源为基础的经济增长方式，一方面造成人与自然关系对抗，使"自然异化"，人与自然互相不包容，产生相互排斥；另一方面造成人与社会关系不和谐，差距拉大。少数人利用手中的资本，追求高额利润，获取巨额金钱，成为社会财富的主要掌控者，过着富裕、奢侈的生活，而普通民众享受不到经济增长带来的社会福利，生活在肮脏、恶劣的环境中。可以说，传统的经济增长方式实质上是一种不包容、排斥性的发展模式。当前我国的发展需要实现战略的转型，经济增长方式实现战略转变，实现包容性增长，通过调整产业结构，转变发展方式，形成资源节约、生态环保的包容性增长方式，在经济发展中逐步消除贫困人口，在资源共享、机会平等、公平合理的基础上共享社会发展的成果，走共同富裕道路，建设生态文明新形态。"建设生态文明，是关系人民福祉、关乎民族未来的长远大计"①，把生态文明建设放在突出地位，融入经济建设、政治建设、文化建设、社会建设各方面和全过程，实现中华民族永续发展。

1. 包容性增长为实现人与自然和解提供了现实的途径

生态文明是与物质文明、政治文明和精神文明相并列的现实文明形式之一，着重强调人类在处理与自然关系时所达到的文明程度。生态文明建设以实现人与自然的和解为旨趣。自然环境是人类赖以生存的基本条件，为人类提供必需的自然资源和活动空间。地球是我们发现的唯一适合各种动植物生存的场所，地表自然界不仅为人类生存提供了必要的空气、水、食物、温度等，还为人类提供了赖以发展的土地、森林、草原、地下矿产以及风力、水力、地热、太阳能等能源资源。没有青山绿水，就没有了人生存和发展的基本保障，根本谈不上人与人以及人自身的和谐发展。从这个意义上说，生态文明是物质文明、政治文明和精神文明的基础和前提，没有生态文明，就不可能有高度发达的物质文明、政治文明和精神文明。同时，"人类自身作为建设生态文明的主体，必须将生态文明的内容和要求内在地体现在人类的法律制度、思想意识、生活方式和行为方式中，并以此作为衡量人类文明程度的一杆基本标尺。建设社会主义的物质文明，内在地要求社会经济与自然生态的平衡发展和可持续发展；建设社会主义的政治文明，内在地包含着保护生态、实现人与自然和谐相处的制度安排和政策法规；建设社会主义的精神文明，内在地包含着环境保护和生态平衡的思想观念和精神追求。"②

生态文明建设需要以社会化大生产来创造发达的生产力，又要超越传统社会化大生产"掠夺"自然的弊病。而包容性增长正是基于社会发展

① 胡锦涛：《坚定不移沿着中国特色社会主义道路前进，为全面建成小康社会而奋斗》，《人民日报》2012年11月18日。

② 俞可平：《科学发展观与生态文明》，《马克思主义与现实》2005年第4期。

的需求孕育而生，是满足社会发展既需创造先进生产力作为基础，又要求超越传统发展模式的产物。当前要从根本上解决生态危机，就要把生态问题纳入解决整个社会的包容性增长的总体框架之中，实施可持续发展的经济、科技、文化战略。如调整原有的产业结构，向有利于提高劳动生产率、有利于环境保护的产业转变；合理确定最优污染水平和排污费的收费标准；推动科技进步和技术创新，实现经济增长方式从粗放型向集约型转变；对资源和产品的价格体系进行干预，合理使用自然资源等等。生态文明被理解为社会文明的要素构成，即着眼于人类同自然的和解，也着重于人类与自然的和谐。包容性增长为生态文明建设实现"人与自然的和解"，提供适应自然规律的、有科学预见的、可调控的人类行为，这种人类的行为是马克思现代性思想视域下的主体性行为的理性化表现，是现代性主体发挥主观能动性、合目的性，作用于自然的理性行为。这种行为使自然界造福于人类，为生态文明目标的实现提供了物质的基础，**为实现人与自然和解**提供了现实的途径。

2. 包容性增长为实现人与人和解创造条件

包容性增长追求的目标是生态系统包含有人类社会系统而和谐、有序状态，因此，既包括人类与自然的和谐，也包括人与人之间社会的和谐，还包括人类个体身与心的和谐。生态文明被理解为历史形态的发展必然，意味着观念体系和文明范式的转换，既要求实现"人类同自然的和解"[1]，也要求实现"人类本身的和解"[2]，除了人与自然关系之外，还要求社会历史层面：政治清明、经济有序、民族和睦、社会保障、人际和谐、国际和平……因此是全范围、全方位的和解。人的个体行为是人类社会活动的基本单元。当然，由个体行为组成的群体行为对自然和社会会产生更大的影响。人类认识自我，不仅是哲学探索的最高目标，也是认识和协调人与自然关系的基本前提之一。从这个意义上说，只有人类成为自己的主人，清醒认识自己所处的地位，才能不断超越自我，真正实现自身的和解。

---

① 《马克思恩格斯全集》第 1 卷，人民出版社 1956 年版，第 603 页。
② 《马克思恩格斯全集》第 1 卷，人民出版社 1956 年版，第 603 页。

　　不论是古希腊哲人们追求的"至善的完人"或者是中国古代思想家们倡导的"圣贤"，不论是中世纪的神学家们推崇的人格化的"上帝"或者是文艺复兴时期思想家们推崇的多才多艺"全才式的人"、十八世纪的法国启蒙思想家们提出的"自由的人"，上述不同时代、不同文化追求的"理想人格"难免过于抽象。在马克思、恩格斯看来，只有不仅在物种关系方面而且在社会关系方面从动物界提升出来，人才能获得全面发展，人类历史才能实现从必然王国向自由王国的过渡，即人们由处在一直统治着历史的客观的异己的力量的控制之下，向完全自觉地自己创造自己的历史的过渡。"两次提升的历史过程，就是人最终揖别自然界而驾驭自然界的过程。人离开狭义的动物愈来愈远，愈是有意识地自己创造自己的历史，通过将以往异化的社会关系置于自己的控制之下，掌握自己社会行动的规律，合理地调节人类与自然相互关系，真正实现人与自然的和解。"①

　　人类同自然的和解必然以人类本身的和解为前提和条件，人类自身的和解也必然奠定在人类同自然和解的基础上。实现生态文明两个和解的最高目标不可能一蹴而就，应当立足于现实，在生产和社会发展中，始终把自然作为发展的基础和前提，并以实现和维护人与自然的和谐为宗旨，对工业化经济发展积淀的基础进行吸收和转化，为生态文明建设奠定现实条件，通过包容性增长方式的转变，使之更符合生态发展的规律。

　　生态文明所要求的生态化生产方式不仅仅是一个概念、一个指标性问题，更是一种新的发展理念、发展方略，超出了生物界本身的范围，关联到人类社会的文明转型，在生产方式、文化价值观、社会结构、生活方式上都体现出包容性增长的生态意蕴。这需要人类拓宽视野、深化认识、转变观念，推动经济、政治、文化与消费方式的转变，最终实现文明的自觉发展——生态文明的社会形态。

---

① 　陈墀成、余玉湖：《论人与自然的和解—马克思恩格斯生态哲学思想探析》，《厦门大学学报》（哲学社会科学版）2013年第4期。

（二）包容性增长推进生态文明建设

马克思关于持续利用土地等自然资源的论述已经蕴含着环境资源代际之间的机会平等、公平正义、共有共享的思想。"包容性增长的核心要义是机会平等，根本目的是实现广大民众共享经济发展的成果，最终价值指向是社会的公平正义。通过经济增长方式的转变、经济结构的调整、社会排斥的消除、收入分配制度的改革、公共服务的均等化供给和全覆盖的社会保障体系建设等，增加社会包容度，保障机会平等和权利公平，才能真正实现包容性增长和社会主义社会的公平正义。"[1] 但各个时代人类实现发展机会平等、公平正义的现实条件不同，很大程度上依赖于当时的生产力发展水平。而且人类满足生存与发展需求的实践活动对于生态环境的影响具有滞后性的特点。因此，恩格斯告诫人们，"我们不要过分陶醉于我们对自然界的胜利。对于每一次这样的胜利，自然界都对我们进行了报复。每一次胜利，起初确实取得了我们预期的结果，但是往后和再往后却发生完全不同的、出乎预料的影响，常常把最初的结果又消除了"。[2] 环境共同性与环境影响的滞后性，形成当代人与后人之间出现利益的一致性与利益主体在责任与义务上的不对称，造成了人们对于自然的所作所为总要由后代人来承担。

包容性增长要求与"掠夺性"的发展模式决裂，实现对传统工业文明的超越，建立文明的新形态——生态文明。包容性增长是生态文明建设的应有之义，进入新世纪，我国提出建设生态文明的发展模式，积极探索文明自觉发展的生态路径。英国《卫报》曾经高度评价我国生态文明建设具有全球性意义："19 世纪英国教会世界如何生产，20 世纪美国教会世界如何消费，21 世纪中国教会世界怎样实现可持续发展……中国在转变经济发展方式过程中所取得的理论进展和实践成效，不仅将造福于 10 多亿中国

---

[1] 葛笑如、孙亚忠：《"包容性增长"的正义镜像与中国实践》，《社会主义研究》2011 年第 1 期。

[2] 《马克思恩格斯选集》第 4 卷，人民出版社 1995 年版，第 383 页。

人民，而且将为世界经济可持续发展和经济学演进做出重要贡献。"① 建设生态文明，实现包容性增长，我们应当立足于人的发展这个特殊中心来考察、处理、解决我们所面临的生态环境问题。

第一，树立包容性和谐的发展观。协调好贫困与发展、需求与资源有限性的关系。其一，关于对自然的理解，人类生存不能依赖于自然界所提供的现成生活资料，而是取决于物质生活资料的生产。生产发展创造文明，但是，一方面，自然资源是有限的，地球上可供人类生活的不可再生资源是有限的，地球上可再生资源的再生能力也是有限的；另一方面，生态环境对人类给它造成的污染的承受能力是有限的，如果我们对自然环境的污染如果超过了其可承受能力，将可能失去生存的基础而遭受到永久性的毁灭。我们应当从自然的历史演化中认识到人类支配权的暂时性，从自然的普遍联系中理解人类支配权的相对性，从而赋予自然资源与环境容量在人与自然关系中的基础地位。其二，关于对人的理解，建设生态文明以满足人们的生存需要为基本前提，"倘若生产能以促进全人类福利的方式促进个体福利，并且以可持续性亦即非掠夺性方式对待自然、满足人类需求的话，那么这种生产就可以说不会发生异化"②。基于我国环境与贫困问题并存的现实，解决贫困问题是生态文明建设题中应有之义。在极其贫困的条件下，人们为了生存，首先考虑的是如何通过各种手段，甚至是不择手段地从自然中获取生存必需品，面包与空气之间，人们为了眼前生存的需求而选择了前者。我们绝不能忽视人们这种追求生存的自然本性。这种选择的后果导致人们为了短暂的利益而付出昂贵的环境代价，而环境的破坏又使贫困人口陷入更加恶劣的生活环境之中。破解贫困与环境恶化的恶性循环的怪圈，出路在于建设生态文明，使贫困人口能在资源有限性条件下保证生存与发展的需要。因此，生态文明建设坚持在发展中满足人们的需求、把发展纳入资源和环境有限性总体考量之中，以实现人与自然关系的积极

① 张玉玲：《转变经济发展方式意义重大—访卢中原》，《光明日报》2007 年 10 月 24 日第 007 版。

② J.B.Foster. *Ecology Against Capitalism*, Monthly Review Press. 2002, p40.

平衡。

第二，建立和完善法律政策体系，协调整体和各个利益集团之间的利益关系。在生态环境保护领域中，民族、国家的利益突出，不同利益集团现实、具体的利益与未来的、似乎抽象的全局利益的冲突不断加剧，环境保护的地区化倾向正在侵蚀着我们的环境保护事业。人们都希望环境得到根本好转，但却指望他人付出更大的努力而使自己分享到更多的好处。在这种搭便车心态的支配下，人类活动正在毁灭着全球环境这块"公用草地"，"局部好转，整体恶化"的全局性环境趋势就是环境保护中"自扫门前雪"的必然后果。于是，尽管发达地区的天更蓝了，草更绿了，但是生活其中的人们依然无法逃避温室效应、臭氧层漏洞造成的祸害。建设生态文明，需要完善法律、政策，尽可能的协调好各方的利益。

第三，改变消费模式，确立与合理需求相适应的生态消费理念。物质消费是人类在自然中持续存在与发展最根本的需求；但是，物质需求是无止境的，无限的消费欲望刺激着人类去挥霍自然。包容性增长的消费观念提倡寡欲节用，通过合理消费和适度消费来满足人类的美好生活的需要；提倡绿色消费，使消费者有意识地选择对环境有利的商品，引导企业提供有益于环境的商品；提倡创造性生活，具有摆脱并超越了物质性需求的纠缠而获得精神性需求之满足的人的生活才可能成为一种创造性生活。

第四，发展绿色科技，实现环境保护科学技术的发展与共享。实现包容性增长亟需提升科学技术的生态功能，以提高地表自然的支撑能力，实现自然系统产出最大化，为经济发展和环境保护奠定物质技术基础。在价值取向上，真正使科学技术成果的应用服务于人类的福利水平的提高。在认可科学技术发展追求经济效益的合理性的同时，应该把科技应用的环境效益置于优先考虑的地位，使环境效益的满足至少具有和经济目标的追求同样高的优先权。在发展方向上，推进科学技术事业进入保护自然和建设环境的绿色通道，服务于环境保护事业；从以往的大型化、大量化、高速化的技术开发目标转向多样化、信息化、省资源化。在成果应用上，确立环境科学技术共享的机制，通过国家的干预与有关国际机构的介入，在追求经济效益的机制外形成环境保护科学技术成果转让中超越经济利益的途径与机制，确保科学技术生态功能的全球性发挥。

包容性增长在对工业化经济发展的传统模式的扬弃和超越中推进生态文明建设。我们所批判的是工业化经济发展的传统模式对生态环境所造成的破坏，我们提倡的包容性增长不是单纯片面的经济发展，是涵盖经济、政治、文化、社会、科技、文化、资源、环境、生态和人的发展等多方面领域和多重关系的协调发展，但"必要的"的经济增长仍然是发展的基础和保证。由于工业化经济发展模式造成的资源、环境、能源、气候、生态等一系列危机以及无节制的消费主义产生的"恶果"，需要我们应该及时转变经济增长方式、调整产业结构，实现包容性增长，采用新技术，开发、利用新能源（如太阳能、生态循环能等），进行节能减排等一系列措施，减轻传统发展模式造成的损失，坚持走节能、环保、可持续的包容性发展之路，这才是消解生态危机的有效途径，推进生态文明建设有序进行。

建设生态文明，遵循人与自然的和解到人与人的和解的生态路径，我们需要实现包容性增长，寻求协调发展与环境的关系、是实现社会与自然的积极平衡，这是人的自由全面发展的基础，实现"人和自然界之间、人和人之间的矛盾的真正解决"[①]，是人类亘古以来的向往和希冀，也是中国生态文明建设的终极目标。

小　结

工业文明发展的传统模式是建立在"发展是天然合理的"哲学信念的基础上的。首先，当把发展自身当作尺度来评价，评价的对象和被评价的主体都是同一种东西，缺乏参照系。用"是的问题"，来回答"应该，应

---

① ［德］马克思：《1844 年经济学哲学手稿》，人民出版社 2000 年版，第 81 页。

当的问题。因此，认为发展是天然合理的只要发展就是好的、发展就是进步"、"发展的快总是比慢好。这是用技术问题取代价值问题或伦理问题，我们不但要思考应不应该发展，还要思考应该怎样发展的问题。其次，目的和手段颠倒，使发展成为目的，人则成为了发展的工具和手段，人就必然会变成发展的奴隶。经济增长不再是手段，是目的，人的消费成了保证经济增长的手段，那么人在发展中失去了价值的自足和行为的自主，成为发展，特别是经济增长的附属物。再次，这种发展观利用了人性的特点。自然界不能为人类提供现成的生存资料，人类必须经过自身的劳动，对自然物的改造才能生存。因此，人性天生对发展有种依赖和天然的信任，一旦离开了发展（生产力发展是基础，技术发展是手段，经济发展是目标）人类就好像感觉没有安全感，没有幸福感，害怕因为不发展失去生存基础。因此，发展这一信念从一开始就支配着人们的思想，并伴随着人类的发展而延续下来成为人的基本信念。

文明自觉发展之路是一项复杂的系统工程，需要立足于时代、国情和人与自然和解的现实条件。文明自觉发展的生态路径必然以人与自然的和解为现实手段，最终实现人与人的和解。转变发展方式，实现包容性增长的战略转型，推进生态文明建设，必须立足于人的发展这个特殊中心，应当协调好贫困与发展、需求与资源有限性的矛盾，协调好整体和各个利益集团之间的关系，通过发展绿色科技，改变消费模式与理念，从更高层次上推进文明自觉的生态路径转型。

当今，在全球范围内建立"自由人的联合体"似乎还需假以时日；但我们要坚定信心，在马克思现代性思想的指导下，建立一个摆脱异化劳动与异化消费，实现从"经济理性"向"生态理性"的转变，实现从传统的发展模式向包容性增长的发展方式的转变，实现文明的自觉发展转型，实现人口与环境环境的和谐发展，实现人的自由全面发展，并充分发挥人的创造性的社会，进而建设一个美丽、富饶、生态的中国。

参考文献

一、中文专著

《马克思恩格斯选集》第 1 卷，人民出版社 1995 年版。

《马克思恩格斯选集》第 2 卷，人民出版社 1995 年版。

《马克思恩格斯选集》第 3 卷，人民出版社 1995 年版。

《马克思恩格斯选集》第 4 卷，人民出版社 1995 年版。

《马克思恩格斯全集》第 1 卷，人民出版社 1972 年版。

《马克思恩格斯全集》第 1 卷，人民出版社中文第 1 版 1956 年版。

《马克思恩格斯全集》第 2 卷，人民出版社中文第 1 版 1957 年版。

《马克思恩格斯全集》第 3 卷，人民出版社中文第 1 版 1960 年版。

《马克思恩格斯全集》第 4 卷，人民出版社中文第 1 版 1958 年版。

《马克思恩格斯全集》第 19 卷，人民出版社中文第 1 版 1963 年版。

《马克思恩格斯全集》第 20 卷，人民出版社 1976 年版。

《马克思恩格斯全集》第 20 卷，人民出版社第 1 版 1971 年版。

《马克思恩格斯全集》第 23 卷，人民出版社第 1 版 1972 年版。

《马克思恩格斯全集》第 24 卷，人民出版社第 1 版 1972 年版。

《马克思恩格斯全集》第 25 卷，人民出版社第 1 版 1974 年版。

《马克思恩格斯全集》第 26 卷，人民出版社第 1 版 1972 年版。

《马克思恩格斯全集》第 13 卷，人民出版社中文第 2 版 1998 年版。

《马克思恩格斯全集》第 30 卷，人民出版社中文第 2 版 1995 年版。

《马克思恩格斯全集》第 44 卷，人民出版社中文第 2 版 2001 年版。

《马克思恩格斯全集》第 46 卷，人民出版社中文第 2 版 2003 年版。

《马克思恩格斯全集》第 30 卷，人民出版社第 2 版 1995 年版。

《马克思恩格斯全集》第 40 卷，人民出版社第 1 版 1982 年版。

《马克思恩格斯全集》第 42 卷，人民出版社第 1 版 1979 年版。

《马克思恩格斯全集》第 44 卷，人民出版社第 2 版 2001 年版。

《马克思恩格斯全集》第 46 卷，人民出版社第 1 版 1979 年版。

《马克思恩格斯全集》第 46 卷，人民出版社第 2 版 2003 年版。

《马克思恩格斯全集》第 47 卷，人民出版社第 1 版 1979 年版。

《马克思恩格斯全集》第 49 卷，人民出版社第 1 版 1982 年版。

［德］马克思：《资本论》，人民出版社 1975 年、2004 年版。

［德］马克思：《1844 年经济学哲学手稿》，人民出版社 2000 年版。

［德］马克思、［德］恩格斯：《德意志意识形态》，中共中央编译局 1961 年版。

［德］马克思、［德］恩格斯：《资本论》书信集，人民出版社 1976 年版。

［德］马克思、［德］恩格斯：《共产党宣言》，人民出版社 1995 年版。

［德］马克思：《1857—1858 年经济学手稿》，人民出版社 1995 年版。

［德］马克思：《政治经济学批判》，人民出版社 1976 年版。

《列宁选集》第 1 卷，人民出版社 1960 年版。

《列宁全集》第 29 卷，人民出版社 1985 年版。

《列宁全集》第 33 卷，人民出版社 1985 年版。

《毛泽东选集》第 3 卷，人民出版社 1991 年版。

［英］安德鲁·多布森：《绿色政治思想》，邹庆治译，山东大学出版社 2005 年版。

［英］安东尼·吉登斯：《现代性的后果》，田禾译，译林出版社 2000 年版。

［美］阿尔·戈尔：《濒临失衡的地球—生态与人类精神》，陈嘉映译，中央编译出版社 1997 年版。

［美］阿尔温：《托夫勒：《第三次浪潮》，朱志焱译，三联书店 1984 年版。

［美］艾伦·杜宁：《多少算够——消费社会与地球的未来》，毕聿译，刘晓君校，吉林人民出版社 1997 年版。

［美］埃利希·弗洛姆：《健全的社会》，欧阳谦译，中国文联出版社 1988 年版。

［美］埃利希·弗洛姆：《为自己的人》，孙依依译，三联书店 1988 年版。

［德］A：《施密特：《马克思的自然概念》，欧力同译，商务印书馆 1988 年版。

［意］奥尔利欧·佩奇：《世界的未来——关于未来问题一百页》，中国对外翻译出版公司 1985 年版

［美］巴厘·康芒纳：《封闭的循环——自然、人和技术》，候文蕙译，吉林人民出版社 1997 年版

［加］本·阿格尔：《西方马克思主义概论》，慎之等译，中国人民大学出版社 1991 年版。

［加］本·阿格尔：《西方马克思主义导论》，加利福尼亚古德伊尔出版公司，1979 年版。

［法］让·波德里亚：《消费社会》，刘成富、金志钢译，南京大学出版社 2000 年版。

北京大学哲学系外国哲学史教研室编译：《十八世纪法国哲学》，商务印书馆 1979 年版。

［美］B·科莫勒：《封闭圈：自然界、人、工艺》，列宁格勒出版社 1974 年版。

［俄］布哈林：《历史唯物主义理论》，人民出版社 1983 年版。

布宁等：《西方哲学英汉对照辞典》，人民出版社 2001 年版。

陈宝：《资本·现代性·人——马克思资本理论的哲学意蕴及其当代

意义》，安徽人民出版社 2008 年版。

陈嘉明：《现代性与后现代性》，人民出版社 2001 年版。

陈学明，王凤才：《西方马克思主义前沿问题二十讲》，复旦大学出版社 2008 年版。

陈学明：《谁是罪魁祸首：追寻生态危机的根源》，人民出版社 2012 年版。

［美］丹尼尔·贝尔：《资本主义的文化矛盾》，赵一凡等译三联书店 1989 年版。

［美］丹尼尔·A·科尔曼：《生态政治：建设一个绿色社会》，梅俊杰译，上海译文出版社 2002 年版。

［美］戴斯·贾丁斯：《环境伦理学》，林官民等译，北京大学出版社 2002 年版。

［美］E·拉兹洛：《进化——广义综合理论》，闵家胤译，社会科学文献出版社 1988 年版。

［英］E·库拉：《环境经济学思想史》，谢杨举译，上海人民出版社 2007 年版。

［美］弗·卡特，汤姆·戴尔：《表土与人类文明》，庄峻、鱼姗玲译，中国环境出版社 1987 年版。

［法］福柯：《什么是启蒙》，汪晖译，三联书店 1998 年版。

［德］马克斯·韦伯：《学术与政治》，钱永祥等译，广西师范大学出版社 2004 年版。

［法］高兹：《作为政治学的生态学》，波士顿：南极出版社 1980 年版。

［德］哈贝马斯：《现代性的哲学话语》，曹卫东等译，译林出版社 2004 年版。

［德］汉斯·萨克塞：《生态哲学》，文韬、佩云译，东方出版社 1991 年版。

［德］黑格尔：《哲学史讲演录》第 4 卷，贺麟、王大庆译，商务印书馆 1978 年版。

［美］赫伯特·马尔库塞：《西方马克思主义论丛》，重庆出版社 1989 年版。

［美］赫伯特·马尔库塞：《工业社会与新左派》，任立编译，商务印书馆 1982 年版。

［美］赫伯特·马尔库塞：《单向度的人——发达工业社会意识形态研究》，刘继译，上海译文出版社 2006 年版。

［德］黑格尔：《历史哲学》，王造时译，上海书店出版社 2001 年版。

［德］黑格尔：《小逻辑》，贺麟译，商务印书馆 1980 年版。

［法］亨利·柏格森：《创造进化论》，姜志辉译，商务印书馆 2004 年版。

黄瑞琪：《马克思论现代性》，台北：巨流图书公司，1997 年版。

黄志斌：《绿色和谐管理论》，中国社会科学出版社 2004 年版。

徐崇温：《西方马克思主义论丛》，重庆出版社 1989 年版。

［美］霍尔姆斯·罗尔斯顿：《哲学走向荒野》，刘耳等译，吉林人民出版社 2000 年版。

［德］霍克海默、阿道尔诺：《启蒙辩证法》，渠敬东、曹卫东译，上海人民出版社 2006 年版。

［美］加里·S·贝克尔：《人类行为的经济分析》，王业宇、陈琪译，三联书店，1995 年版。

［美］J.B.福斯特：《反对资本主义的生态学》，美国《每月评论》出版社 2002 年版。

［瑞士］吉尔贝·李斯特：《发展的迷思——一个西方信仰的历史》，陆象淦译，社会科学文献出版社 2011 年版。

季铸《世界经济导论》，人民出版社 2003 年版。

［美］杰里米·里夫金：［美］特德·霍华德：《熵：一种新的世界观》，吕明、袁舟译，上海译文出版社 1987 年版。

金岳霖：《论道》，商务印书馆 1987 年版。

［德］卡尔·雅思贝斯：《时代的精神状况》，王德峰译，上海译文出

版社 2003 年版。

〔美〕卡落琳·麦茜特：《自然之死》，吴国盛译，吉林人民出版社 1999 年版。

〔德〕康德：《历史理性批判文集》，何兆武译，商务印书馆 1990 年版。

〔英〕克莱夫·庞廷：《绿色世界史——环境与伟大文明的衰落》，王毅、张学广译，上海人民出版社 2002 年版。

刘福森：《西方文明的危机与发展伦理学——发展的合理性研究》，江西教育出版社 2005 年版。

〔苏联〕罗森塔尔、尤金主编：《简明哲学辞典》，三联书店 1973 年版。

〔德〕马克斯·韦伯：《新教伦理与资本主义精神》，于晓、陈维刚译，三联书店 1987 年版。

〔美〕马歇尔·伯曼：《一切坚固的东西都烟消云散了》，徐大建、张辑译，商务印书馆 2003 年版。

〔美〕梅泰·卡琳内斯库：《现代性的五副面孔》，顾爱彬、李瑞华译，商务印书馆 2002 年版。

苗力田：《古希腊哲学》，中国人民大学出版社 1989 年版。

牛文元：《中国科学发展报告 2010》，科学出版社 2010 年版。

漆思：《现代性的命运——现代社会发展理念批判与创新》，中国社会科学出版社 2005 年版。

〔英〕乔治·莱尔因：《重构历史唯物主义》，姜兴宏等译，中国社会科学出版社 1991 年版。

〔美〕M·乔可斯基，〔美〕L·弗莱特：《科学的质量》，胡泳絮、林立、陈堚城译，科学技术出版社 1987 年版。

〔英〕R.巴罗：《新政策的若干因素——论生态学和社会主义的关系》，西柏林：阿克塞尔—施普林格出版社 1980 年版。

〔美〕R.M.尼斯〔美〕G.C.威廉斯：《我们为什么生病》，易凡、禹宽平译，湖南科学技术出版社 1999 年版。

〔法〕萨特：《辩证理性批判》上卷，林骧华等译，安徽文艺出版社

1998 年版。

孙伯鍨:《探索者道路的探索》,安徽人民出版社 1985 年版。

万俊人:《道德之维》,广东人民出版社 2000 年版。

王宁:《消费社会学》,社会科学文献出版社 2001 年版。

王雨辰:《生态批判与绿色乌托邦——生态学马克思主义理论研究》,人民出版社 2009 年版。

[加]威廉·莱易斯:《自然的控制》,岳长岭、李建华译,重庆出版社 1993 年版。

[波]维克多·奥辛廷斯基:《未来启示录》,徐元译,上海译文出版社 1988 年版。

[美]西奥·科尔伯恩等:《我们被偷走的未来》,唐艳鸿译,湖南科学技术出版社 2001 年版。

[古希腊]亚里士多德:《物理学》,商务印书馆 1982 年版。

衣俊卿:《20 世纪的文化批判:西方马克思主义的深层解读》,中央编译出版社 2003 年版。

[比]伊·普里戈金、[法]伊·斯唐热:《从混沌到有序——人与自然的新对话》,沈小峰译,上海译文出版社 1987 年版。

俞吾金:《实践诠释学》,云南人民出版社 2001 年版。

余谋昌:《生态哲学》,陕西人民教育出版社 2000 年版。

余谋昌:《生态文明论》,中央编译出版社 2010 年版。

[美]约翰·贝拉米·福斯特:《马克思的生态学:唯物主义与自然》,刘仁胜、肖峰译,高等教育出版社 2006 年版。

[美]约翰·贝拉米·福斯特:《生态危机与资本主义》,耿建新、宋兴无译,上海译文出版社 2006 年版。

赵卯生:《生态学马克思主义主旨研究》,中国政法大学出版社 2011 年版。

[美]詹姆斯·奥康纳:《自然的理由:生态学马克思主义研究》,唐正东、臧佩洪译,南京大学出版社 2003 年版。

张岱年，程宜山：《中国文化与文化争论》，中国人民大学出版社 1990 年版。

张有奎：《现代性的哲学批判—从马克思生存论角度的分析》，社会科学文献出版社 2005 年版。

张一兵：《文本的深度耕犁》，中国人民大学出版社 2004 年版。

张一兵：《马克思历史辩证法的主体向度》，河南人民出版社 1995 年版。

二、中文期刊论文

陈学明：《马克思"新陈代谢"理论的生态意蕴——J.B. 福斯特对马克思生态世界观的阐述》，《中国社会科学》2010 年第 2 期。

曹明宏：《生态危机的市场根源及其对策》，《科学技术与辩证法》2000 年第 5 期。

曹孟勤：《超越人类中心主义和非人类中心主义》，《学术月刊》2003 年第 6 期。

曹孟勤：《试论解决生态危机的根本出路》，《南京师大学报》（社会科学版）2007 年第 4 期。

陈墀成、余玉湖：《论人与自然的和解——马克思恩格斯生态哲学思想探析》，《厦门大学学报》（哲学社会科学版）2013 年第 4 期。

陈墀成、余玉湖：《生态文明建设视野下的马克思主义中国化》，《辽宁大学学报》（哲学社会科学版）2014 年第 1 期。

陈振明：《技术、生态与人的常求——评"西方马克思主义"的生态危机理论》，《学术月刊》，1995 年第 10 期。

高中华：《生态危机的技术内涵：时技术负面效应的评析》，《科学技术与辩证法》2001 年第 5 期。

葛笑如、孙亚忠：《"包容性增长"的正义镜像与中国实践》，《社会主义研究》2011 年第 1 期。

贺来：《"主体性"观念的反思与意识形态批判》，《马克思主义与现实》

（双月刊）2007 年第 3 期。

贺来：《"主体性"观念的反思与意识形态批判》，《马克思主义与现实》2007 年第 3 期。

贺来：《"现代性"的建构——哲学范式转换的基本主题》，《哲学动态》2000 年第 3 期。

胡代光：《关于市场作用的理性分析》，《四川大学学报》（哲学社会科学版）2005 年第 4 期。

胡绪明：《〈1844 年经济学哲学手稿〉——马克思现代性批判的第一个总体性文本》，《学术论坛》2007 年第 7 期。

丰子义：《马克思现代性思想的当代解读》，《中国社会科学》2005 年第 4 期。

胡刘：《马克思现代性思想的方法论》，《学术研究》2004，年第 11 期。

贾英健：《马克思现代性批判的理论旨趣及其变革实质》，《哲学研究》2005 年第 9 期。

巨乃岐：《试论生态危机的实质和根源》，《科学技术与辩证法》1997 年第 06 期。

孔欢：《生态危机的根源探究》，《晋阳学刊》2009 年第 1 期。

李东：《目的论的三个层次》，《自然辩证法通讯》2007 年第 1 期。

刘文旋：《马克思思想的当代性》，《哲学研究》2000 年第 4 期。

柳红霞：《当代西方生态社会主义评析》，《湖北社会科学》2004 年第 10 期。

罗豪才、宋功德：《和谐社会的公法建构》，《中国法学》2004 年第 6 期。

罗骞：《"现代性"批判的两种不同定向——论马克思资本批判与"现代性哲学话语"的基本差异》，《教学与研究》2005 年第 7 期。

马永波：《现代性与生态危机》，《文艺评论》2010 年第 5 期。

穆光宗：《生态危机："人口"该负多大责任》，《人口研究》1999 年第 2 期。

潘洪林、周兰珍：《生态危机的祸根是人类中心主义吗》，《人文杂志》2000 年第 2 期。

漆思:《论马克思的现代性批判的三个基本维度》,《求是学刊》2005年第1期。

邱耕田:《生态危机与思维方式的革命》,《北京大学学报》(哲学社会科学版)1996年第2期。

任平:《马克思的现代性视域与当代中国新现代性建构》,《江苏社会科学》2005年第1期。

任平:《马克思哲学革命出场的现代性路径—《关于费尔巴哈的提纲》诞生160周年后的新解读》,《江海学刊》2005年第3期。

任暟:《技术文明社会的生态危机意识——评法兰克福学派的科技决定论》,《现代哲学》2002年第2期。

邵璀菊:《技术异化引发生态危机的哲学反思》,《科技进步与对策》2009年第17期。

石敦国:《从哲学现代性批判到经济学现代性批判——马克思的现代性话语》,《学术研究》2003年第6期。

石敦国:《从哲学现代性批判到经济学现代性批判——马克思的现代性话语》,《学术研究》2003年第6期。

史宝娟:《人口、资源和环境与城市可持续发展对策分析》,《河北大学学报》(哲学社会科学版)2008年第1期。

陶庭马:《生态危机根源论》,《博士学位论文》苏州大学2011年。

王文东:《从启蒙现代性到新现代性:马克思现代性思想的历程、差异、地位》,《甘肃理论学刊》2007年第5期。

王四达:《"天人合一"的误读与中国生态危机的出路》,《学术研究》2009年第5期。

郗戈:《资本逻辑与理性的自我分裂》,《现代哲学》2010年第6期。

尤西林:《生态危机与现代性悖论》,《新东方》2001年第1期。

杨耕:《重读马克思—我的学术自述》,《社会科学战线》2005年第2期。

叶汝贤:《现实的人及其历史发展的科学》,《哲学研究》2008年第2期。

俞可平:《科学发展观与生态文明》,《马克思主义与现实》2005年第4期。

俞吾金:《马克思对现代性的诊断及其启示》,《中国社会科学》2005年第1期。

俞吾金:《从"道德评价优先"到"历史评价优先"——马克思异化理论发展中的视角转换》,《中国社会科学》2003年第2期。

张成岗:《技术、理性与现代性批判》,《自然辩证法研究》2004年第8期。

张彭松:《生态危机的现代性根源》,《求索》2005年第1期。

张皓:《技术之网的反生态倾向与文艺的生态危机》,《文艺研究》2002年第1期。

邹广文:《马克思的现代性视野及其当代启示》,《中国人民大学报》2004年第5期。

三、中文报纸

胡锦涛:《坚定不移沿着中国特色社会主义道路前进,为全面建成小康社会而奋斗》,《人民日报》2012年11月18日第1版。

陈学明:《马克思主义与生态文明建设》,《文汇报》2010年2月22日。

张玉玲:《转变经济发展方式意义重大—访卢中原》,《光明日报》2007年10月24日年第7版。

四、英文文献

Aldo Leopold,*A Sand County Almanac*,NY: Oxford University Press,Inc. 1966.

David Pepper: *Eco-Socialism*: *From Deep Ecology to Social Justice*,London and York,Rout-ledge,1993.

F.M.Cornford,*Plato's Cosmology*,The Timaeus.28C,London,1937.

Gorz,A,*Critique of Economic Reason*,London,1989.

J.B.Foster: *Marx's Ecology*: *Materialism and Nature*,Monthly Review

Press.2000.

J.B.Foster: *Ecology Against Capitalism*, Monthly Review Press.2002.

J.B.Foster: *The Ecology of Destruction*, in Monthly Review.2007.2, Vol.58, No.9.

J.Donald Hughes, *Pan's Travail: Environmental Problems of the Ancient Greeks and Romans*, Baltimore: Johns Hopkins University Press, 1994.

J.Ralph W.Estes.*Tyranny of the Bottom Line: Why Corporations Make Good People Do Bad Things.San Francisco*, Berrett–Koehler, 1996.

Mills, *The Power Elite*, New York: Oxford University Press, 1956.

Pigou. *Economics Welfare.* 4th edition .Macmillan, London.1932.

Pepper D, *Modern Environmentalism: An Introduction*, New York: Routledge, 1996.

后　记

　　本书基于马克思现代性思想视域去研究生态危机问题，源于当今的时代热点和理论研究的聚焦点，也是本人长期以来关注和思索的问题；虽然这个问题始于博士论文期间，但本人对这个主题的思索却从未间断；另一方面本人想透彻地讨论博士论文写作过程中所"遗留的问题"，就需要有更扎实的功夫和更广阔的视野。生态危机在当今时代的严峻性和威胁性已成为人们的共识，马克思现代性思想的价值和意义不仅仅是在马克思的那个时代，还体现在对于当代和未来的旨向性意义。这个价值和意义之所在正是体现于对当今的生态危机解决提供了重要的思想武器，并对未来的社会形态的建构作出了旨向。这是我们今天进行马克思主义中国化的理论研究所追求的，也是马克思主义在世界化、民族化发展过程中对现实最具指导性的价值和意义所在。

　　本书得以完成并顺利出版，要感谢的人很多，感谢曾经指导、关心和帮助过我成长的师长、同学们、朋友们。

　　感谢导师陈墀成教授。先生学识渊博、治学严谨、诲人不倦，为人处事谦和、低调，但对学生的学习"近乎苛刻"，要求"高大上"；在对学生严格之余更多体现其宽容和关爱，使我们张弛有度。先生肯帮学生，乐于帮助学生，无论是学习基础差，还是家庭贫困的学生，他都不嫌弃；无论是他当时在主政系行政工作还是现在，每一届学生对他都很感恩，很敬仰他。

　　回首走过的学习生活岁月，使我不仅对本专业有了更深入的认识，对相关的学科也有了进一步的了解，更对人生和社会有了一种顿悟和清醒，这要归功于曾经给我上课的老师们。他们渊博的学识，深邃的洞察力，对问题的独到见解和严谨的治学精神，不仅把我带到了学术的前沿，使我开阔了视野，了解学术研究的现状，更使我认识到理论不仅是历史的再现，更是现实的需要。

　　感谢曹志平教授、陈嘉明教授。曹老师的课总能深入浅出地把深邃的理论问题讲的通俗易懂。陈老师在现代性方面很有研究，本书的写作也从中受到了启发，陈老师治学严谨，对学术的追求和敬畏令我受益匪浅。

　　感谢我的硕士生导师张有奎教授。从念硕士研究生开始，一路走来，都有张老师的关心和呵护；在读博士期间，张老师也经常关心我的学业和生活，他的治学精神、学术涵养一直是我敬仰和学习的榜样。

　　感谢天津师范大学的董四代老师。与董老师在武夷学院结缘后，在他的关心和帮助下，更加敬畏学术，本书的书稿也得到董老师修改和指点。

　　感谢美国 GVSU 大学的 Geling Shang 老师和 Peimin Ni 老师，在美国访学期间，收获不少，不但开阔了眼界，体验了中西方不同的文化、生活环境、学术氛围，也收集到了一些资料，为本书的写作做了充足了准备。感谢我的挚友也是校友，是师弟又是师兄郑辉军博士。他给我帮助很多，我的英文翻译几乎是他的工作；而且在美国期间，有些英语问题都是他帮忙解决的。

　　最后，要感谢我的家人、亲人。感谢我的爱妻郑淑花女士。我一路走来她付出了很多，她一方面要承担起大量的家务，一边是繁忙的工作、科研，一边又要照顾小孩，很幸苦。还要感谢我可爱的女儿和帅酷的儿子。女儿在我念博士期间，每次离家时，她总依依不舍，每次打电话都在问爸爸什么时候能回家陪她，可一讲到爸爸如果作业没完成，要受到老师的批评，她似乎明白了其中的道理，还为我加油鼓励：爸爸加油啊！争取考一百分噢！在本书付梓出版过程中，家中又顺"添"一惊喜，帅酷呆萌的儿子。感谢老天的眷顾，使我的生命之中凑成"好"，愿他们健康顺利、茁壮成长。

感谢父母亲的养育之恩，父母的关心和呵护，是一路成长的不竭动力。老父亲一直希望能看到儿子的书作，可惜在本书付梓出版时，父亲已经离别一周年了。

衷心感谢在我求学期间关心和帮助过我的每一位老师、同学、亲戚、朋友们，你们的情意我将永远铭记于心。求学之路虽然艰辛，但一路走来，沐浴在厦大美丽、漂亮、优雅的学术殿堂，有诸位老师的谆谆教诲、同窗好友的支持鼓励，资质愚笨的我仍然坚持笨鸟先飞，唯恐辜负了师友们的期望。但我坚信：学术之路总是在途中，有时"犹如凤凰花般极致绚烂"，有时"如思源谷般无限深邃"，学术之路是一条永走不尽的生存之路，求学之路是一条充盈着生命冲动的创新之路，也是一条上下求索的艰辛之路，踏上学术之路的人们不仅要挑战智慧的极限，而且要有执著的、痛苦的生命意识，要有对生命的挚爱和勇于奉献的热忱。学术之路虽漫漫其修远兮，吾将上下而求索。

本书得以顺利付梓出版，要感谢编辑部主任辛春来和曹志杰编辑，他们认真细致，一丝不苟，为本书的出版付出了艰辛的努力。在此一并表示衷心的感谢！

山城南山下——学府苑

2018 年 6 月